用語解説

解説　ハードウェア・ソフトウェアに関する知識

■■1■　システムの開発と運用

⑴開発手法

ウォータフォールモデル(waterfall model)

　　　要件定義→外部設計→内部設計→プログラム設計→プログラミング→テストと，いくつかの工程に分割して進めるシステム開発モデル。比較的大規模な開発に向いていて，原則として前の工程に戻らない。

プロトタイピングモデル(prototyping model)

　　　システム開発の初期段階から試作品(プロトタイプ)を作成して，ユーザと確認をしながら進めていく開発モデル。

スパイラルモデル(spiral model)

　　　システムを独立性の高い部分に分割して，ユーザの要求やインタフェースの検討などを経て，設計→プログラミング→テストの工程を繰り返す開発モデル。

⑵開発工程　◆システム開発の工程

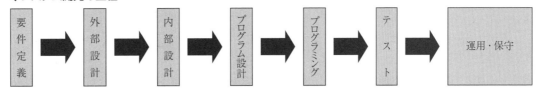

| 要件定義 | 外部設計 | 内部設計 | プログラム設計 | プログラミング | テスト | 運用・保守 |

要件定義
　　　どのようなシステムなのか，何ができるシステムを作成するのかを定義すること。また，従来までの業務を調査し，課題があれば検討を行う。

外部設計
　　　ユーザの視点で行う設計のこと。ユーザにとって使いやすい画面や帳票などの設計をする開発工程。

内部設計
　　　システム開発者の視点で行う設計のこと。外部設計で決定された機能をプログラムにするために，必要とされる処理手順(アルゴリズム)や入出力データなどを詳細に設計する開発工程。

プログラム設計
　　　内部設計に基づいて，各プログラムの内部構造を設計する開発工程。

プログラミング
　　　プログラム言語を用いて実際にプログラムを作成(コーディング)する開発工程。

テスト
　　　プログラムの品質を高めるために，作成したそれぞれのプログラムが設計したとおりに正しく動作するかを確認する開発工程で次のようなテストがある。

・単体テスト
　　　機能ごとに分割して開発されたモジュール(プログラム)を対象として，仕様書で要求された機能や性能を満たしているかどうかを確認するテスト。

・結合テスト
　　　単体テストの後に複数のモジュールを組み合わせて，プログラム間のインタフェース(接点)に注目して確認するテスト。

・システムテスト
　　　開発したシステム全体が，設計したとおりの機能を備えているかを確認する開発者側の最終テストのこと。総合テストともいう。

運用・保守
　　　開発したシステムを正常に稼働させることを運用，運用中に見つかった問題点を修正する作業を保守という。

ブラックボックステスト
　　　入力したデータの処理が，仕様書どおりに出力されるかを確認するテスト。プログラムの内部構造には関係なく，入力と出力に着目して実施するテスト。

ホワイトボックステスト
　　　プログラムの内部構造や処理の流れに着目して，プログラムが設計どおりに動作しているかを確認するテスト。

◆ブラックボックステストとホワイトボックステストの違い

ブラックボックステスト　　　　　ホワイトボックステスト
内部構造を考慮せず，仕様書ど　　あくまで内部構造に着目。
おりに動作するかどうかに着目。

⑶開発期間に関する計算（人日　人月）

工数　＝　要員 × 期間

期間　＝　工数 ÷ 要員

要員　＝　工数 ÷ 期間

工数とは，ある作業に必要な作業量。一人で作業した場合にかかる作業を１人日（にんにち），一人で作業をすると１か月かかる作業量を１人月（にんげつ）と呼ぶ。

要員とは，作業に取り組む人数。

期間とは，作業が終了するまでの日数や月数。

◆**例題１**：４人で３日間かかる工数は何人日か求めなさい。

（式）　４人 × ３日間 ＝ 12人日

答え：12人日

◆**例題２**：工数が 15 人月の作業を５人で取り組むと何か月かかるか求めなさい。

（式）　15人月 ÷ ５人 ＝ ３か月

答え：３か月

◆**例題３**：工数が 18 人日の作業を３日で終了させるには，何人で取り組む必要があるか求めなさい。

（式）　18人日 ÷ ３日 ＝ ６人

答え：６人

◆**例題４**：A 一人では 12 日間，B 一人では８日間かかる作業がある。この作業を A，B 二人が共同して行った。この作業の終了までに要した日数は何日間か求めなさい。

（式）　$1 ÷ 12 = \dfrac{1}{12}$

$1 ÷ 8 = \dfrac{1}{8}$

$\dfrac{1}{12} + \dfrac{1}{8} = \dfrac{2}{24} + \dfrac{3}{24} = \dfrac{5}{24}$

$1 ÷ \dfrac{5}{24} = 4.8$（日間）

4.8 日間のため，作業の終了には５日間を要する。

答え：５日間

■■2■　性能・障害管理

RASIS(レイシス，ラシス：Reliability Availability Serviceability Integrity Security)

コンピュータシステムに関する評価指標で，「信頼性（R）」，「可用性（A）」，「保守性（S）」，「完全性(保全性)（Ｉ）」，「安全性(機密性)（Ｓ）」の５項目の頭文字で表現したもの。

- **信頼性(Reliability)**　　システムの故障発生が少ないこと。
- **可用性(Availability)**　　一定期間にシステムが正常に使える時間の割合が長いこと。
- **保守性(Serviceability)**　故障の際の修復時間が短いこと。
- **完全性(保全性)(Integrity)**　データの矛盾が起きないように，その整合性を維持すること。
- **安全性(機密性)(Security)**　不正に情報を持ち出したりすることから守ること。

稼働率　　コンピュータシステムが正常に動いている割合のことで，故障もなく動いている状態を１で表す。

稼働率　＋　故障率　＝　１

稼働率　＝　１　−　故障率

また，稼働率は次の公式でも計算できるが，稼働率の値が大きいほど可用性（A）が高く，コンピュータシステムが安定していることになる。

◆稼働率の公式

$$稼働率＝\frac{平均故障間隔(MTBF)}{平均故障間隔(MTBF)＋平均修復時間(MTTR)}$$

- **平均故障間隔(MTBF：Mean Time Between Failure)**

コンピュータシステムが正常に動き始めてから，何らかの故障が発生するまでの平均時間のことで，システムが正常に動いている平均時間のこと。平均故障間隔の値が大きいほど，信頼性（R）が高いということになる。

「稼働時間の合計 ÷ 故障回数」で計算する。

- **平均修復時間(MTTR：Mean Time To Repair)**

故障や障害が起きたコンピュータシステムを正常な状態に戻すためにかかる平均時間のことで，平均修復時間の値が小さいほど，保守性（S）が高いということになる。

「修理時間の合計 ÷ 故障回数」で計算する。

◆**例題**：下記のシステムの稼働率を求めなさい。

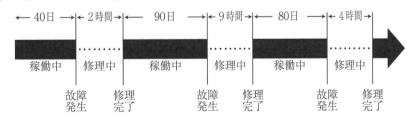

(式)　平均故障間隔(MTBF)　＝ 稼働時間の合計 ÷ 故障回数
　　　　　　　　　　　　　　＝ （40 ＋ 90 ＋ 80）÷ 3 ＝ <u>70日</u>

平均修復時間(MTTR)　＝ 修理時間の合計 ÷ 故障回数
　　　　　　　　　　　＝ （2 ＋ 9 ＋ 4）÷ 3 ＝ <u>5時間</u>

稼　働　率　　　　　　 ＝ MTBF ÷ (MTBF ＋ MTTR)
　　　　　　　　　　　 ＝ 70日 ÷ （70日 ＋ 5時間）
　　　　　　　　　　　 ＝ 1680時間 ÷ 1685時間 ≒ 0.997

答え：0.997

★「日」と「時間」の単位を合わせてから計算する。

直列システムの稼働率　　直列システムの稼働率　＝　装置Ａの稼働率　×　装置Ｂの稼働率

――――|　装置Ａ　|――|　装置Ｂ　|――――

◆**例題1**：装置Ａの稼働率が0.9，装置Ｂの稼働率が0.8の場合，二つの装置を直列に接続したときのシステム全体の稼働率を求めなさい。

(式)　0.9 × 0.8 ＝ 0.72

答え：0.72

ハード・ソフト

◆**例題2**：装置Aの稼働率が0.9，装置Bの稼働率が0.85，装置Cの稼働率が0.8の場合，三つの装置を直列に接続したときのシステム全体の稼働率を求めなさい。

（式）　$0.9 \times 0.85 \times 0.8 = 0.612$

答え：0.612

並列システムの稼働率　並列システムの稼働率　＝　1　－　（1　－　装置Aの稼働率）　×　（1　－　装置Bの稼働率）

| 装置A |
| 装置B |

◆**例題1**：装置Aの稼働率が0.9，装置Bの稼働率が0.8の場合，二つの装置を並列に接続したときのシステム全体の稼働率を求めなさい。

（式）　$1 - (1 - 0.9) \times (1 - 0.8) = 1 - 0.1 \times 0.2 = 1 - 0.02 = 0.98$

答え：0.98

◆**例題2**：装置Aの稼働率が0.9，装置Bの稼働率が0.8，装置Cの稼働率が0.7の場合，三つの装置を並列に接続したときのシステム全体の稼働率を求めなさい。

（式）　$1 - (1 - 0.9) \times (1 - 0.8) \times (1 - 0.7) = 1 - 0.1 \times 0.2 \times 0.3 = 1 - 0.006 = 0.994$

答え：0.994

スループット　コンピュータシステムやネットワークが一定時間内に処理する仕事量や伝達できる情報量のこと。

レスポンスタイム　印刷命令を送ってからプリンタが動き始めるまでの時間のように，コンピュータシステムに処理を指示してから，その処理が始まるまでに要する時間のこと。

ターンアラウンドタイム　10枚の印刷命令を送ってから10枚の印刷が終わるまでの時間のように，コンピュータシステムに処理を指示してから，すべての処理結果が得られるまでの時間のこと。

障害対策　障害が起こらないシステムはない。しかし，障害が起きた場合に備えての対策が，短時間でのコンピュータシステムの復旧を可能にし，混乱を防ぐことになる。次のような障害対策がある。

・**フォールトトレラント**　コンピュータシステムの一部に障害が発生した場合でも，業務に支障をきたすことなく継続運転させるために，1台のコンピュータではなく，複数台のコンピュータでシステムを稼働するしくみ。

・**フォールトアボイダンス**　信頼性の高い部品の採用や利用者の教育など，コンピュータシステムに可能な限り故障や障害が起きないようにすること。

・**フェールセーフ**　地震で一定以上の揺れを検知した際に自動的に消火するガスコンロなど，障害が発生した場合でも，被害や障害を最小限におさえて安全性が保てるようにするしくみ。

・**フェールソフト**　4台のプリンタのうち1台が故障しても残りの3台で印刷するなど，障害が発生した際に正常な部分だけを動作させ，全体に支障をきたさないようにするしくみ。

・**フールプルーフ**　メニュー画面上の使用権限のない選択肢は選択できないようにするなど，ユーザが操作を誤ってもシステムの安全性と信頼性を保持するしくみ。

NAS（ナス：Network Attached Storage）

コンピュータネットワークに直接接続することができる記憶装置。ファイルサーバと同様の機能を持ち，複数のコンピュータからの同時アクセスやデータの共有が可能となる。

RAID（レイド：Redundant Arrays of Inexpensive Disks）

複数台のHDD（ハードディスクドライブ）を一つのHDDのように扱う技術。信頼性を向上させるRAID1や，処理速度を向上させるRAID0などがある。

・**ミラーリング**　RAID1に相当し，複数のHDDに同じデータを書き込む方式。1台のハードディスクに障害が起きた場合でも，システムの稼働が可能となるため，信頼性が向上する。なお，処理速度は向上しない。

・**ストライピング**　RAID0に相当し，複数のHDDに分散して書き込む方式。各HDDに対して，並列にアクセスを実行することで，処理速度が向上する。なお，信頼性は向上しない。

■■3■　記憶容量に関する計算

(1)ハードディスクの記憶容量

ハードディスクの記憶容量　＝　セクタ長 × 1トラックのセクタ数 × 1シリンダのトラック数 × 総シリンダ数

◆**例題1**：次の表の仕様である磁気ディスク装置の記憶容量は何GBか。ただし，$1\,GB = 10^9\,B$ とする。

1セクタあたりの記憶容量	400 B
1トラックあたりのセクタ数	250
1シリンダあたりのトラック数	120
総シリンダ数	6,000

(式)　$400 × 250 × 120 × 6,000 = 72,000,000,000$（B）

$72,000,000,000 ÷ 1,000,000,000 = 72$（GB）

答え：72 GB

◆**例題2**：次の表の仕様である磁気ディスク装置の記憶容量は何GBか。ただし，$1\,GB = 10^9\,B$ とする。

1シリンダあたりのトラック数	10
1面あたりのトラック数	2,500
1トラックあたりのセクタ数	下の表のとおり
1セクタあたりの記憶容量	2,000 B

トラック番号	セクタ数
0 ～ 1,499	300
1,500 ～ 2,499	200

(式)　$300 × 1,500 = 450,000$

$200 × 1,000 = 200,000$

$10 × (450,000 + 200,000) × 2,000 = 13,000,000,000$（B）

$13,000,000,000 ÷ 1,000,000,000 = 13$（GB）

答え：13 GB

(2)その他の記憶容量

デジタルデータの記憶容量

デジタルデータの記憶容量　＝　解像度 × 色情報 × 圧縮率

◆**例題**：解像度 $2,000 × 3,000$ ピクセル，1ピクセルあたり24ビットの色情報を持つ画像10枚を，60%に圧縮したときの画像の記憶容量は何MBか。ただし，$1\,MB = 10^6\,B$ とする。

(式)　$2,000 × 3,000 × 24 ÷ 8 × 0.6 = 10,800,000$（B）

$10,800,000 ÷ 1,000,000 = 10.8$（MB）

$10.8 × 10$枚 $= 108$（MB）

答え：108 MB

デジタルデータへの変換

◆**例題**：横3cm，縦4cmのカラー写真を，解像度600dpiのスキャナで，24ビットカラーで取り込んだときの記憶容量（MB）を求めなさい。ただし，1インチ = 2.5cm，$1\,MB = 10^6\,B$ とし，圧縮は行わないものとする。

(式)　3cm = 1.2インチ　4cm = 1.6インチ

$1.2 × 600 × 1.6 × 600 = 691,200$（ドット）

記憶容量のB（バイト）に単位を揃える。　8ビット = 1B

$691,200 × 24 ÷ 8 = 2,073,600\,B ≒$ 約2.1 MB

答え：約2.1 MB

問題　ハードウェア・ソフトウェアに関する知識

【1】　次の説明文に最も適した答えを解答群から選び，記号で答えなさい。

1．どのようなシステムなのか，何ができるシステムを作成するのかを定義すること。

2．ユーザが操作を誤ってもシステムの安全性と信頼性を保持するしくみ。

3．システム開発の初期段階から試作品を作成して，ユーザと確認をしながら進めていく開発モデル。

4．データの矛盾が起きないように，その整合性を維持すること。

5．コンピュータシステムなどが一定時間内に処理する仕事量や伝達できる情報量のこと。

6．開発したシステム全体が，設計したとおりの機能を備えているかを確認する開発者側の最終テスト。

― 解答群 ―

| ア．システムテスト | イ．要件定義 | ウ．プロトタイピングモデル |
| エ．フールプルーフ | オ．完全性 | カ．スループット |

1		2		3		4		5		6	

【2】　次の説明文に最も適した答えを解答群から選び，記号で答えなさい。

1．一定期間にシステムが正常に使える時間の割合が長いこと。

2．ユーザにとって使いやすい画面や帳票などの設計をする開発工程。

3．要件定義や内部設計など，いくつかの工程に分割して進め，原則として前の工程に戻らないシステム開発モデル。

4．コンピュータネットワークに直接接続することができる記憶装置。

5．コンピュータシステムに処理を指示してから，その処理が始まるまでに要する時間のこと。

6．単体テストの後に複数のモジュールを組み合わせて，プログラム間のインタフェースに注目して確認するテスト。

― 解答群 ―

| ア．NAS | イ．外部設計 | ウ．可用性 |
| エ．レスポンスタイム | オ．結合テスト | カ．ウォータフォールモデル |

1		2		3		4		5		6	

【3】　次の説明文に最も適した答えを解答群から選び，記号で答えなさい。

1．故障の際の修復時間が短いこと。

2．システムを独立性の高い部分に分割して，ユーザの要求やインタフェースの検討などを経て，設計からテストの工程を繰り返す開発モデル。

3．コンピュータシステムに処理を指示してから，すべての処理結果が得られるまでの時間のこと。

4．開発したシステムを正常に稼働させることや，運用中に見つかった問題点を修正する作業のこと。

5．プログラムの品質を高めるために，作成したそれぞれのプログラムが設計したとおりに正しく動作するかを確認する開発工程。

6．障害が発生した際に正常な部分だけを動作させ，全体に支障をきたさないようにするしくみ。

― 解答群 ―

| ア．テスト | イ．運用・保守 | ウ．ターンアラウンドタイム |
| エ．フェールソフト | オ．スパイラルモデル | カ．保守性 |

1		2		3		4		5		6	

【4】　次の説明文に最も適した答えを解答群から選び，記号で答えなさい。

1．RAID1に相当し，複数のハードディスクに同じデータを書き込む方式。1台のハードディスクに障害が起きた場合でも，復旧が可能となるため，信頼性が向上する。
2．内部設計に基づいて，各プログラムの内部構造を設計する開発工程。
3．コンピュータシステムの一部に障害が発生した場合でも，業務に支障をきたすことなく継続運転させるために，1台のコンピュータではなく，複数台のコンピュータでシステムを稼働するしくみ。
4．故障や障害が起きたコンピュータシステムを正常な状態に戻すためにかかる平均時間のこと。
5．システムの故障発生が少ないこと。
6．入力したデータの処理が，仕様書どおりに出力されるかを確認するテスト。

―― 解答群 ――

ア．プログラム設計　　　**イ．**信頼性　　　**ウ．**フォールトトレラント
エ．平均修復時間　　　**オ．**ミラーリング　　　**カ．**ブラックボックステスト

1	2	3	4	5	6

【5】　次の説明文に最も適した答えを解答群から選び，記号で答えなさい。

1．障害が発生した場合でも，被害や障害を最小限におさえて安全性が保てるようにするしくみ。
2．コンピュータシステムが正常に動いている割合のこと。
3．複数台のハードディスク装置を一つのディスク装置のように扱う技術。
4．不正に情報を持ち出したりすることから守ること。
5．プログラム言語を用いて実際にプログラムを作成する開発工程。
6．プログラムの内部構造や処理の流れに着目して，プログラムが設計通りに動作しているかを確認するテスト。

―― 解答群 ――

ア．フェールセーフ　　　**イ．**RAID　　　**ウ．**安全性
エ．稼働率　　　**オ．**プログラミング　　　**カ．**ホワイトボックステスト

1	2	3	4	5	6

【6】　次の説明文に最も適した答えを解答群から選び，記号で答えなさい。

1．外部設計で決定された機能をプログラムにするために，必要とされる処理手順や入出力データなどを詳細に設計する開発工程。
2．機能ごとに分割して開発されたモジュールを対象として，仕様書で要求された機能や性能を満たしているかどうかを確認するテスト。
3．信頼性の高い部品の採用や利用者の教育など，コンピュータシステムに可能な限り故障や障害が起きないようにすること。
4．コンピュータシステムに関する評価指標で，5項目の頭文字で表現したもの。
5．RAID0に相当し，複数のハードディスクに分散して書き込む方式。各ハードディスクに対して，並列にアクセスを実行することで，処理速度が向上する。
6．コンピュータシステムが正常に動き始めてから，何らかの故障が発生するまでの平均時間のことで，システムが正常に動いている平均時間のこと。

―― 解答群 ――

ア．RASIS　　　**イ．**平均故障間隔　　　**ウ．**フォールトアボイダンス
エ．内部設計　　　**オ．**ストライピング　　　**カ．**単体テスト

1	2	3	4	5	6

解説　通信ネットワークに関する知識

ネットワーク

■■1■　ネットワークの構成

OSI参照モデル(OSI Reference Model)

国際標準化機構(ISO)により制定された,異機種間のデータ通信を実現するためのネットワーク構造の設計方針「OSI」(Open Systems Interconnection)に基づき,コンピュータなどの通信機器の持つべき機能を階層構造に分割したモデル。通信機能を7階層に分け,各層に標準的なプロトコルや通信サービスを定義している。「OSI 基本参照モデル」「OSI モデル」などとも呼ばれる。

	層	名称
上位層	7層	応用層(アプリケーション層)
	6層	プレゼンテーション層
	5層	セッション層
下位層	4層	トランスポート層
	3層	ネットワーク層
	2層	データリンク層
	1層	物理層

(写真提供：株式会社バッファロー)

ハブ(hub)　　LAN におけるネットワークケーブルを一つに接続する(まとめる)集線装置のこと。

ルータ(router)　　異なるネットワークどうしを中継する通信機器のこと。データ(パケット)の最適な経路を選択するルーティングやパケットの通過可否を判断する**パケットフィルタリング**の機能をもつ場合もある。

ゲートウェイ(gateway)　　規格の異なるネットワークどうしを接続し,プロトコルやデータを相互に変換して通信を可能にする機器。

プロトコル(protocol)　　コンピュータネットワークにおいて,データを送受信するときの手順を定めた規約をさす。その役割により,さまざまなプロトコルがある。

・TCP/IP(Transmission Control Protocol / Internet Protocol)

現在最も普及しているインターネットの標準的なプロトコル。ネットワーク上のコンピュータ1台ずつに固有の番号である IP アドレスが付けられる。ネットワーク上で送信されるデータは分割されて(パケット),IP アドレスをもとに目的のコンピュータに送られる。TCP/IP を利用するサービスとして,HTTP,FTP,SMTP,POP,DHCP などがある。

・HTTP(HyperText Transfer Protocol)

Web サーバと Web ブラウザとの間で,HTML 文書や関連した画像などのデータを送受信するためのプロトコル。

・FTP(File Transfer Protocol)

ネットワークを介してファイルを転送するためのプロトコル。HTML ファイルを Web サーバへアップロードしたり,データやソフトウェアをダウンロードしたりするときなどに使われる。

・POP(Post Office Protocol)

メールサーバのメールボックスから電子メールを受信者(ユーザ)のコンピュータへ受信するために用いるプロトコル。

・IMAP(Internet Message Access Protocol)

メールサーバ上で電子メールを管理するプロトコル。複数の端末から閲覧できる。

・SMTP(Simple Mail Transfer Protocol)

電子メールを送信者(ユーザ)のコンピュータからメールサーバへ送信するときや,メールサーバ間でメールを転送するときに用いるプロトコル。

・DHCP(Dynamic Host Configuration Protocol)

コンピュータをネットワークに接続するときに,IP アドレスなどを自動的に割り当てるプロトコル。

MAC アドレス（Media Access Control address）

コンピュータやプリンタを LAN に接続するために必要な，LAN カードに付けられた固有の番号。

IP アドレス（Internet Protocol address）

TCP/IP プロトコルを用いたネットワーク上で，コンピュータを識別するためのアドレス。32 ビットを 8 ビットずつ 4 つに区切って 10 進数で表す IPv4 は，約 43 億個のアドレスが表現できる。また，IP アドレスはネットワーク部とホスト部から構成されている。ネットワーク部について，決められたビット数で区切る方法をクラスという。しかしながら，クラスで分類した場合，利用されないアドレスが生じてしまうこともあるため，ネットワーク部を任意のビット数で区切る方法を CIDR という。

近年のインターネットの普及により，IP アドレスの数が不足する問題が起きたため，IPv6 のプロトコルが開発された。IPv6 は，128 ビットになり，約 340 澗（340 兆の 1 兆倍の 1 兆倍）個のアドレスが使えるようになり，事実上無限に近い数のアドレスを使えるようになった。

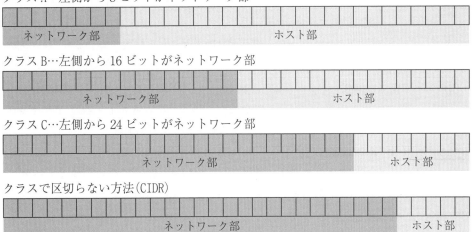

◆クラスで区切る方法の例

クラス A…左側から 8 ビットがネットワーク部

クラス B…左側から 16 ビットがネットワーク部

クラス C…左側から 24 ビットがネットワーク部

クラスで区切らない方法（CIDR）

上記の場合，ネットワーク部が 27 ビットのため，「XXX.XXX.XXX.XXX/27」と表記する。

・プライベート IP アドレス（private IP address）

会社や家庭などの LAN 内部でコンピュータ機器を識別するための番号。ネットワークアドレス部とホストアドレス部で構成されている。

・グローバル IP アドレス（global IP address）

インターネット上での住所にあたり，インターネットに接続されたコンピュータ機器を識別するための番号。インターネット上で通信を行うためには不可欠で，他のアドレスと重複しない一意の IP アドレスである。

・サブネットマスク（subnet mask）

IP アドレスにおいて，ネットワークアドレスとホストアドレスを識別するための数値。

・ネットワークアドレス（network address）

IP アドレスを構成するビット列のうち，個々の組織が管理するネットワーク（サブネット）を識別するのに使われる部分。

・ホストアドレス（host address）

同一のネットワークグループ内で接続された個々のコンピュータ機器を識別するためのアドレス。

・ブロードキャストアドレス（broadcast address）

ネットワークに接続されているすべての機器にデータを送信する特別なアドレス。IPv4 では，ホストアドレス部のビットがすべて 1 のアドレス。

ネットワーク

IP アドレス構成例（IPv4）

2進数表記	1 1 0 0 0 0 0 0	1 0 1 0 1 0 0 0	0 0 0 0 0 0 0 1	1 0 0 0 0 0 0 0
10進数表記	192	168	1	128

ネットワークアドレス部 　　　　　　　　　　　　　　ホストアドレス部

> 二つのアドレス部は，ネットワーク規模によって変更できる。

ポート番号

TCP/IP を用いたネットワーク上で，IP アドレスに設けられている補助アドレスであり，アプリケーションの識別をするための番号。

NAT(Network Address Translation)

インターネットのグローバル IP アドレスとプライベート IP アドレスを相互に変換し，LAN 内のコンピュータがインターネットを利用できるようにするためのアドレス変換の技術。

DMZ(DeMilitarized Zone)

"非武装地帯"と呼ばれ，インターネットなどの外部ネットワークと内部ネットワークから隔離された区域（セグメント）のこと。

インターネットからの不正なアクセスから保護するとともに，内部ネットワークへの被害の拡散を防止する。

DNS(Domain Name System)

ネットワークに接続されたコンピュータのドメイン名と IP アドレスを互いに変換するサーバ。ネームサーバ・ドメインネームサーバとも呼ばれる。

VPN(Virtual Private Network)

インターネット上に構築される仮想的な専用回線。なりすましやデータの改ざんなどを防止でき，専用回線より安価に導入ができる。

通信速度(bps：bits per second)

1 秒間に転送できるデータのビット数。通信機器の通信の性能を示すのに用いられる。1 Mbps のモデムは，1 秒間に 1,000,000 ビット（125,000 バイト）のデータを転送できる。

◆**例題**：ある通信回線を使用して，750 MB のファイルを転送するためにかかる時間は 40 秒であった。この回線の通信速度を求めなさい。ただし，伝送効率や外部要因は考慮しないものとする。

（**式**）　750 MB（メガバイト）= 750 × 8 = 6,000 Mb（メガビット）

6,000 Mb ÷ 40 秒 = 150 Mbps 　　　　　　　　　　　　答え：150 Mbps

通信時間(データ転送時間)

データをインターネット上のサーバなどから転送するのにかかる時間。「データサイズ÷通信速度」で求められる。

◆**例題**：通信速度が 150 Mbps の回線を利用して 750 MB のデータを転送するのに必要な時間を求めなさい。ただし，伝送効率や外部要因は考慮しないものとする。

（**式**）　750 MB（メガバイト）= 750 × 8 = 6,000 Mb（メガビット）

6,000 Mb ÷ 150 Mbps = 40 秒 　　　　　　　　　　　　答え：40 秒

伝送効率

データ通信において，実質的にデータを送ることができる回線の割合。例えば，200 Mbps の回線は 1 秒間に 200 メガビット（25 メガバイト）送受信できるが，伝送効率が 60% であると，1 秒間に 120 メガビット（15 メガバイト）しか送受信できない。

◆**例題1**：通信速度が 50 Mbps の回線を利用して 10 MB のデータを転送する時間は 2 秒であった。この回線の伝送効率は何%か。

（**式**）　10 MB（メガバイト）= 10 × 8 = 80 Mb（メガビット）

（80 Mb ÷ 2）÷ 50 Mbps = 0.8 　　　　　　　　　　　答え：80%

◆例題2：通信速度が 120 Mbps の回線を利用して 300 MB のデータを転送する時間は何秒か求めなさい。なお，この回線の伝送効率は 80 %とし，その他の外部要因は考えないものとする。

（式）　300 MB（メガバイト）＝ 300 × 8 ＝ 2,400 Mb（メガビット）

2,400 Mb ÷（120 Mbps × 0.8（80 %））＝ 25　　　　　　答え：25 秒

■■2■　ネットワークの活用

シンクライアント(thin client)

情報システムにおいて，クライアントに最低限の機能しか持たせず，サーバ側でアプリケーションソフトやファイルなどの資源を一括管理するシステムの総称。

Cookie(クッキー)　Web サイトで閲覧した商品情報や訪問日時などの履歴情報を，ユーザのコンピュータ内に，一時的に保存するしくみ。

MIME(マイム：Multipurpose Internet Mail Extension)

音声や画像などのマルチメディアデータを電子メールで送受信するために，バイナリデータをASCII（アスキー）コードに変換する方法や，データの種類を表現する方法などを規定したもの。

VoIP(ブイオーアイピー：Voice over Internet Protocol)

音声データをパケット変換することで，インターネット回線などを音声通話に利用する技術。

問題　通信ネットワークに関する知識

【1】　次の説明文に最も適した答えを解答群から選び，記号で答えなさい。

1．国際標準化機構により制定された，異機種間のデータ通信を実現するためのネットワーク構造の設計方針「OSI」に基づき，コンピュータなどの通信機器の持つべき機能を階層構造に分割したモデル。

2．Web サーバと Web ブラウザとの間で，HTML 文書や関連した画像などのデータを送受信するためのプロトコル。

3．TCP/IP プロトコルを用いたネットワーク上で，コンピュータを識別するためのアドレス。

4．"非武装地帯"と呼ばれ，インターネットなどの外部ネットワークと内部ネットワークから隔離された区域のこと。

5．パケットの通過可否を判断する機能。

―― 解答群 ――

ア． OSI 参照モデル	**イ．** IP アドレス	**ウ．** パケットフィルタリング
エ． DMZ	**オ．** HTTP	

1		2		3		4		5	

【2】　次の説明文に最も適した答えを解答群から選び，記号で答えなさい。

1．LAN におけるネットワークケーブルを一つに接続する集線装置のこと。

2．ネットワークを介してファイルを転送するためのプロトコル。

3．コンピュータやプリンタを LAN に接続するために必要な，LAN カードにつけられた固有の番号。

4．ネットワークに接続されているすべての機器にデータを送信する特別なアドレス。IPv4 では，ホストアドレス部のビットがすべて1のアドレス。

5．インターネット上に構築される仮想的な専用回線。なりすましやデータの改ざんなどを防止でき，専用回線より安価に導入ができる。

―― 解答群 ――

ア． FTP	**イ．** VPN	**ウ．** ブロードキャストアドレス
エ． ハブ	**オ．** MAC アドレス	

1		2		3		4		5	

ネットワーク

【3】 次の説明文に最も適した答えを解答群から選び，記号で答えなさい。

1．異なるネットワーク同士を中継する通信機器。

2．メールサーバのメールボックスから電子メールを受信するために用いるプロトコル。

3．会社や家庭などの LAN 内部でコンピュータ機器を識別するための番号。

4．電子メールをユーザのコンピュータからメールサーバへ送信するときや，メールサーバ間でメールを転送するときに用いられるプロトコル。

5．情報システムにおいて，クライアントに最低限の機能しか持たせず，サーバ側でアプリケーションソフトやファイルなどの資源を一括管理するシステムの総称。

― 解答群 ―

ア．SMTP　　　　　　**イ**．ルータ　　　　　　**ウ**．プライベート IP アドレス

エ．POP　　　　　　　**オ**．シンクライアント

1	2	3	4	5

【4】 次の説明文に最も適した答えを解答群から選び，記号で答えなさい。

1．インターネット上の住所にあたり，インターネットに接続されたコンピュータ機器を識別するための番号。

2．メールサーバ上で電子メールを管理するプロトコル。

3．規格の異なるネットワーク同士を接続し，プロトコルやデータを相互に変換して通信を可能する機器。

4．コンピュータをネットワークに接続するときに，IP アドレスなどを自動的に割り当てるプロトコル。

5．Web サイトで閲覧した商品情報や訪問日時などの履歴情報を，ユーザのコンピュータ内に，一時的に保存するしくみ。

― 解答群 ―

ア．Cookie　　　　　　**イ**．IMAP　　　　　　**ウ**．グローバル IP アドレス

エ．ゲートウェイ　　　　**オ**．DHCP

1	2	3	4	5

【5】 次の説明文に最も適した答えを解答群から選び，記号で答えなさい。

1．現在もっとも普及しているインターネットの標準的なプロトコル。

2．IP アドレスを構成するビット列のうち，個々の組織が管理するネットワークを識別するのに使われる部分。

3．インターネットのグローバル IP アドレスとプライベート IP アドレスを相互に変換し，LAN 内のコンピュータがインターネットを利用できるようにするためのアドレス変換の技術。

4．同一のネットワークグループ内で接続された個々のコンピュータ機器を識別するためのアドレス。

5．音声データをパケット変換することで，インターネット回線などを音声通信に利用する技術。

― 解答群 ―

ア．NAT　　　　　　　**イ**．ホストアドレス　　　**ウ**．ネットワークアドレス

エ．VoIP　　　　　　　**オ**．TCP/IP

1	2	3	4	5

【6】　**次の説明文に最も適した答えを解答群から選び，記号で答えなさい。**

1．コンピュータネットワークにおいて，データを送受信するときの手順を定めた規約。

2．TCP/IP を用いたネットワーク上で，IP アドレスに設けられている補助アドレスであり，アプリケーションの識別をするための番号。

3．IP アドレスにおいて，ネットワークアドレスとホストアドレスを識別するための数値。

4．ネットワークに接続されたコンピュータのドメイン名と IP アドレスを互いに変換するサーバ。

5．音声や画像などのマルチメディアデータを電子メールで送受信するために，バイナリデータを ASCII コードに変換する方法や，データの種類を表現する方法などを規定したもの。

```
―― 解答群 ――
ア．ポート番号          イ．MIME          ウ．プロトコル
エ．サブネットマスク      オ．DNS
```

1		2		3		4		5	

ネットワーク

解説 情報モラルとセキュリティに関する知識

共通鍵暗号方式(common key cryptosystem)
　　インターネットでデータを送受信するときに，データの暗号化と復号に，共通の鍵(秘密鍵)を使用する暗号方式のこと。

公開鍵暗号方式(public key cryptosystem)
　　インターネットでデータを送受信するときに，データの暗号化と復号に，異なる鍵を使用する暗号方式のこと。暗号化には公開鍵，復号には秘密鍵を使用する。

電子署名　　電子メールや電子商取引において，送信されるデータが正しい送信者からのものであり，途中で改ざんされていないことを証明するもの。

・**デジタル署名**　　電子署名の一種。一般に公開鍵暗号方式を利用して送受信される。電子商取引でよく利用される。

・**認証局(CA)**　　電子商取引事業者などに，暗号通信などで必要となる，公開鍵の正当性を保証するデジタル証明書を発行する機関。

SSL(エスエスエル：Secure Socket Layer) / TLS(ティーエルエス：Transport Layer Security)
　　オンラインショッピングなどでやり取りする個人情報などのデータを暗号化し，ブラウザを介してインターネット上で安全に送受信するための技術。ブラウザのURLを示す部分は「https：//」で始まる。

HTTPS(HyperText Transfer Protocol Secure)
　　WebサーバとWebブラウザとの通信で用いられるHTTP(HyperText Transfer Protocol)に，通信内容の暗号化や通信相手の認証といった暗号化機能であるSSLもしくはTLSを付加したプロトコル。

ログファイル(log file)　　コンピュータの利用状況やデータ通信の状況を記録したファイルのこと。操作やデータの送受信が行われた日時と，行われた操作の内容や送受信されたデータの中身などが記録される。

・**システムログ(シスログ：syslog)**
　　コンピュータシステムの動作状態を記録したもの。何らかのトラブルが起こった場合など，システムログを見て解決できる。

・**アクセスログ(access log)**
　　WebサーバへアクセスしたIP付や時刻，アクセス元のIPアドレス，処理にかかった動作時間などを記録したもの。

インシデント　　コンピュータシステムやネットワークの運用時に，セキュリティ上の問題として発生した事故や事例のこと。

リスクマネジメント　　リスクが発生する前に，そのリスクを組織的に管理し，リスクの発生による損失を回避，または不利益を最小限に抑えるためのプロセス。

リスクアセスメント　　リスクマネジメントに対する一連の活動として，リスク特定，リスク分析，リスク評価を行う。

クロスサイトスクリプティング
　　SNSや掲示板などユーザが入力した内容を表示するWebページの脆弱性を利用した罠を仕掛け，偽サイトに誘導してさまざまな被害を引き起こす攻撃のこと。

ソーシャルエンジニアリング
　　心理的な隙や行動のミスにつけ込むなど，情報通信技術を使用せず，情報資産を不正に収集する手口の総称。のぞき見やなりすましなどがある。

SQLインジェクション
　　データベースと連携したWebアプリケーションの脆弱性を利用して不当なSQL文を実行させることにより，データベースの不正な閲覧や改ざんをする攻撃のこと。

情報モラル

| 問題 | 情報モラルとセキュリティに関する知識 |

【1】 次の説明文に最も適した答えを解答群から選び，記号で答えなさい。

1．インターネットでデータを送受信するときに，データの暗号化と復号に，共通の鍵（秘密鍵）を使用する暗号方式のこと。

2．オンラインショッピングなどでやり取りする個人情報などのデータを暗号化し，ブラウザを介してインターネット上で安全に送受信するための技術。

3．Webサーバへアクセスした日付や時刻，アクセス元のIPアドレス，処理にかかった動作時間などを記録したもの。

4．コンピュータシステムやネットワークの運用時に，セキュリティ上の問題として発生した事故や事例のこと。

5．リスクマネジメントに対する一連の活動として，リスク特定，リスク分析，リスク評価を行う。

6．電子署名の一種。一般に公開鍵暗号方式を利用して送受信される。電子商取引でよく利用される。

― 解答群 ―

ア． アクセスログ　　　　　**イ．** インシデント　　　　　**ウ．** リスクアセスメント

エ． デジタル署名　　　　　**オ．** 共通鍵暗号方式　　　　**カ．** SSL（TLS）

1		2		3		4		5		6	

【2】 次の説明文に最も適した答えを解答群から選び，記号で答えなさい。

1．インターネットでデータを送受信するときに，データの暗号化と復号に，異なる鍵を使用する暗号方式のこと。暗号化には公開鍵，復号には秘密鍵を使用する。

2．データベースと連携したWebアプリケーションの脆弱性を利用して不当なSQL文を実行させることにより，データベースの不正な閲覧や改ざんをする攻撃のこと。

3．コンピュータの利用状況やデータ通信の状況を記録したファイルのこと。操作やデータの送受信が行われた日時と，行われた操作の内容や送受信されたデータの中身などが記録される。

4．WebサーバとWebブラウザとの通信で用いられるHTTPに，通信内容の暗号化や通信相手の認証といった暗号化機能であるSSL（TLS）を付加したプロトコル。

5．SNSや掲示板などユーザが入力した内容を表示するWebページの脆弱性を利用した罠を仕掛け，偽サイトに誘導してさまざまな被害を引き起こす攻撃のこと。

― 解答群 ―

ア． 公開鍵暗号方式　　　　**イ．** ログファイル　　　　　**ウ．** SQLインジェクション

エ． HTTPS　　　　　　　 **オ．** クロスサイトスクリプティング

1		2		3		4		5	

【3】 次の説明文に最も適した答えを解答群から選び，記号で答えなさい。

1．電子メールや電子商取引において，送信されるデータが正しい送信者からのものであり，途中で改ざんされていないことを証明するもの。

2．心理的な隙や行動のミスにつけ込むなど，情報通信技術を使用せず，情報資産を不正に収集する手口の総称。のぞき見やなりすましなどがある。

3．コンピュータシステムの動作状態を記録したもの。

4．リスクが発生する前に，そのリスクを組織的に管理し，リスクの発生による損失を回避，または不利益を最小限に抑えるためのプロセス。

5．電子商取引事業者などに暗号通信などで必要となる，公開鍵の正当性を保証するデジタル証明書を発行する機関。

解答群

ア．認証局(CA)　　　　　イ．電子署名　　　　　ウ．リスクマネジメント

エ．システムログ　　　　オ．ソーシャルエンジニアリング

1		2		3		4		5	

問題　計算問題トレーニング

【1】　開発期間に関する次の問いに答えなさい。

1．5人で4日間かかる工数は何人日か求めなさい。

2．工数が12人月の作業を3人で取り組むと何か月かかるか求めなさい。

3．工数が20人日の作業を5日で終了させるには，何人で取り組む必要があるか求めなさい。

4．Aさん一人では15日間，Bさん一人では12日間かかる仕事がある。この仕事をAさん，Bさんが共同して行った。この仕事の完成までに要した日数は何日間か。

5．Cさん一人では20日間，Dさん一人では15日間かかる仕事がある。この仕事をCさん，Dさん二人で共同して3日間行い，残りの仕事はCさん一人で行った。この仕事の完成までに要した日数は何日間か。

6．EさんとFさんが共同して作業を行うと6日間かかる仕事がある。この仕事をFさんが一人で行うと15日間かかった場合，Eさんが一人で行うと何日間かかるか。

1		2		3		4		5		6	

【2】　稼働率に関する次の問いに答えなさい。

1．MTBF(平均故障間隔)が195時間，MTTR(平均修復時間)が5時間のシステムの稼働率を求めなさい。

2．平均故障間隔が12日間，平均修復時間が12時間のシステムの稼働率を求めなさい。ただし，毎日24時間稼働しているものとする。

3．コンピュータシステムAの稼働率が0.8，コンピュータシステムBの稼働率が0.85であった。この二つのコンピュータシステムを並列でつないで稼働した場合の稼働率を求めなさい。

4．コンピュータシステムCの稼働率が0.95，コンピュータシステムDの稼働率が0.9であった。この二つのコンピュータシステムを直列でつないで稼働した場合の稼働率を求めなさい。

5．装置Aの稼働率が0.8，装置Bの稼働率が0.9，装置Cの稼働率が0.95のとき，以下のように三つの装置を接続した場合のシステム全体の稼働率を求めなさい。

6．装置Dの稼働率が0.9，装置Eの稼働率が0.75，装置Fの稼働率が0.8の場合，以下のように三つの装置を接続したときのシステム全体の稼働率を求めなさい。

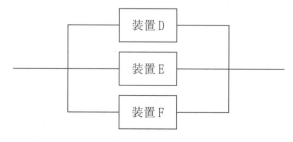

1		2		3		4		5		6	

【3】 記憶容量に関する次の問いに答えなさい。

1．次のハードディスクの記憶容量(GB)を求めなさい。ただし，1 GB ＝ 10^9 B とする。

1セクタあたりの記憶容量	400 B
1トラックあたりのセクタ数	200
1シリンダあたりのトラック数	100
総シリンダ数	2,000

2．次のハードディスクの記憶容量(GB)を求めなさい。ただし，1 GB ＝ 10^9 B とする。

1シリンダあたりのトラック数	20
1面あたりのトラック数	1,500
1トラックあたりのセクタ数	下の表のとおり
1セクタあたりの記憶容量	2,000 B

トラック番号	セクタ数
0 ～ 999	300
1,000 ～ 1,499	200

3．デジタルカメラで，横方向 2,000 ドット，縦方向 1,600 ドット，24 ビットカラー，60％に圧縮したときの画像の記憶容量(MB)を求めなさい。ただし，1 MB ＝ 10^6 B とする。

4．横 21cm，縦 29cm の画像を，解像度 600dpi スキャナで，24 ビットカラーで取り込んだ時の記憶容量(MB)を求めなさい。ただし，1 インチ ＝ 2.5cm，1 MB ＝ 10^6 B，圧縮は行わないものとし，MB 未満を四捨五入する。

5．解像度 3,000 × 2,000 ピクセル，1 ピクセルあたり 24 ビットの色情報を持つ画像を 80％に圧縮し，DVD 1 枚に保存する場合，画像は最大何枚保存できるか。ただし，DVD の記憶容量は，4.7 GB，1 GB ＝ 10^9 B とする。

1		2		3		4		5	

【4】 転送時間・通信速度・伝送効率に関する次の問いに答えなさい。

1．20 MB のデータを，通信速度が 100 Mbps で，伝送効率が 80％の通信回線を利用して転送するのにかかる時間(秒)を求めなさい。

2．90 MB のデータを，8 秒でダウンロードするために必要な通信速度(Mbps)を求めなさい。ただし，伝送効率は 90％とする。

3．45 MB のデータを，通信速度が 150 Mbps の通信回線を用いてダウンロードするのに 3 秒かかった。この通信回線の伝送効率(％)を求めなさい。

4．通信速度が 200 Mbps で，伝送効率が 90％の通信回線を用いて，1 分間(60 秒)に伝送できるデータ量(GB)を求めなさい。ただし，1 GB ＝ 10^3 MB とする。

1		2		3		4	

（解説）プログラミング部門関連知識

基数変換　　　　10進数，2進数などにおいて，数の基本となる数を基数という。10進数から2進数へ変換することや，2進数から10進数へ変換することなどを，**基数変換**という。

・2進数・10進数・16進数の特徴

	特徴	表現方法
2進数	コンピュータが情報を扱うのに適している	0と1の2種類
10進数	人間が計算などをするのに適している	0〜9の10種類
16進数	大量の2進数情報を表現するのに適している	0〜9の10種類の数字と，A〜Fの6文字の計16種類

・10進数と16進数の対応表

10進数	0 1 2 3 4 5 6 7 8 9 10 11 12 13 14 15
16進数	0 1 2 3 4 5 6 7 8 9 A B C D E F

・10進数から16進数へ基数変換

10進数を16で除算した余りを並べると，16進数へ基数変換できる。

10進数の469を16進数に変換

```
16 ) 469    余り
16 )  29  … 5
16 )   1  … 13 ⇒ D    （Dは10進数と16進数の対応表参照）
       0  … 1
```

$(469)_{10} = (1D5)_{16}$

・16進数から10進数へ基数変換

16進数の各桁の数と各桁の重みを掛けて，総合計を求めると，10進数へ基数変換できる。

16進数の1D5を10進数に変換

$$（各桁の数）\quad 1 \qquad D \qquad 5$$
$$\times \qquad \times \qquad \times$$
$$（重み）\quad 16^2 \quad 16^1 \quad 16^0$$

$$(1 \times 256) + (13 \times 16) + (5 \times 1) = 256 + 208 + 5 = 469$$

$$(1D5)_{16} = (469)_{10}$$

・2進数から16進数へ基数変換

2進数を下位から4ビット（桁）ごとに区切って10進数に基数変換し，10進数を16進数へ対応表を参照して置き換えると基数変換できる。

2進数の11001101を16進数に変換

$$(11001101)_2$$
$$= (1100\ 1101)_2 \leftarrow 4ビット（桁）ごとに区切る$$
$$= (12)_{10}\ (13)_{10}$$
$$= (C)_{16}\ (D)_{16}$$
$$= (CD)_{16}$$

・16進数から2進数へ基数変換

16進数の数値・文字を10進数に基数変換した後に，それぞれの10進数を4ビット（桁）の2進数に基数変換すると，16進数から2進数へ基数変換できる。

16進数のCDを2進数に変換

$$(CD)_{16}$$
$$= (C)_{16}\ (D)_{16}$$
$$= (12)_{10}\ (13)_{10}$$
$$\qquad\downarrow\qquad\downarrow$$
$$= (1100\quad 1101)_2 \leftarrow 4ビット（桁）の2進数へ$$
$$= (11001101)_2$$

- **2進数の小数点表示**　2進数の小数点以下の表示は，次のように表す。

$$(0.1)_2 = 2^{-1} = \frac{1}{2^1} = (0.5)_{10} \qquad\qquad (0.11)_2 = 2^{-1} + 2^{-2}$$

$$(0.01)_2 = 2^{-2} = \frac{1}{2^2} = (0.25)_{10} \qquad\qquad\qquad = (0.5)_{10} + (0.25)_{10}$$

$$(0.001)_2 = 2^{-3} = \frac{1}{2^3} = (0.125)_{10} \qquad\qquad\qquad = (0.75)_{10}$$

2進化10進数　10進数の各桁を4ビット(桁)の2進数で表現したもの。

【例】　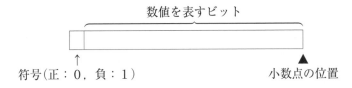

コンピュータでの小数の表現方法

- **固定小数点形式**　コンピュータ内部の数値表現で，符号付き固定小数点形式では最上位ビットで符号を示し，残りのビットで数値を示し，小数点の位置は，最下位ビットの右側に固定して，2進数の表現形式にしたもの。符号は，正を$(0)_2$，負を$(1)_2$と表示する。

数値を表すビット

符号(正：0，負：1)　　　　　　　　　小数点の位置

- **浮動小数点形式**　コンピュータの内部の数値を，符号を表す符号部，小数点を動かした桁数を表す指数部，有効数字を表す仮数部で表現したもの。

また，小数点の右に有効数字を表現することを**正規化**という。

指数部　　　　　　　仮数部

符号部(正：0，負：1)　小数点の位置

- **補数**　　コンピュータが減算処理を加算処理で行うために利用するものであり，2進数では1の補数と2の補数がある。

【例】　$(00110110)_2$の1の補数と2の補数を求める。

各ビットの0と1を反転する　⇒　11001001(1の補数)

1の補数に＋1をする　　　　⇒　11001010(2の補数)

クロック周波数　　ＣＰＵや主記憶装置の動作の基準となる信号で，1秒間に発生させる回数をＨｚ(ヘルツ)で表す。

◆例題：ＣＰＵの処理同期回数が，1分間に1,200億回動作するときのクロック周波数を求めなさい。

(式)　120,000,000,000 回 ÷ 60秒 ＝ 2,000,000,000 Ｈｚ ＝ 2ＧＨｚ　　<u>答え：2ＧＨｚ</u>

ＭＩＰＳ(ミップス：Million Instructions Per Second)

コンピュータの性能を表す単位の一つ。1秒間に実行できる命令数を100万回単位で表したもの。

◆例題1：100万回の命令を実行するのに平均0.01秒かかるＣＰＵのＭＩＰＳ値を求めなさい。

(式)　ＭＩＰＳ値＝1秒間に実行できる命令数÷1,000,000

＝(1,000,000 回 ÷ 0.01秒) ÷ 1,000,000

＝ 100ＭＩＰＳ　　　　　　　　　　　　　<u>答え：100ＭＩＰＳ</u>

◆例題2：ある処理を1回実行するのに，5,000万回の命令が必要なとき，2ＭＩＰＳの性能のコンピュータでは，1回の処理は何秒かかるか。

(式)　50,000,000 ÷ (2 × 1,000,000) ＝ 25　　　　　　<u>答え：25秒</u>

計算の誤差

・情報落ち　　　例えば浮動小数点演算で「$2.000000 \times 10^6 + 1.000000$」の計算結果は，$2.000001 \times 10^6$ となる。しかし，有効数字の桁数が6桁の場合の計算結果は，2.00000×10^6 となり，加えられた 1.000000 が計算結果に反映されない。有効数字の桁数に限りがある浮動小数点演算において，絶対値の大きい数と絶対値の小さい数の加減算を行ったとき，絶対値の小さい数が計算結果に反映されない誤差のことを**情報落ち**という。

・桁落ち　　　　例えば浮動小数点演算で「$1.23456 \times 10^2 - 1.23450 \times 10^2$」の計算結果は，$0.00006 \times 10^2$（正規化すると，$0.6 \times 10^{-2}$）となる。計算後の有効数字は，計算前の6桁から計算後の1桁（※0でない数値の前の0は有効数字ではない）に減ってしまう。

このように，計算結果が極端に0に近くなる浮動小数点演算を行ったときに，有効数字の桁数が少なくなることを桁落ちという。

・丸め誤差　　　例えば1.2345という数値を「小数点第4位以下切り捨て」によって丸めると，数値は1.234となる。このとき0.0005の誤差が生じる。

このように，数値表現の桁数に限度があるとき，最小の桁より小さい部分について四捨五入，切り上げまたは切り捨てを行うことによって生じる誤差のことを丸め誤差という。

論理回路とベン図（集合・論理演算）

コンピュータの演算は，＋，−，×，÷ の四則演算のほかに**論理演算**がある。論理演算とは，1または0の入力値に対して，一つの演算結果（1または0）を出力する演算のことである。論理演算を行う回路を**論理回路**という。

論理回路には，**論理積(AND)**，**論理和(OR)**，**否定(NOT)**，**排他的論理和(XOR)**などがある。
この論理演算を視覚的にわかりやすく表現する手法として，**ベン図**を用いる。

・論理積回路（AND）　2つの入力がともに1の場合のみ1を出力する回路。

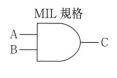
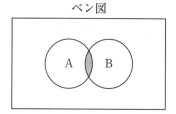

・論理和回路（OR）　2つの入力のうち，少なくともどちらか一方が1であるとき，1を出力する回路。

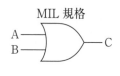
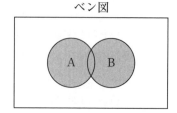

・否定回路（NOT）　1つの入力された値が，1のとき0を出力し，0のとき1を出力する回路。

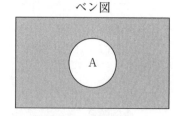

・排他的論理和（XOR）　2つの入力のうち，どちらか一方のみが1であれば1を出力する回路。

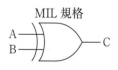
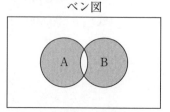

キューとスタック　　データ構造のデータ保存(追加)方法と取り出し(削除する)方法の違いで**キュー**と**スタック**の方法がある。

・**キュー**　　待ち行列ともよばれ，コンビニエンスストアのレジの並びのように，今から列に並ぶ人は，列の最後に並び，並んだ順番で会計ができるように，データを保存(追加)するときは，データの並びの末尾に保存(追加)され，データを取り出す(削除する)ときは，データの並びの先頭から取り出される(削除する)方法(先入れ先出し方式：FIFO方式)をキューという。

・**スタック**　　不要になった新聞紙をラックを使用してまとめるように，新聞紙を入れる(保存・追加)ときは，上から積み重ねて行き，取り出すときも上から順に取り出すように，データを保存(追加)するときも，取り出す(削除する)ときもデータの並びの末尾から行う方法(後入れ先出し方式：LIFO方式)をスタックという。

リストとポインタ　　リストとは，データの位置を示す値(ポインタ)によってつなげられたデータ構造をいう。ポインタの値を変えることにより，末尾以外でもデータの追加や削除を容易に行うことができる。

先頭		データ	ポインタ
2	1	う	5
	2	あ	3
	3	い	1
	4	お	
	5	え	4

データはポインタにより，「あ」→「い」→「う」→「え」→「お」の順につながれている。

木構造　　階層の上位から下位に節点をたどることによって，最下位にある葉(データ)を取り出すことができる構造のこと。

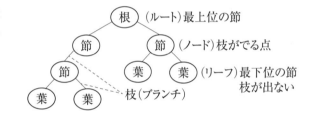

シフト演算　　2進数のビットパターンを右または左にずらす演算

・**論理シフト**　　あるビット数分を左もしくは右にシフトしたのち，空いたビットを「0」で埋めること。

・**算術シフト**　　符号を表すビットは固定し，あるビット数分を左にシフトしたときは空いたビットを「0」で埋め，右にシフトしたときは空いたビットに符号と同じ値で埋めること。

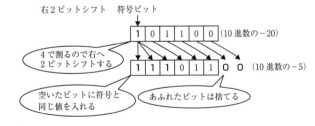

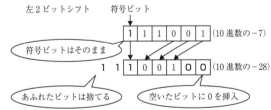

オブジェクト指向　　システムの設計で，システムを処理や操作の対象となるもの(オブジェクト)どうしのやり取りの関係として設計する考え方。

・**オブジェクト**　　システムの設計で，処理や操作の対象となるもの。

・**クラス**　　オブジェクト指向で，いくつかのオブジェクトに共通する性質を抜き出して，属性・手続きを一般化(抽象化)して新しく定義したもの。またはプログラムの単位。

クラス
クラス名
メソッド
フィールド

・**インスタンス**　　オブジェクト指向で，クラスの定義情報から生成された，具体的なデータをもつ実体のこと。

・**カプセル化**　　オブジェクト指向で，データ(属性)とそのデータに対する手続きを一つにまとめること。

プログラム呼び出し

プログラムの持つ特性

・**リカーシブ（再帰）**　実行中に自分自身を呼び出し（再帰呼出し）しても，正しく実行することができるプログラムの性質。

・**リロケータブル（再配置）**

主記憶上のどのアドレスに配置（再配置）しても，正しく実行することができるプログラムの性質。

・**リエントラント（再入）**

複数のタスクが同時に共有して実行（再入）しても，正しく実行することができるプログラムの性質。

・**リユーザブル（再使用）**

一度実行した後，再ロードし直さずに実行（再使用）しても，正しく実行することができるプログラムの性質。

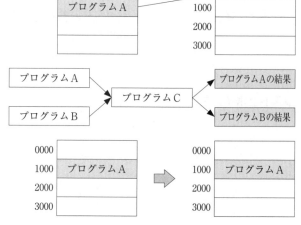

トップダウンテスト　階層構造のモジュール群からなるソフトウェアの結合テストの進め方の一つ。上位モジュールから結合テストを始め，順次下位へとテストを進めていく方法のこと。

常に最上位のモジュールからテストを行うことになるので，プログラム機能の抜け漏れを発見しやすく，同時に使用頻度の高い上位モジュールの信頼性が高くなるという利点がある。しかし，上位モジュールのテストを終えてから下位モジュールの開発を始めることになるため，プログラミングとテストを同時に行うことが難しい。また，テストごとに**スタブ**を作り続けなければならない。

・**スタブ**　　大規模なシステム開発の際に，完成済みのプログラムの動作を検証するための，完成していないプログラムの代用となるプログラムのこと。

トップダウンテスト方式でプログラムを開発するとき，下位のモジュールができていない状態で上位のモジュールをテストするため，テスト用のスタブとよばれる下位のモジュールを作成する必要がある。

ボトムアップテスト　階層構造のモジュール群からなるソフトウェアの結合テストの進め方の1つ。最下位モジュールから結合テストを始め，順次上位へとテストを進めていく方法のこと。

ボトムアップテストでは，階層構造で最下位にあるモジュールからテストをする。テストの対象のモジュールごとに**ドライバ**を用意してテストを実行し，その動作を検証する。

・**ドライバ**　　ボトムアップテスト方式では下位モジュールから開発するため，上位モジュールの代わりにドライバとよばれる簡単なテスト用のモジュールを作成してテストする。

回帰（リグレッション）テスト

プログラムのバグを修正したことによって，そのバグが取り除かれたかわりに新しいバグが発生していないかなど，ソフトウェアの保守に当たり，システムの一部に修正や変更を加えたときに，ほかの正常箇所に悪影響を及ぼさずに正しい結果が得られることを検証するテスト。

負荷テスト　　新システムの構築において，ハードウェアやソフトウェアに短時間に大量のデータを与えるなどの高い負荷をかけても正常に機能しているかどうかを，システムテスト工程で実施するテスト。

機能テスト　　システム開発の際に行われるテストのうち，システムやソフトウェアが要求された機能を満たしているかどうかを検証するテストのこと。

性能テスト　　システムの応答時間や処理速度が仕様通りの要件を満たしているかどうかを検証するテストのこと。

問題　プログラミング部門関連知識

【1】 次の各問いに答えなさい。

1．10 進数の 79 を 16 進数に基数変換しなさい。

2．16 進数の 7A を 10 進数に基数変換しなさい。

3．2 進数の 10101011 を 16 進数に基数変換しなさい。

4．16 進数の 1B を 2 進数に基数変換しなさい。

5．10 進数の 123 を 2 進化 10 進数で表しなさい。

6．2 進数の 10011000 の 1 の補数を答えなさい。

7．2 進数の 10011000 の 2 の補数を答えなさい。

8．10 進数の－50 を 8 ビットの 2 の補数形式で表しなさい。

9．2 進数の 0.101 を 10 進数に基数変換しなさい。

10．10 進数の 5.25 を 2 進数に基数変換しなさい。

11．次の論理回路図において，A に「1」，B に「0」を入力したとき，出力される C，D を答えなさい。

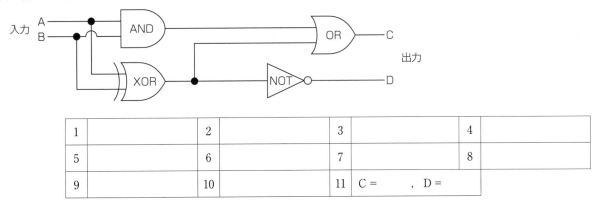

1		2		3		4	
5		6		7		8	
9		10		11	C = 　　, D =		

【2】 次の説明文に最も適した答えを解答群から選び，記号で答えなさい。

1．一つの入力と一つの出力を持つ論理回路で，入力が「0」のとき「1」を出力し，入力が「1」のとき「0」を出力する回路。

2．入力が「1」と「1」のときだけ「1」を出力する論理回路。

3．入力が「0」と「0」のとき「0」を出力し，それ以外はすべて「1」を出力する回路。

―― 解答群 ――
ア．AND 回路　　　**イ**．OR 回路　　　**ウ**．NOT 回路　　　**エ**．XOR 回路

1		2		3	

【3】 次の各問いに答えなさい。

1．8 ビットの 2 進数 11110001 を右に 2 ビット算術シフトしたものに，00001000 を加えた値は 2 進数でいくらか。ここで，負の数は 2 の補数表現によるものとする。

2．x を 2 ビット左にシフトした値に，x を加算した結果はどうなるか。なお，シフトによる桁あふれは，起こらないものとする。

3．16 ビットの 2 進数 n を 16 進数の各桁に分けて下位から 16 進数 2 桁ずつ 2 回取り出したい。どのような値と論理積を求めれば取り出せるか。16 進数で答えなさい。なお，1 回取り出した後右に 8 ビット論理シフトするものとする。

1		2		3	

【4】　次の説明文に最も適した答えを解答群から選び，記号で答えなさい。

1. コンピュータ内部の数値表現で，最上位ビットで符号を示し，残りのビットで数値を示した数値の表現方法。

2. コンピュータの内部の数値を，符号を表す符号部，小数点を動かした桁数を表す指数部，有効数字を表す仮数部で表現したもの。

3. 数値表現の桁数に限度があるとき，最小の桁より小さい部分について四捨五入，切り上げまたは切り捨てを行うことによって生じる誤差。

4. 有効数字に限りがある浮動小数点演算において，絶対値の大きい数と絶対値の小さい数の加減算を行ったとき，絶対値の小さい数が計算結果に反映されない誤差。

5. 計算結果が0に極端に近くなる浮動小数点演算を行ったときに，有効数字の桁数が少なくなること。

6. 集合・論理演算を視覚的にわかりやすく表現する手法。

7. 先に記録したデータを先に読み出すデータ構造。

8. 後から記録したデータを先に読み出すデータ構造。

9. 階層構造のモジュール群からなるソフトウェアの結合テストの一つで，上位モジュールから，順次下位へと進めていく方法。

10. 階層構造のモジュール群からなるソフトウェアの結合テストの一つで，最下位モジュールからテストを始め，順次上位へと進めていく方法。

11. ソフトウェアの保守に当たり，システムの一部に修正や変更を加えたときに，ほかの正常箇所に悪影響を及ぼさずに正しい結果が得られることを検証するテスト。

12. 新システムの構築などにおいて，ハードウェアやソフトウェアに短時間に大量のデータを与えるなどの高い負荷をかけても正常に機能しているかを調べるテスト。

13. システム開発のときに行われるテストで，システムやソフトウェアが要求された機能を満たしているかどうかを検証するテスト。

14. システムの応答時間や処理速度が仕様通りの要件を満たしているかを検証するテスト。

15. あるビット数分だけ左，もしくは右にシフトしたのち，空いたビットを「0」で埋めること。

16. 符号を表すビットは固定し，あるビット数分を左にシフトしたときは空いたビットを「0」で埋め，右にシフトしたときは空いたビットに符号と同じ値で埋めること。

17. データの位置を示す値(ポインタ)によってつなげられたデータ構造。

18. 階層の上位から下位に節点をたどることによって，データを取り出すことができる構造。

19. システムの設計で，システムを処理や操作の対象となるもの(オブジェクト)同士のやり取りの関係として設計する考え方。

20. システムの設計で，処理や操作の対象となるもの。

21. オブジェクト指向で，いくつかのオブジェクトに共通する性質を抜き出して，属性・手続きを一般化(抽象化)して新しく定義したもの。またはプログラムの単位。

22. オブジェクト指向で，クラスの定義情報から生成された，具体的なデータをもつ実体のこと。

23. オブジェクト指向で，データ(属性)とそのデータに対する手続きを一つにまとめること。

24. 実行中に自分自身を呼び出し(再帰呼出し)しても，正しく実行することができるプログラムの性質。

25. 主記憶上のどのアドレスに配置(再配置)しても，正しく実行することができるプログラムの性質。

26. 複数のタスクが同時に共有して実行(再入)しても，正しく実行することができるプログラムの性質。

27. 一度実行した後，再ロードし直さずに実行(再使用)しても，正しく実行することができるプログラムの性質。

解答群

ア．機能テスト	**イ**．キュー	**ウ**．桁落ち
エ．固定小数点形式	**オ**．情報落ち	**カ**．スタック
キ．性能テスト	**ク**．回帰テスト	**ケ**．トップダウンテスト
コ．負荷テスト	**サ**．浮動小数点形式	**シ**．ベン図
ス．ボトムアップテスト	**セ**．丸め誤差	**ソ**．オブジェクト
タ．リスト	**チ**．リユーザブル（再使用）	**ツ**．リエントラント（再入）
テ．リカーシブ（再帰）	**ト**．論理シフト	**ナ**．算術シフト
ニ．クラス	**ヌ**．インスタンス	**ネ**．オブジェクト指向
ノ．木構造	**ハ**．カプセル化	**ヒ**．リロケータブル（再配置）

1		2		3		4		5		6		7	
8		9		10		11		12		13		14	
15		16		17		18		19		20		21	
22		23		24		25		26		27			

関連知識

流れ図とプログラム

流れ図の確認

〔**コントロールブレイク**〕 特定のキー項目によって分類（整列）されたデータを読み，同じ種類のグループごとに集計・表示する処理。

【1】 第1図のようなある販売店の売上データを読み，処理条件にしたがって第2図のような販売店別売上台数一覧表を表示したい。流れ図の①～⑤にあてはまる答えを解答群から選び，記号で答えなさい。

入力データ

販売店コード (Sco) ×××	販売員名 (Smei) ××××××××	販売台数 (Su) ×××

(第1図)

実行結果

（販売店別売上台数一覧表）		
（販売店コード）	（販売員名）	（販売台数）
101	山村　直也	20
101	宮沢　勇	15
	（小計）	35
102	本保　友江	23
	（小計）	23
105	市川　貴久	18
105	河合　歩美	32
105	木俣　靖	17
	（小計）	67
	（合計）	125

(第2図)

処理条件

1．データは販売店コードによって昇順に分類（整列）されている。

2．販売店コードがかわるたびに販売店別の販売台数の小計を表示する。

3．入力データが終了したら，販売台数の合計を表示する。

4．入力データの最後には，販売店コードに999が記録されている。

5．データにエラーはないものとする。

Point

① 販売店コードごとの販売台数を集計する変数（小計）の初期化。

② 最初のデータを読んだときと販売店コードがかわったときは何をするか。
　　　　　　　　　　　　　　　　　　　　　　　　（①，②は順不同）

③ 販売台数の小計を求める。

④ 小計を表示した後に行う処理。

⑤ 最後に行う処理。

解答群

ア．999 → Kei
イ．Su → Hozon
ウ．Sco → Hozon
エ．Gokei を表示
オ．Kei を表示
カ．Gokei + Kei → Gokei
キ．Kei + Su → Kei
ク．0 → Kei

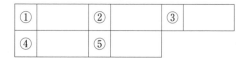

〔二次元配列集計〕 同じ性質のデータを数多く扱う場合，配列を利用する。ここでは，二つの添字により要素
指定を行う二次元配列を扱う。

【2】 第1図のような支店別・種類別の売上データを読み，処理条件にしたがって第2図のような支店別売上一覧表を表示したい。流れ図の①～⑤にあてはまる答えを解答群から選び，記号で答えなさい。

入力データ

支店番号 (Tco)	種類番号 (Sco)	売上数量 (Su)
×	×	×××

(第1図)

実行結果

	(支店別売上一覧表)				
(種類番号)	(支店1)	(支店2)	(支店3)	(支店4)	(合計)
1	30	77	18	20	145
2	25	45	23	105	198
3	12	25	20	14	71
4	38	120	31	29	218
				(総合計)	632

(第2図)

処理条件

1. 商品は種類別に下記のように番号がつけられている。

    1：食料品　　2：雑貨　　3：書籍　　4：文具

2. 支店は4店あり，支店番号は1～4の番号がつけられている。

3. 支店別・種類別に売上数量計を求め，種類別の合計と総合計を配列 Us に集計したあと，支店別売上一覧表を表示する。

配列

Us	(0)	(1)	(2)	(3)	(4)	
(0)						
(1)						(食料品)
～	～	～	～	～	～	～
(4)						(文具)
	(合計)	(支店1)	(支店2)	(支店3)	(支店4)	

4. データにエラーはないものとする。

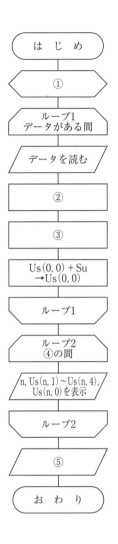

Point

① 集計処理の前に何をするか。

② 支店別・種類別に集計処理を行う。

③ 種類別の合計処理を行う。　（②，③は順不同）

④ 種類別の集計要素を表示するための繰り返し。

⑤ 総合計を表示。

解答群

ア．$0 \to n$

イ．n は1から1ずつ増やして $n \leqq 4$

ウ．n は0から1ずつ増やして $n \leqq 4$

エ．$Us(Tco, Sco) + Su \to Us(Tco, Sco)$

オ．$Us(Sco, Tco) + Su \to Us(Sco, Tco)$

カ．配列 Us を初期化する

キ．$Us(Sco, 0)$ を表示

ク．$Us(0, 0)$ を表示

ケ．$Us(Sco, 0) + Su \to Us(Sco, 0)$

コ．$Us(Tco, 0) + Su \to Us(Tco, 0)$

①		②		③	
④		⑤			

〔多分岐〕 ＩＦ文では条件が「成立する」か「成立しない」かの二通りであるが，多分岐では条件に応じて三つ以上の分岐により，異なる処理を設定することができる。

【3】 第1図のようなドリンク売上データを読み，処理条件にしたがって第2図のようなサイズ別売上数量一覧表を表示したい。流れ図の①〜⑤にあてはまる答えを解答群から選び，記号で答えなさい。

入力データ

サイズ (Size) ×	数量 (Su) × ×

（第1図）

実行結果

（サイズ別売上数量一覧表）	
（サイズ）	（売上数量）
S	80
M	72
L	58
L L	45
合計	255

（第2図）

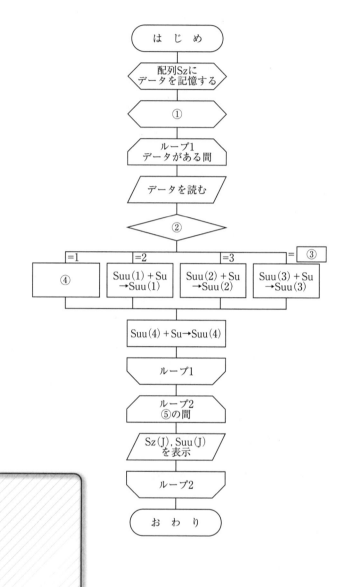

処理条件

1．サイズは，S・M・L・LLの4種類があり，コードは次の通りである。

　　1：S　　2：M　　3：L　　4：LL

2．サイズ別の売上数量を配列 Suu に集計したあと，売上数量一覧表を作成する。また，配列 Sz は，表示の際に使用する項目が記憶されており，配列 Suu とは添字で対応している。

配列

Suu	(0)	(1)	(2)	(3)	(4)

Sz	(0)	(1)	(2)	(3)	(4)
	S	M	L	LL	合計

3．データにエラーはないものとする。

Point

① 集計処理の前に何をするか。

② 何をもとに分岐しているか。

③ 分岐の条件値。

④ 条件が「1」の場合の処理。

⑤ 売上数量一覧表を表示するための繰り返し。

解答群

ア．Jは1から1ずつ増やしてJ≦4

イ．Jは0から1ずつ増やしてJ≦4

ウ．4　　　　　　　　　　　　**エ**．3

オ．Size　　　　　　　　　　　**カ**．Su

キ．Suu(0) + Su → Suu(0)　　　**ク**．Suu(1) + Su → Suu(1)

ケ．0 → Suu(0)　　　　　　　**コ**．配列 Suu を初期化する

①		②		③		④		⑤	

〔二分探索〕 配列の中から必要なデータを探し出す手法の一つ。探したいデータと配列の中央の値とを比較して，その前半部分を探すか，後半部分を探すかを決定し探索範囲を狭めていく。

【4】 第1図のような売上データを読み，処理条件にしたがって配列から該当する商品の単価を探索し，第2図のような売上一覧表を表示したい。流れ図の①〜⑤にあてはまる答えを解答群から選び，記号で答えなさい。

入力データ

商品コード (Sc)	売上数量 (Su)
×××	×××

(第1図)

実行結果

	(売上一覧表)		
(商品コード)	(売上数量)	(単価)	(売上金額)
102	200	80	16,000
108			
213	120	310	37,200
〜	〜	〜	〜

(第2図)

処理条件

1. 商品は20品目であり，配列 Hsc には商品コードが，配列 Htn には単価が，商品コードの昇順にあらかじめ記憶されている。なお，配列 Hsc と配列 Htn は添字で対応している。

配列

Hsc

(0)	(1)	〜	(19)
102	114	〜	632

Htn

(0)	(1)	〜	(19)
80	250	〜	170

2. 商品コードをもとに配列 Hsc を検索し，売上数量と単価から売上金額を計算し，売上一覧表に表示する。

3. 該当する商品コードが見つからなかったときは，エラーデータとして，商品コードのみを売上一覧表に表示する。

Point

① 入力データの商品コードと配列 Hsc の検索値が一致しているか。

② 売上金額を求める。

③ 配列の最後の要素の添字を上限値の初期値として設定する。

④ 中央値を調整して次の下限値を求める。

⑤ 次に調べる中央値を再計算する。

解答群

ア. $(Ka + Jo) \div 2 \to m$　　**イ**. $0 \to m$

ウ. $Su \to Jo$　　**エ**. $19 \to Jo$

オ. $Sc = Hsc(m)$　　**カ**. $Sc \neq Hsc(m)$

キ. $m \to Ka$　　**ク**. $m + 1 \to Ka$

ケ. $m - 1 \to Ka$　　**コ**. $Su \times Htn(m) \to Kin$

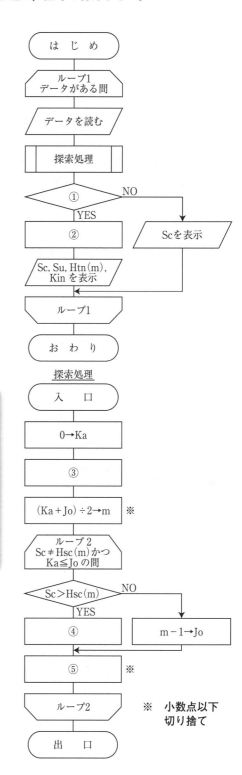

①	②	③	④	⑤

〔順位付け〕　データの値の大小によって順位を付けることを順位付けという。データが未分類の場合と分類済みの場合で処理方法が異なる。

【5】　第1図のような社員別の販売台数データを読み，販売台数の多い順に順位を付けて第2図のように表示したい。流れ図の①〜⑥にあてはまる答えを解答群から選び，記号で答えなさい。

入力データ

社員コード (Sco)	販売台数 (Dsu)
×××	×××

（第1図）

実行結果

流れ図「未整列データ」の例

(社員コード)	(販売台数)	(順位)	(受賞名)
112	70	4	奨励賞
113	120	1	最優秀賞
〜	〜	〜	〜
213	98	3	優秀賞

流れ図「整列済データ」の例　（第2図）

(社員コード)	(販売台数)	(順位)	(受賞名)
113	120	1	最優秀賞
〜	〜	〜	〜
112	70	4	奨励賞
211	56	5	奨励賞

処理条件

1．社員数は5人であり，販売台数の多い順に順位を付けて表示する。なお，販売台数に999台以上のデータはなく，販売台数が同じ場合は同順位とする。

2．配列 Jsyo には順位ごとの受賞名を記憶する。なお，Jsyo の添字は順位と対応している。

配列

Jsyo	(0)	(1)	(2)	(3)	(4)	(5)
		最優秀賞	準優秀賞	優秀賞	奨励賞	奨励賞

3．流れ図の「未整列データ」は整列されていないデータに順位を付けて表示する処理方法である。配列 Hsc，Hds，Hjn を利用して処理を行う。

配列

Hsc	(0)	(1)	(2)	(3)	(4)

Hds	(0)	(1)	(2)	(3)	(4)

Hjn	(0)	(1)	(2)	(3)	(4)

4．流れ図の「整列済データ」は販売台数の多い順に整列済みのデータに順位を付けて表示する処理方法である。

5．データにエラーはないものとする。

Point

① 順位を記憶する配列に初期値を設定する。

② 販売台数を記憶した配列の要素を比較する。

③ 順位に1を加える。

④ 比較のための初期値を保存に設定する。

⑤ 販売台数と保存を比較する。

⑥ n を順位に設定する。

【補足】添え字の入れ子

流れ図「未整理データ」ループ4では添字の入れ子を用いて受賞名を表示する。受賞名は次のようにみつけることができる。

・順位付け前（ループ1終了後）

Hjn	(0)	(1)	(2)	(3)	(4)
	1	1	1	1	1

・順位付け後（ループ4）　例：m=0

Jsyo(Hjn(m))…m=0 のとき Jsyo(Hjn(0)) は Jsyo(4) を示す。

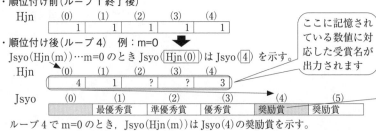

ここに記憶されている数値に対応した受賞名が出力されます

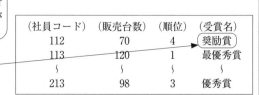

(社員コード)	(販売台数)	(順位)	(受賞名)
112	70	4	奨励賞
113	120	1	最優秀賞
〜	〜	〜	〜
213	98	3	優秀賞

ループ4で m=0 のとき，Jsyo(Hjn(m)) は Jsyo(4) の奨励賞を示す。

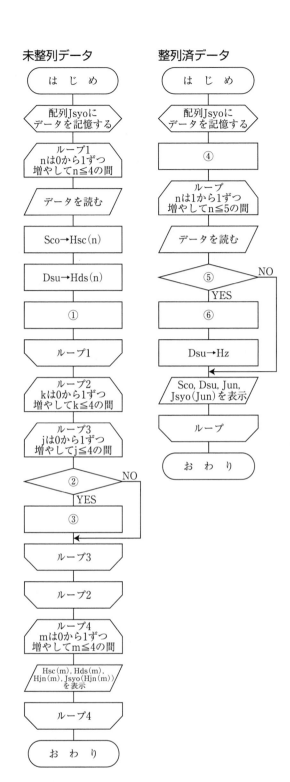

未整列データ

はじめ

配列Jsyoに
データを記憶する

ループ1
nは0から1ずつ
増やしてn≦4の間

データを読む

Sco→Hsc(n)

Dsu→Hds(n)

①

ループ1

ループ2
kは0から1ずつ
増やしてk≦4の間

ループ3
jは0から1ずつ
増やしてj≦4の間

② ── NO
YES

③

ループ3

ループ2

ループ4
mは0から1ずつ
増やしてm≦4の間

Hsc(m), Hds(m),
Hjn(m), Jsyo(Hjn(m))
を表示

ループ4

おわり

整列済データ

はじめ

配列Jsyoに
データを記憶する

④

ループ
nは1から1ずつ
増やしてn≦5の間

データを読む

⑤ ── NO
YES

⑥

Dsu→Hz

Sco, Dsu, Jun,
Jsyo(Jun)を表示

ループ

おわり

流れ図

解答群

ア. n → Jun

イ. 1 → Jun

ウ. n → Hjn(n)

エ. 1 → Hjn(n)

オ. 999 → Hz

カ. Dsu < Hz

キ. Hjn(j) + 1 → Hjn(j)

ク. Hjn(k) + 1 → Hjn(k)

ケ. Hds(k) < Hds(j)

コ. Hds(k) ≦ Hds(j)

①		②		③		④		⑤		⑥	

〔ソート〕 配列に格納されているデータをキー項目をもとに昇順または降順に並べ替える手法をソート（整列）という。バブルソート（交換法），セレクションソート（選択法），インサーションソート（挿入法）の三つの方法でそれぞれ処理を行う。

【6】 第1図のような全社員の社員別の販売台数データを読み，販売台数の多い順にソートして表示したい。三つの流れ図について，①〜⑩にあてはまる答えを解答群から選び，記号で答えなさい。

入力データ

社員コード （Sco）	販売台数 （Dsu）
×××	×××

（第1図）

実行結果

（社員コード）	（販売台数）
×××	×××
〜	〜
×××	×××

（第2図）

処理条件

1. 社員数は n 人であり，第1図の入力データを読み，社員コードを配列 Hsc に，販売台数を配列 Hds に記憶する。なお，配列 Hsc と配列 Hds の添字は対応している。

配列

Hsc	(0)	(1)	〜 〜	(n−1)

Hds	(0)	(1)	〜 〜	(n−1)

2. 入力データが終了したら，配列のデータを販売台数の降順に並べ替える。

3. 条件式が「かつ」で複合されている場合，先に記入された条件式が偽となった時点で，判定を終了するものとする。

4. 並べ替えが終わったら，配列 Hsc と配列 Hds の内容をディスプレイに表示する。

5. データにエラーはないものとする。

流れ図

Point

①② バブルソートでは配列の隣り合うデータを比較し，降順に並んでいないときデータの入れ替えを行い，配列の最終要素から並べ替えが確定する。

③④ 退避用の変数を利用して配列要素の入れ替えを行う。

⑤⑥ セレクションソートでは配列の範囲内の最大値が記憶されている要素の添字を求め，その範囲内の先頭の要素のデータと入れ替えを行い，範囲の先頭から並べ替えが確定する。

⑦ 最大値の位置が先頭である場合は配列要素の入れ替えを行わない。

⑧⑨ インサーションソートでは配列の先頭からソート済みにしていき，後続の要素を範囲の最後から前の要素と比較し，前の要素の方が小さい場合は要素をずらしながら適切な位置に挿入して並べ替えを確定する。

⑩ 比較要素の添字が後続要素の一つ前で終わっている場合は，要素の移動はない。

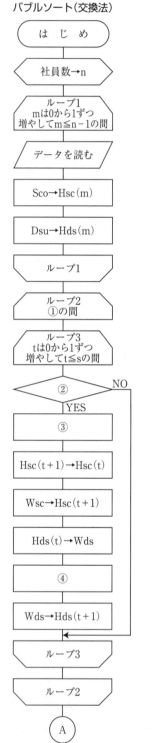

バブルソート（交換法）

はじめ

社員数→n

ループ1
mは0から1ずつ増やしてm≦n−1の間

データを読む

Sco→Hsc(m)

Dsu→Hds(m)

ループ1

ループ2
①の間

ループ3
tは0から1ずつ増やしてt≦sの間

② ── NO

YES

③

Hsc(t+1)→Hsc(t)

Wsc→Hsc(t+1)

Hds(t)→Wds

④

Wds→Hds(t+1)

ループ3

ループ2

A

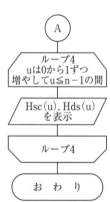

A

ループ4
uは0から1ずつ増やしてu≦n−1の間

Hsc(u)，Hds(u)を表示

ループ4

おわり

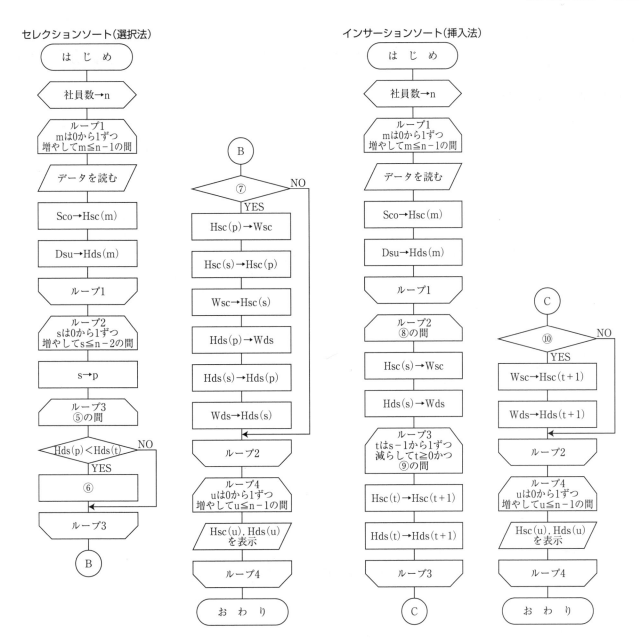

解答群

ア. t は s + 1 から 1 ずつ増やして t ≦ n − 1　　　**イ**. t は s + 1 から 1 ずつ増やして t ≦ n

ウ. s は 1 から 1 ずつ増やして s ≦ n　　　**エ**. s は 1 から 1 ずつ増やして s ≦ n − 1

オ. s は n − 2 から 1 ずつ減らして s ≧ 0　　　**カ**. s は n − 1 から 1 ずつ減らして s ≧ 0

キ. t ≠ s − 1　　　**ク**. s ≠ p

ケ. t = s − 1　　　**コ**. s = p

サ. Hds(t) ≧ Hds(t + 1)　　　**シ**. Hds(t) < Wds

ス. Hds(t) < Hds(t + 1)　　　**セ**. Hds(t) ≧ Wds

ソ. Hds(t) → Hds(t + 1)　　　**タ**. Hds(t + 1) → Hds(t)

チ. Hsc(t) → Wsc　　　**ツ**. Hsc(t + 1) → Wsc

テ. t → p

---

①		②		③		④		⑤	
⑥		⑦		⑧		⑨		⑩	

流れ図

マクロ言語の確認

〔文字列操作　多分岐〕

【1】　プログラムの説明を読んで，プログラムの(1)～(7)にあてはまる答えを解答群から選び，記号で答えなさい。

<プログラムの説明>

処理内容

　通信販売専門の DVD ショップの受注コードを入力し，料金を計算し，表示する。

処理条件

1．InputBox に入力する受注コードは右のような8桁の構成になっている。ジャンル（2桁）商品番号（3桁）販売区分（1桁）受注枚数（2桁）

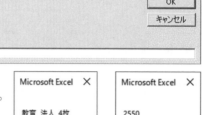

2．ジャンルは次のようになっている。
　　YG……洋画，HG……邦画，
　　KY……教育，MG……音楽
3．販売区分は次のようになっている。
　　　1……個人への販売，
　　　2……法人への販売，3……その他の機関への販売
4．InputBox に受注コードを入力し，「OK」ボタンをクリックすると次の処理を行う。
　　①　InputBox に入力された受注コードが，8桁か判定する。
　　②　受注コードの左から2桁，左から6桁目，右から2桁を取り出し，判断し MsgBox に表示する。
　　③　DVD 料金と送料を計算し，MsgBox に代金合計を表示する。
　　　　DVD 料金はどれでも1枚一律 500 円である。
　　　　送料は，3枚まで 310 円，6枚まで 550 円，7枚以上は 750 円になっている。
5．桁数以外にデータにエラーはないものとする。

【覚えよう!!】

①　文字列を操作する関数(Len，Left，Mid，Right)
②　複数の分岐処理の記述には Select Case ～ End Select を用いる。
　Select Case ～ End Select では，文字列，数値，数値の範囲を判定して，処理を分岐させることができる。

Point

(1)　InputBox に入力した文字列の長さを判定。
(2)　ジャンルは InputBox に入力した文字列の左2桁。
(3)　販売区分は InputBox に入力した文字列の6桁目を数値化したもの。
(4)　受注枚数は InputBox に入力した文字列の右2桁を数値化したもの。
(5)　ジャンルが「KY」の場合。
(6)　販売区分が2の場合。
(7)　受注枚数が6枚まで。

── 解答群 ──

ア．Case 4 To 6　　　イ．Case 1

ウ．Case 2　　　　　エ．Case "KY"

オ．Case "AK"　　　カ．Case 3 To 5

キ．Right(Kode, 2)　ク．Len(Kode)

ケ．Left(Kode, 2)　　コ．Mid(Kode, 6, 1)

<マクロ言語プログラム>

```
Option Explicit
 Dim Kode As String
 Dim Shu As String
 Dim Kub As Long
 Dim Mai As Long
 Dim Yki As Long
 Dim Ski As Long

Sub 文字列操作多分岐()
 Call keisan
End Sub

Private Sub keisan()
 Dim hyouji As String
 Kode = InputBox("受注コードを入力")
 If [   (1)   ] <> 8 Then
   MsgBox ("受注コードエラー")
   Exit Sub
 End If
 Shu = [   (2)   ]
 Kub = Val([   (3)   ])
 Mai = Val([   (4)   ])
 hyouji = ""
 Select Case Shu
   Case "YG"
    hyouji = hyouji & "洋画" & " "
   Case "HG"
    hyouji = hyouji & "邦画" & " "
   [   (5)   ]
    hyouji = hyouji & "教育" & " "
   Case "MG"
    hyouji = hyouji & "音楽" & " "
   Case Else
    hyouji = hyouji & "ジャンルエラー"
 End Select
 Select Case Kub
   Case 1
    hyouji = hyouji & "個人" & " "
   [   (6)   ]
    hyouji = hyouji & "法人" & " "
   Case 3
    hyouji = hyouji & "その他" & " "
   Case Else
    hyouji = hyouji & "販売区分エラー"
 End Select
 hyouji = hyouji & Mai
 Select Case Mai
   Case 1 To 3
    Yki = 310
   [   (7)   ]
    Yki = 550
   Case Is >= 7
    Yki = 750
 End Select
 MsgBox (hyouji & "枚")
 Ski = Mai * 500 + Yki
 MsgBox (Ski)
End Sub
```

(1)		(2)		(3)		(4)	
(5)		(6)		(7)			

〔コントロールブレイク〕

【2】　プログラムの説明を読んで，プログラムの(1)～(5)にあてはまる答えを解答群から選び，記号で答えなさい。

<プログラムの説明>

処理内容
　売上データを読み，店舗コードごとの売上数量の小計と総合計を表示する。

入力データ
売上データ(ファイル名：uriage.csv)

店舗コード (Tcode)	商品名 (Hinmei)	売上数量 (Su)
×××	×～×	×××

(第1図)

処理条件
1．データは店舗コードの昇順に分類されている。なお，店舗コードは101から105の5種類である。
2．実行すると次の処理を行う。
　①　読み込んだ店舗コードが同一の間は，売上数量の小計を計算する。
　②　店舗コードがかわったら，それまでの店舗コードの売上数量の小計を表示する。
3．入力データが終了したら，全店舗の売上数の総合計を表示する。
4．入力データの最後には，店舗コードに999が記録されている。
5．データにエラーはないものとする。

(第2図)

<プログラム言語プログラム>

```
Sub コントロールブレイク()
    Dim Gokei As Long
    Dim Tcode As Long
    Dim Hinmei As String
    Dim Su As Long
    Dim Syokei As Long
    Dim Hozon As Long
    Dim hyouji As String
    Open ThisWorkbook.Path & "¥uriage.csv" For Input As #1
    ┌─────(1)─────┐
    Input #1, Tcode, Hinmei, Su
    Do While Tcode <> 999
        ┌─────(2)─────┐
        Hozon = Tcode
        hyouji = ""
        Do While ┌───(3)───┐
            hyouji = hyouji & Tcode & "    " & _
            Format(Hinmei, "@@@@@@") & "     " & _
            Format(Format(Su, "##0"), "@@@") & _
            Chr(13) & Chr(10)
            Syokei = Syokei + Su
            ┌─────(4)─────┐
        Loop
        MsgBox (hyouji)
        MsgBox ("小計" & Syokei)
        ┌─────(5)─────┐
    Loop
    Close #1
    MsgBox ("総合計" & Gokei)
End Sub
```

覚えよう‼

①　特定のキー項目を基準に昇順または降順に分類されたデータで，キー項目の値がかわるポイントをブレイクポイントという。
②　コントロールブレイクごとに集計処理を行うことをグループトータルという。
③　コントロールブレイクを利用して，一度に表示させる件数を制御する処理や，コントロールブレイクに関係なく一定の行数ごとに表示させる処理をページコントロールという。

Point
(1)　総合計を初期化(この処理がなくても変数宣言時に初期化される)。
(2)　店舗ごとの小計を初期化。
(3)　小計の表示に処理を移すタイミングは，キー項目の内容が保存してある内容とかわったとき。
(4)　2件目以降のデータの読み込み。
(5)　総合計の計算。

解答群

ア．Syokei = Su	**イ**．Syokei = 0
ウ．Tcode <> Hozon	**エ**．Gokei = Gokei + Syokei
オ．Gokei = 0	**カ**．Input #1, Tcode, Hinmei, Su
キ．Tcode = Hozon	**ク**．Tcode = 999
ケ．Syokei = Gokei	**コ**．Input #2, Tcode, Hinmei, Su

(1)		(2)		(3)		(4)		(5)	

マクロ言語

〔二次元配列を利用した集計〕

【3】 プログラムの説明を読んで，プログラムの(1)～(3)にあてはまる答えを解答群から選び，記号で答えなさい。

<プログラムの説明>

<u>処理内容</u>
　図書貸出データを読み，学年，組ごとの貸出冊数の合計と学年ごとの合計を表示する。

<u>入力データ</u>
図書貸出データ(ファイル名：tosho.csv)

学年 (Gaku)	組 (Kura)	貸出冊数 (Su)
×	×	× × ×

(第1図)

<u>処理条件</u>
1．学年は1～3，組は1～5まであり，それぞれ行と列の添字に対応している。
2．同じ学年，同じクラスのデータは複数件存在する。
3．実行すると次の処理を行う。

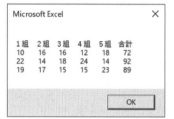

(第2図)

　① ファイルからデータを読み，配列 Hyo に学年ごと，組ごとで貸出冊数を集計する。同時に学年ごとの貸出冊数の合計も計算する。
　② 集計結果を MsgBox に表示する。

<u>配列</u> Hyo

	(0)	(1)	(2)	(3)	(4)	(5)	(6)
(0)							
(1)							
(2)							
(3)							

(1組)　(2組)　(3組)　(4組)　(5組)　(合計)

4．データにエラーはないものとする。

<マクロ言語プログラム>

```
Sub 二次元配列を利用した集計()
  Dim g As Long
  Dim j As Long
  Dim Hyo(3, 6) As Long
  Dim Gaku As Long
  Dim Kura As Long
  Dim Su As Long
  Dim hyouji As String
  Open ThisWorkbook.Path & "¥tosho.csv" For Input As #1
  For g = 1 To 3
    For j = 1 To 6
        [    (1)    ]
    Next j
  Next g
  Do While Not EOF(1)
    Input #1, Gaku, Kura, Su
        [    (2)    ]
    Hyo(Gaku, 6) = Hyo(Gaku, 6) + Su
  Loop
  Close #1
  hyouji = "1組　2組　3組　4組　5組　合計" & _
    Chr(13) & Chr(10)
  For g = 1 To 3
    hyouji = hyouji & " "
    For j = 1 To 6
      hyouji = hyouji & [   (3)   ] & " "
    Next j
    hyouji = hyouji & Chr(13) & Chr(10)
  Next g
  MsgBox (hyouji)
End Sub
```

覚えよう!!
① 二つの添字を用いて要素の指定を行う配列を，二次元配列という。
　要素の指定方法　要素名(行の添字，列の添字)
② 行と列の添字を間違わないように注意しよう。

Point
(1) 集計用の配列を初期化(この処理がなくても配列宣言時に初期化される)。
(2) 読み込んだ貸出冊数を配列に集計。
(3) 表示させる要素の指定。

解答群
ア．Hyo(Kura, Gaku) = Hyo(Kura, Gaku) + Su
イ．Hyo(j, g) = 0
ウ．Hyo(g, j) = 0
エ．Hyo(Gaku, Kura) = Hyo(Gaku, Kura) + Su
オ．Hyo(Gaku, Kura)
カ．Hyo(g, j)
キ．Hyo(j, g)

(1)		(2)		(3)	

マクロ言語

〔二分探索〕

【4】 プログラムの説明を読んで，プログラムの(1)～(5)にあてはまる答えを解答群から選び，記号で答えなさい。

<プログラムの説明>

処理内容

　商品の検索を実行後，売上数量を入力すると，該当商品の売上金額を計算し，表示する。

入力データ

商品データ(ファイル名：shohin.csv)

商品番号 (Sban)	商品名 (Smei)	単価 (Stan)
×××	×～×	×～×

(第1図)

処理条件

1. データは10件であり，商品番号の昇順に記憶されている。

2. ファイルからデータを読み込み，それぞれ配列 Ban, Mei, Tan に記憶する。

配列

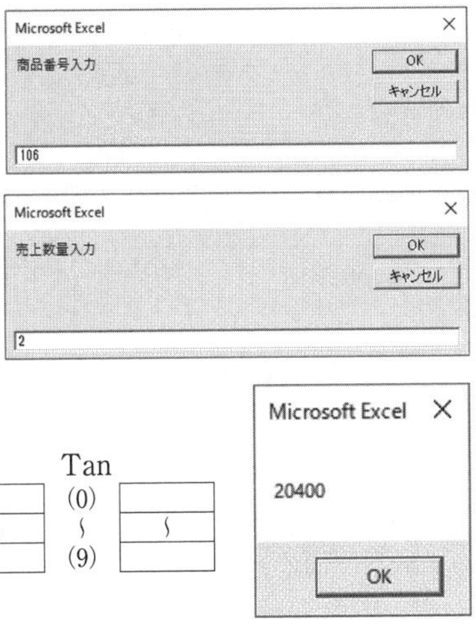

Ban		Mei		Tan	
(0)		(0)		(0)	
～		～		～	
(9)		(9)		(9)	

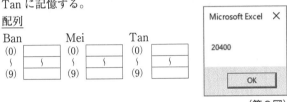

(第2図)

3. InputBox に商品番号を入力し，「OK」ボタンをクリックすると次の処理を行う。

　① 配列 Ban を検索し該当する商品番号が見つかったときに売上数量を入力し，「OK」ボタンをクリックすると，売上金額を計算し，MsgBox に表示する。

　② 該当する商品番号が見つからなかったときは，「商品番号入力エラー」と MsgBox に表示する。

<マクロ言語プログラム>

```
Sub 二分探索()
  Dim j As Long
  Dim Ban(9) As Long
  Dim Mei(9) As String
  Dim Tan(9) As Long
  Dim Kagen As Long
  Dim Jogen As Long
  Dim Flg As Boolean
  Dim IBan As Long
  Dim Chu As Long
  Dim Isu As Long
  Dim Kin As Long
  Open ThisWorkbook.Path & "\shohin.csv" For Input As #1
  For j = 0 To 9
    Input #1, Ban(j), Mei(j), Tan(j)
  Next j
  Close #1
  Kagen = 0
        (1)
  Flg = False
  IBan = Val(InputBox("商品番号入力"))
  Do While Not Flg And     (2)
    Chu = Int((Jogen + Kagen) / 2)
    If     (3)       Then
      Flg = True
    ElseIf Ban(Chu) > IBan Then
      Jogen = Chu - 1
    Else
          (4)
    End If
  Loop
  If     (5)       Then
    MsgBox ("商品番号入力エラー")
  Else
    Isu = Val(InputBox("売上数量入力"))
    Kin = Isu * Tan(Chu)
    MsgBox (Kin)
  End If
End Sub
```

覚えよう‼

① 特定のデータを検索するときに，検索の範囲を 1/2 ずつせばめていく方法を二分探索という。

② 検索用配列を0番地から利用するとき，下限値は0，上限値は要素数－1からスタートする。

Point

(1) データ数 10 件(0 ～ 9)のときの上限の初期値。

(2) ループを継続する条件の一つは，上限値と下限値がどのような関係になったときか。

(3) 中央値＝検索値。検索対象の配列名。

(4) 中央値＜検索値のときの処理。

(5) 商品番号が見つからない状態(エラー)。

解答群

ア. Jogen >= Kagen

イ. Ban(Chu) = IBan

ウ. Flg = False

エ. Jogen = 9

オ. Ban(j) = IBan

カ. Jogen <= Kagen

キ. Kagen = Chu - 1

ク. Jogen = 10

ケ. Kagen = Chu + 1

コ. Flg = True

(1)		(2)		(3)		(4)		(5)	

〔順位付け〕

【5】 プログラムの説明を読んで，プログラムの(1)～(9)にあてはまる答えを解答群から選び，記号で答えなさい。

＜プログラムの説明＞

処理内容

リクエストデータを読み，リクエスト回数の多い順に順位を付けて表示する。

入力データ

リクエストデータ（ファイル名：anime.csv）　リクエストデータ（ファイル名：anime2.csv）

リクエスト回数 （Rkai）	番組名 （Rmei）
×××	×～×

（第1図）

リクエスト回数 （Rkai）	番組名 （Rmei）
×××	×～×

（第2図）

処理条件

1．InputBox に 1 か 2 を入力したときの処理では，anime.csv のデータ
を利用する。このデータは順不同に記録されている。3 を入力したとき
の処理では，anime2.csv のデータを利用する。このデータはリクエス
ト回数の多い順に整列済みで記録されている。入力データの件数はそれ
ぞれ 25 件である。

2．プログラムを実行し，InputBox に 1 か 2 を入力し，
「OK」ボタンをクリックすると次の処理を行う。

① データを配列に記憶する。

配列

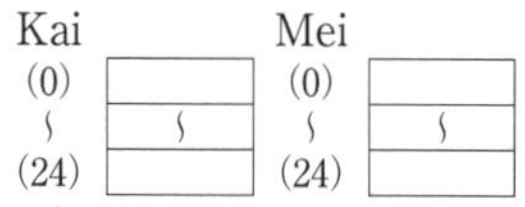

Kai　　　　Mei
(0)　　　　(0)
～　　　　～
(24)　　　(24)

② 配列 Juni を利用して順位付けを行う。

配列

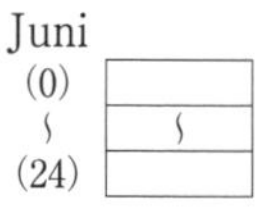

Juni
(0)
～
(24)

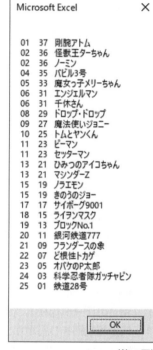

③ リクエスト回数の多い順に順位を付けて MsgBox
に表示する（実行結果は第3図）。なお，リクエスト回
数が同じ場合，同順位とする。

3．InputBox に 3 を入力し，「OK」ボタンをクリックす
ると，読み込んだデータに順位を付けて MsgBox に表
示する（実行結果は第4図）。

4．データにエラーはないものとする。

（第3図）　　　　　　　　（第4図）

マクロ言語

覚えよう!!

① データ値の大小により順位を付けることを順位付けという。

② データが整列されていない場合は，「基準データが小さい場合のみに順位に1を加える」方法と，「基準データと比較
データのどちらか小さい方の順位に1を加える」方法がある。

③ データが整列済みの場合は，1件ずつデータを読み，順番に順位を付けていく。この処理では，次に読み込むデータ
と比較するために，いったんデータを保存する。

Point

(1) 比較データの比較回数。

(2) 基準データの順位に＋1。

(3) 基準データの比較回数。

(4) 比較データの添字の初期値は。

(5) 比較データの順位に＋1。

(6) 順位を付ける配列の初期値は。

(7) 読み込んだデータと保存領域の比較。

(8) 読み込んだデータを保存。

(9) 順位を記憶している変数は。

＜マクロ言語プログラム＞

```
Option Explicit
Dim Kai(24) As Long
Dim Mei(24) As String
Dim Juni(24) As Long
Dim hyouji As String
```

```
Sub 順位付け()
  Dim sentaku As Long
  sentaku = Val(InputBox("1:順位1・2:順位2・3:順位3"))
  hyouji = ""
  Select Case sentaku
    Case 1
      Call jun1
    Case 2
      Call jun2
    Case 3
      Call jun3
  End Select
End Sub
```

```
Private Sub jun1()
  Dim m As Long
  Dim n As Long
  Call Dread
  For m = 0 To 24
    For  [ (1) ]
      If Kai(m) < Kai(n) Then
        [ (2) ]
      End If
    Next n
  Next m
  Call Hyoji
End Sub
```

```
Private Sub jun2()
  Dim m As Long
  Dim n As Long
  Call Dread
  For  [ (3) ]
    For n = [ (4) ] To 24
      If Kai(m) < Kai(n) Then
        Juni(m) = Juni(m) + 1
      ElseIf Kai(m) > Kai(n) Then
        [ (5) ]
      End If
    Next n
  Next m
  Call Hyoji
End Sub
```

```
Private Sub Dread()
  Dim k As Long
  Open ThisWorkbook.Path & "\anime.csv" For Input As #1
  k = 0
  Do While Not EOF(1)
    Input #1, Kai(k), Mei(k)
    [ (6) ]
    k = k + 1
  Loop
  Close #1
End Sub
```

```
Private Sub jun3()
  Dim Hoz As Long
  Dim k As Long
  Dim Kai As Long
  Dim Mei As String
  Dim Jun As Long
  Open ThisWorkbook.Path & "\anime2.csv" For Input As #2
  Hoz = 999
  k = 1
  Do While Not EOF(2)
    Input #2, Kai, Mei
    If  [ (7) ]  Then
      Jun = k
      [ (8) ]
    End If
    hyouji = hyouji & Format(Format( [ (9) ] , "00"), "@@@") & _
      "  " & Format(Format(Kai, "00"), "@@@") & _
      "  " & Mei & Chr(13) & Chr(10)
    k = k + 1
  Loop
  MsgBox (hyouji)
  Close #2
End Sub
```

```
Private Sub Hyoji()
  Dim k As Long
  For k = 0 To 24
    hyouji = hyouji & _
      Format(Format(Juni(k), "00"), "@@@") & _
      "  " & Format(Format(Kai(k), "00"), "@@@") & _
      "  " & Mei(k) & Chr(13) & Chr(10)
  Next k
  MsgBox (hyouji)
End Sub
```

解答群

ア. m = 0 To 23

イ. Hoz = Kai

ウ. Juni(k) = 1

エ. Juni(m) = Juni(m) + 1

オ. Juni(n) = Juni(n) + 1

カ. Juni(k) = 0

キ. Kai < Hoz

ク. n = 0 To 24

ケ. m + 1

コ. m + 2

サ. Jun

シ. Juni(k)

(1)		(2)		(3)		(4)		(5)	
(6)		(7)		(8)		(9)			

〔ソート(バブルソート・セレクションソート・インサーションソート)〕

【6】 プログラムの説明を読んで，プログラムの(1)～(6)にあてはまる答えを解答群から選び，記号で答えなさい。

＜プログラムの説明＞

処理内容

　新大阪～博多間の新幹線所要時間データを読み，所要時間の昇順，または降順にデータを並べ替え表示する。

入力データ

新幹線所要時間データ(ファイル名：shinkansen.csv)

列車名 (Rmei)	所要時間(分) (Rji)
×～×	×××

（第1図）

処理条件

1. ファイルからデータを読み込み，それぞれ配列 Ressya と Jikan に記憶する。データ件数は 20 件以内である。

　　配列

2. InputBox に 1～3 を入力し，「OK」ボタンをクリックすると次の処理を行う。

（第2図）

　　① 1を入力すると，バブルソート(交換法)を用いてデータを昇順に並べ替え，MsgBox に表示する(実行結果は第3図)。

　　② 2を入力すると，インサーションソート(挿入法)を用いてデータを昇順に並べ替え，MsgBox に表示する(実行結果は第3図)。

　　③ 3を入力すると，セレクションソート(選択法)を用いてデータを降順に並べ替え，MsgBox に表示する (実行結果は第4図)。

3. データにエラーはないものとする。

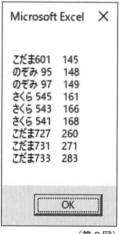

（第3図）

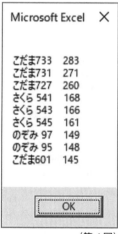

（第4図）

覚えよう‼

① 配列の要素を昇順または降順に並べ替えることをソートという。

② ソートには，「バブルソート(交換法)」，「インサーションソート(挿入法)」，「セレクションソート(選択法)」などの処理方法がある。

Point

(1) このバブルソートで配列の後方から値が確定するため，変数 i の Step に注意する。このとき変数 i は，変数 j を用いた For～Next 文の終了値になる。

(2) バブルソートは隣接交換法とも呼ばれ，隣り合うデータを比較・交換して並べ替える。

(3) 挿入するデータ(Taihij)を一つ前の要素と比較する。昇順の場合，挿入するデータが一つ前の要素より小さい間は，まだ挿入すべき位置ではないため，データをずらして処理を繰り返す。

(4) (3)で比較した要素が挿入するデータの値以下だったので繰り返し処理を抜け出した。よって，その比較した要素の次が挿入すべき位置である。

(5) 添字の最後尾は並べ替えの処理をしなくても最後には値が確定するため，最後尾の一つ前まで処理を行う。

(6) 対象範囲の最大値の添字を更新する。この後，対象範囲の最大値を i 番目の要素と交換する。

＜マクロ言語プログラム＞

```
Sub ソート ()
  Dim Cnt As Long
  Dim Ressya(20) As String
  Dim Jikan(20) As Long
  Dim sentaku As Long
  Open ThisWorkbook.Path & _
    "¥shinkansen.csv" For Input As #1
  Cnt = 1
  Do While Not EOF(1)
    Input #1, Ressya(Cnt), Jikan(Cnt)
    Cnt = Cnt + 1
  Loop
  Close #1
  Cnt = Cnt - 1
  sentaku = Val(InputBox("1:バブル" & _
    "・2:インサーション・3:セレクション"))
  Select Case sentaku
    Case 1
      Call bub(Ressya, Jikan, Cnt)
    Case 2
      Call ins(Ressya, Jikan, Cnt)
    Case 3
      Call sel(Ressya, Jikan, Cnt)
  End Select
  Call Hyoji(Ressya, Jikan, Cnt)
End Sub
```

```
Private Sub bub (Ressya() As String, Jikan() As Long, Cnt
  As Long)
  Dim i As Long
  Dim j As Long
  Dim k As Long
  Dim work1 As Long
  Dim work2 As String
  For i =    (1)
    For j = 1 To i
           (2)
      If Jikan(j) > Jikan(k) Then
        work1 = Jikan(j)
        Jikan(j) = Jikan(k)
        Jikan(k) = work1
        work2 = Ressya(j)
        Ressya(j) = Ressya(k)
        Ressya(k) = work2
      End If
    Next j
  Next i
End Sub
```

```
Private Sub ins (Ressya() As String, Jikan() As Long, Cnt
  As Long)
  Dim i As Long
  Dim Taihij As Long
  Dim Taihir As String
  Dim j As Long
  For i = 2 To Cnt
    Taihij = Jikan(i)
    Taihir = Ressya(i)
    j = i
    Do While j >= 2 And    (3)
      Jikan(j) = Jikan(j - 1)
      Ressya(j) = Ressya(j - 1)
      j = j - 1
    Loop
    Jikan(    (4)    ) = Taihij
    Ressya(    (4)    ) = Taihir
  Next i
End Sub
```

```
Private Sub sel (Ressya() As String, Jikan() As Long, Cnt
  As Long)
  Dim i As Long
  Dim Mx As Long
  Dim j As Long
  Dim work1 As Long
  Dim work2 As String
  For i = 1 To    (5)
    Mx = i
    For j = i + 1 To Cnt
      If Jikan(Mx) < Jikan(j) Then
             (6)
      End If
    Next j
    If Mx <> i Then
      work1 = Jikan(Mx)
      Jikan(Mx) = Jikan(i)
      Jikan(i) = work1
      work2 = Ressya(Mx)
      Ressya(Mx) = Ressya(i)
      Ressya(i) = work2
    End If
  Next i
End Sub
```

```
Private Sub Hyoji (Ressya() As String, Jikan() As Long,
  Cnt As Long)
  Dim hyouji As String
  Dim i As Long
  hyouji = ""
  For i = 1 To Cnt
    hyouji = hyouji & Ressya(i) & "    " & _
      Jikan(i) & Chr(13) & Chr(10)
  Next i
  MsgBox (hyouji)
End Sub
```

━ 解答群 ━

- ア．i
- イ．j
- ウ．k = j + 1
- エ．Cnt To 1 Step -1
- オ．Taihij < Jikan(j + 1)
- カ．Taihij < Jikan(j - 1)
- キ．Mx = j
- ク．k = 1
- ケ．Cnt - 1
- コ．Cnt
- サ．Jikan(Mx) = Jikan(j)
- シ．Cnt - 1 To 1 Step -1
- ス．Jikan(i)

(1)	(2)	(3)	(4)	(5)	(6)

マクロ言語

〔関数の呼び出し・ユーザ定義関数〕

【7】 プログラムの説明を読んで，プログラムの(1)～(3)にあてはまる答えを解答群から選び，記号で答えなさい。

＜プログラムの説明＞

処理内容

映画の公開年，および上映時間データを読み，公開年，または上映時間を表示する。

入力データ

映画データ（ファイル名：eiga.csv）

映画名 （Emei）	公開年（西暦） （Enen）	上映時間（分） （Eji）
×～×	××××	×××

（第1図）

処理条件

1. ファイルからデータを読み込み，Hyo に記憶する。データ件数は 10 件以内である。

配列　Hyo

	(0)	(1)	(2)	(3)
(0)				
(1)				
～				
(10)				
		（映画名）	（公開年）	（上映時間）

2. InputBox に 1 か 2 を入力し，「OK」ボタンをクリックすると次の処理を行う。

　① 1 を入力すると，公開年を和暦になおして映画名と公開年を MsgBox に表示する（実行結果は第 3 図）。

　② 2 を入力すると，上映時間（分）を時間，分に変換し，映画名と上映時間を MsgBox に表示する（実行結果は第 4 図）。

　③ 所要時間（分）を時間，分に変換して MsgBox に表示するため，ユーザ定義関数 JifunText により文字列を作り出し，戻り値として返す。なお，JifunText の呼び出し方法は次のとおりである。

　　　JifunText（数値）

　なお，ユーザ定義関数 JifunText では，所要時間（分）を時間，分に変換するため次の式を用いている。

　　　時間 ＝ 所要時間（分）÷ 60　　（小数点以下切り捨て）
　　　分　 ＝ 所要時間（分）－ 時間 × 60

3. データにエラーはないものとする。

（第2図）

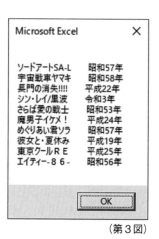

（第3図）　　　　　　（第4図）

覚えよう‼

① プログラム作成者が作った関数をユーザ定義関数という。

② 値を渡して関数を呼び出し，関数実行後の実行結果の値を受け取る。関数を呼び出す際に渡す値を引数（ひきすう）と呼び，関数実行後に返ってくる実行結果の値を戻り値（もどりち）と呼ぶ。

　このプログラムでは，関数 JifunText に引数として数値を渡すと，戻り値として文字列が返ってくる。例えば，関数 JifunText に「150」という数値を渡すと，「2 時間 30 分」という文字列が返ってくる。

Point

(1) 関数を呼び出してその結果を変数に入れることができる。

(2) ユーザ定義関数 JifunText には数値を渡して呼び出す。

(3) ユーザ定義関数はプロシージャ名に値を記憶することで呼び出し元に結果を返すことができる。

＜マクロ言語プログラム＞

```
Option Explicit
  Dim i As Long
  Dim sentaku As Long
  Dim j As Long
  Dim hyouji As String
```

```
Sub ユーザ定義関数()
  Dim Cnt As Long
  Dim Hyo(10, 3) As String
  Open ThisWorkbook.Path & "\eiga.csv" For Input As #1
  Cnt = 1
  Do While Not EOF(1)
    Input #1, Hyo(Cnt, 1), Hyo(Cnt, 2), Hyo(Cnt, 3)
    Cnt = Cnt + 1
  Loop
  Cnt = Cnt - 1
  Close #1
  sentaku =    (1)
  Select Case sentaku
    Case 1
      Call nen(Hyo, Cnt)
    Case 2
      Call Jikan(Hyo, Cnt)
  End Select
  MsgBox (hyouji)
End Sub
```

```
Private Function sentakuSub() As Long
  sentakuSub = Val(InputBox("1:公開年・2:時間"))
End Function
```

```
Private Sub nen(Hyo() As String, Cnt As Long)
  For i = 1 To Cnt
    hyouji = hyouji & Hyo(i, 1) & "　" & _
    nenText(Val(Hyo(i, 2))) & Chr(13) & Chr(10)
  Next i
End Sub
```

```
Private Sub Jikan(Hyo() As String, Cnt As Long)
  For i = 1 To Cnt
    hyouji = hyouji & Hyo(i, 1) & "　" & _
    JifunText(   (2)   ) & Chr(13) & Chr(10)
  Next i
End Sub
```

```
Private Function nenText(nen As Long) As String
  Select Case nen
    Case Is <= 1988
      nenText = "昭和" & (nen - 1925) & "年"
    Case Is <= 2018
      nenText = "平成" & (nen - 1988) & "年"
    Case Else
      nenText = "令和" & (nen - 2018) & "年"
  End Select
End Function
```

```
Private Function JifunText(Jikan As Long) As String
  Dim ji As Long
  Dim fun As Long
  ji = Int(Jikan / 60)
  fun = Jikan - ji * 60
     (3)     = ji & "時間" & _
  Format(fun, "00") & "分"
End Function
```

─ 解答群 ─

ア．Val(Hyo(i, 3))

イ．Val(Hyo(Cnt, 3))

ウ．sentakuSub()

エ．JifunText

オ．hyouji()

(1)		(2)		(3)	

「問題を読みやすくするために，
このページは空白にしてあります。」

情報処理検定試験
〈プログラミング〉
第1級　模擬試験問題

注意事項

1. 模擬試験問題は全部で 12 回分あります。

2. 解答は各問題の解答欄か，解答用紙に記入します。解答用紙は，弊社 Web

   サイトからダウンロードできます。　　https://www.jikkyo.co.jp/download/

3. 制限時間は各回とも 60 分です。

主催 公益財団法人 全国商業高等学校協会
情報処理検定模擬試験問題　第1級 (第1回)

制限時間60分

【1】 次の説明文に最も適した答えを解答群から選び，記号で答えなさい。

1．コンピュータに処理要求を出し終えてから，その処理結果の出力が始まるまでの時間。

2．テスト手法の一つで，個々のプログラムを対象として機能や性能をテストする方法。

3．決定された機能をプログラムにするために，アルゴリズムや入出力データなどを詳細に設計する開発工程。

4．システムの設計で，処理や操作の対象となるもの。

5．プログラムの内部構造や処理の流れに着目して，プログラムが設計どおりに動作しているかを確認するテスト。

── 解答群 ──

ア．単体テスト	**イ**．レスポンスタイム	**ウ**．オブジェクト
エ．スパイラルモデル	**オ**．インスタンス	**カ**．ブラックボックステスト
キ．ターンアラウンドタイム	**ク**．ホワイトボックステスト	**ケ**．要件定義
コ．プログラム設計	**サ**．プロトタイピングモデル	**シ**．内部設計

1		2		3		4		5	

【2】 次のA群の語句に最も関係の深い説明文をB群から選び，記号で答えなさい。

＜A群＞　1．リカーシブ　　　　2．POP　　　　3．ルータ
　　　　　　4．ホストアドレス　　5．MIME

＜B群＞

ア．IPアドレスのうち，そのコンピュータが所属するネットワークを示す部分。

イ．電子メールを受信するためのプロトコル。ユーザがメールを受信する際は，メーラなどを使って自分のメールボックスから自分宛てのメールを取り出す。

ウ．音声や画像などのマルチメディアデータを電子メールで送受信するために，バイナリデータをASCIIコードに変換する方法やデータの種類を表現する方法などを規定したもの。

エ．電子メールを送信するためのサーバ。ユーザから送信されたメールを受け取り，送信先を探して転送する。

オ．異なるプロトコルのネットワークを接続する際に使われるハードウェアやソフトウェア。

カ．実行中に自分自身を呼び出し(再帰呼出し)しても，正しく実行することができるプログラムの性質。

キ．異なるネットワークを接続するときに用いる機器。データをどの経路を通して転送すべきか判断する経路選択機能を備えている。

ク．複数のタスクを同時に共有して実行(再入)しても，正しく実行することができるプログラムの性質。

ケ．IPアドレスのうち，同一のネットワークグループ内の個々のコンピュータを識別する部分。

コ．Webサイトの閲覧日時やアクセス回数などのアクセスに関する履歴を，クライアントの端末に，一時的に保存させるしくみ。

1		2		3		4		5	

【3】　次の説明文に最も適した答えをア，イ，ウの中から選び，記号で答えなさい。

1．16進数のC7を10進数で表したもの。

　　ア．127　　　　　　　　　　　　　**イ**．199　　　　　　　　　　　　　**ウ**．398

2．十分なテストの実施や信頼性の高い部品を採用することで，システムの障害や故障を回避しようとすること。

　　ア．フォールトアボイダンス　　　**イ**．フェールセーフ　　　　　　**ウ**．フォールトトレラント

3．入力が「1」と「1」のときだけ「1」を出力する論理回路。

　　ア．AND回路　　　　　　　　　**イ**．OR回路　　　　　　　　　　**ウ**．XOR回路

4．アプリケーションに想定外のSQL文を入力し，意図的に実行させること。

　　ア．ソーシャルエンジニアリング　**イ**．クロスサイトスクリプティング　**ウ**．SQLインジェクション

5．通信速度が100Mbpsの回線を用いて，20MBのデータをダウンロードするのに2.5秒かかった。この回線の伝送効率を求めなさい。ただし，1MB＝10^6Bとする。なお，その他の外部要因は考えないものとする。

　　ア．約40％　　　　　　　　　　　**イ**．約60％　　　　　　　　　　　**ウ**．約80％

1		2		3		4		5	

【4】 次の各問いに答えなさい。

問1． プログラムの説明を読んで，プログラムの⑴～⑵にあてはまる答えを解答群から選び，記号で答えなさい。

＜プログラムの説明＞

処理内容

引数で渡された配列に記憶されている社員番号を探索し，結果をディスプレイに表示する。

処理条件

1．配列 Sban には社員番号が昇順に記憶されている。なお，データの件数は10件である。

配列

Sban	(0)	(1)	～	(10)
		3001	～	3010

2．入力された数値をもとに配列 Sban を探索し，見つかった場合は 在職中 を，見つからなかった場合は データなし を表示する。

＜プログラム＞

```
Sub Program1(Sban() As Long)
  Dim su As Long
  Dim ue As Long
  Dim si As Long
  Dim m As Long
  su = Val(InputBox("入力"))
      (1)
  si = 1
  m = Int((ue + si) / 2)
  Do While ue >= si And Sban(m) <> su
    If    (2)    Then
      ue = m - 1
    Else
      si = m + 1
    End If
    m = Int((ue + si) / 2)
  Loop
  If ue >= si Then
    MsgBox ("在職中")
  Else
    MsgBox ("データなし")
  End If
End Sub
```

解答群

ア．ue = 11

イ．Sban(m) > su

ウ．ue = 10

エ．Sban(m) < su

問2．プログラムの説明を読んで，プログラムの(3)〜(5)にあてはまる答えを解答群から選び，記号で答えなさい。

＜プログラムの説明＞

<u>処理内容</u>

　引数で渡された配列に記憶されている文字列を並べ替えてディスプレイに表示する。

<u>処理条件</u>

1．配列 Word には文字列が記憶されている。なお，データ件数は n に記憶されている。

　　配列

Word	(0)	(1)	〜	(n−1)	(n)
		service	〜	needs	goods

2．配列 Word の文字列を昇順に並べ替える。

3．並べ替えが終わったら，配列 Word の内容を表示する。

＜プログラム＞

```
Sub Program2(Word() As String, n As Long)
  Dim i As Long
  Dim Temp As Long
  Dim j As Long
  Dim k As Long
  For i = 1 To n - 1
    Temp = i
    For j = i + 1 To n
      If Word(j) < Word(Temp) Then
          (3)
      End If
    Next j
    If i <> Temp Then
      Word(0) = Word(i)
        (4)
      Word(Temp) = Word(0)
    End If
  Next i
  For      (5)
    MsgBox (Word(k))
  Next k
End Sub
```

解答群

ア．k = 1 To n

イ．j = Temp

ウ．k = 1 To n − 1

エ．Word(i) = Word(Temp)

オ．Temp = j

カ．Word(Temp) = Word(i)

---

(1)		(2)		(3)		(4)		(5)	

【5】 流れ図の説明を読んで，流れ図の(1)～(5)にあてはまる答えを解答群から選び，記号で答えなさい。

<流れ図の説明>

処理内容

　港湾管理組織の港湾別入船状況データを読み，入船数上位10件の港湾名一覧表をディスプレイに表示する。

入力データ

港湾コード (Pco) ×××	入港日 (Indate) ××××	船舶コード (Sco) ×

(第1図)

実行結果

(入船数上位10港湾名一覧表)					
(順位)	(港湾名)	(商　船)	(漁　船)	(その他)	(計)
1	×～×	×××	×××	×××	×,×××
≀	≀	≀	≀	≀	≀
××	×～×	×××	×××	×××	×,×××

(第2図)

処理条件

1．第1図の船舶コードには1(商船)，2(漁船)，3(その他)が記録されている。

2．配列Pに港湾名を記憶する。なお，Pの添字は港湾コードと対応している。

配列

P	(0)	(1)	～	(169)
	稚内	根室	～	石垣

3．第1図の入力データを読み，配列Sに集計し，計をもとに降順に順位付けを行う。

配列

S	(0)	(1)	(2)	(3)	(4)
(0)					
(1)					
～	≀	≀	≀	≀	≀
(169)					
	(順位)	(商船)	(漁船)	(その他)	(計)

4．データにエラーはないものとする。

解答群

ア．$S(K, 4) < S(J, 4)$

イ．Lは0から1ずつ増やしてL＜169の間

ウ．$1 \rightarrow S(L, 0)$

エ．$S(L, 0) = K$

オ．Kは1から1ずつ増やしてK＜170の間

カ．$S(K, 4) > S(J, 4)$

キ．Lは0から1ずつ増やしてL＜170の間

ク．$1 \rightarrow S(M, 0)$

ケ．$S(L + 1, 0) = K$

コ．Kは0から1ずつ増やしてK＜170の間

＜流れ図＞

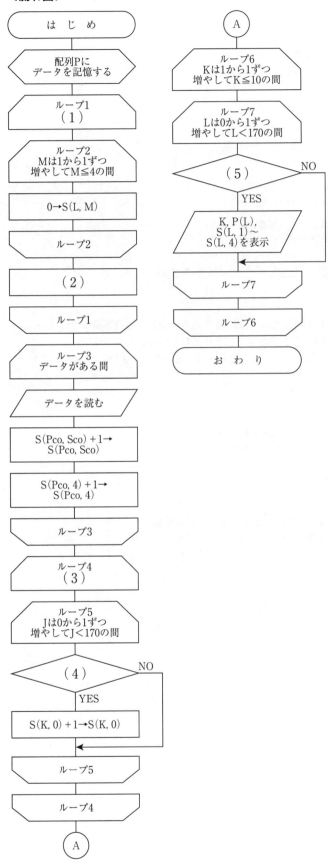

はじめ

配列Pに
データを記憶する

ループ1
（1）

ループ2
Mは1から1ずつ
増やしてM≦4の間

0→S(L, M)

ループ2

（2）

ループ1

ループ3
データがある間

データを読む

S(Pco, Sco)＋1→
S(Pco, Sco)

S(Pco, 4)＋1→
S(Pco, 4)

ループ3

ループ4
（3）

ループ5
Jは0から1ずつ
増やしてJ＜170の間

（4） NO

YES

S(K, 0)＋1→S(K, 0)

ループ5

ループ4

A

A

ループ6
Kは1から1ずつ
増やしてK≦10の間

ループ7
Lは0から1ずつ
増やしてL＜170の間

（5） NO

YES

K, P(L),
S(L, 1)〜
S(L, 4)を表示

ループ7

ループ6

おわり

(1)		(2)		(3)		(4)		(5)	

【6】 流れ図の説明を読んで，流れ図の(1)～(5)にあてはまる答えを解答群から選び，記号で答えなさい。

<流れ図の説明>

処理内容

　企業の売上データを読み，売上高一覧表をディスプレイに表示する。

入力データ

都道府県コード (Tco) ××	商品コード (Sco) ×××	売上金額 (Kin) ××××××

(第1図)

実行結果

		(売上高一覧表)			
(都道府県名)	(商品1)	(商品2)	～	(商品10)	(都道府県別合計)
×××××××	×,×××,×××	×,×××,×××	～	×,×××,×××	××,×××,×××
⟨	⟨	⟨		⟨	⟨
×××××××	×,×××,×××	×,×××,×××	～	×,×××,×××	××,×××,×××

(第2図)

処理条件

1．第1図の都道府県コードは，01～47であり，商品コードは，201～210までである。なお，取扱商品は10種類ある。

2．都道府県名を配列 Tk に記憶する。なお，Tk の添字は，都道府県コードと対応している。

3．第1図の入力データを読み，配列 Ta に，都道府県・商品コード別に売上金額を集計する。また，Ta の行の添字と Tk の添字は対応している。

配列

Ta	(0)	(1)	(2)	～	(10)	(11)
(0)						
(1)				～		
(2)				～		
～	⟨	⟨	⟨	⟨	⟨	⟨
(47)				～		

(商品1) (商品2) ～ (商品10) (都道府県別合計)

配列

Tk	
(0)	
(1)	ホッカイドウ
(2)	アオモリ
～	⟨
(47)	オキナワ

4．入力データが終了したら，都道府県別合計の降順に並べ替え，第2図のように表示する。

5．データにエラーはないものとする。

─── 解答群 ───

ア．Ta(Sco, Tco) + Kin → Ta(Sco, Tco)

イ．K + 1 → L

ウ．Ta(Tco, Sco) + Kin → Ta(Tco, Sco)

エ．K + 1 → K

オ．0 → Ta(Tco, Sco)

カ．Tk(K) → Tk(0)

キ．Sco − 200 → Sco

ク．Ta(M, K) → Ta(M, L)

ケ．Tk(M, K) → Tk(M, L)

コ．Ta(L, M) → Ta(K, M)

＜流れ図＞

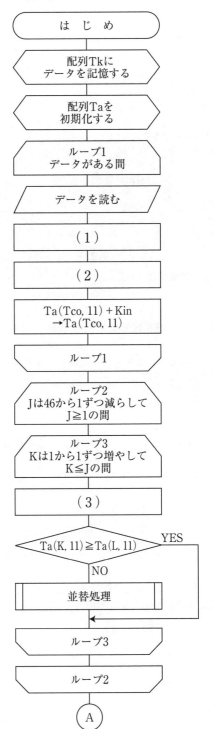

はじめ

配列Tkに
データを記憶する

配列Taを
初期化する

ループ1
データがある間

データを読む

（1）

（2）

Ta(Tco, 11) + Kin
→Ta(Tco, 11)

ループ1

ループ2
Jは46から1ずつ減らして
J≧1の間

ループ3
Kは1から1ずつ増やして
K≦Jの間

（3）

Ta(K, 11) ≧ Ta(L, 11)　YES

NO

並替処理

ループ3

ループ2

A

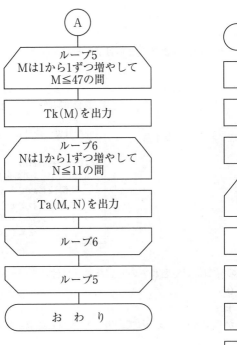

A

ループ5
Mは1から1ずつ増やして
M≦47の間

Tk(M)を出力

ループ6
Nは1から1ずつ増やして
N≦11の間

Ta(M, N)を出力

ループ6

ループ5

おわり

並替処理

入口

（4）

Tk(L)→Tk(K)

Tk(0)→Tk(L)

ループ4
Mは1から1ずつ増やして
M≦11の間

Ta(K, M)→Ta(0, M)

（5）

Ta(0, M)→Ta(L, M)

ループ4

出口

(1)	A	(2)		(3)		(4)		(5)	

【7】 流れ図の説明を読んで，流れ図の(1)～(5)にあてはまる答えを解答群から選び，記号で答えなさい。

＜流れ図の説明＞

処理内容

　ある大学図書館の貸出データを読み，集計結果と項目別分析結果をディスプレイに表示する。

入力データ

日付 (Hi)	図書コード (ToshoCo)	利用区分 (Kubun)
××××	×××	×

（第1図）

実行結果

（集計結果）		
（総貸出回数）	（集計日数）	（1日平均貸出回数）
7,107	232	30.6

（分析対象の項目コードをキーボードから入力）1

（項目別分析結果）

（項目名）学生利用

（図書名）	（貸出回数）
明解はじめてのVBA	31
ちゃんとわかるJava	22
オープンデータ活用術	19
ナレッジマネジメント入門	18

（第2図）

処理条件

1. 第1図のデータは，日付の昇順に記録されている。なお，日付は次の例のように構成されている。

　　　例　1001　→　10　01
　　　　　　　　　　　月　日

2. 第1図の図書コードは1からの連番で振られており，数は500冊以下である。また，利用区分は1（学生利用），2（一般利用）である。

3. 配列Komokuに項目名（利用区分）を記憶する。なお，第2図のキーボードから入力される項目コードは1～3であり，Komokuの添字と対応している。

配列

Komoku	(0)	(1)	(2)	(3)
		学生利用	一般利用	貸出合計

4. 配列Toshoに図書名を記憶する。なお，Toshoの添字は図書コードと対応している。また，変数Kenには図書の件数を記憶する。

配列

Tosho

(0)	
(1)	一番わかるプログラミング
(2)	システムエンジニア読本
～	～
(500)	

5. 第1図の入力データを読み，次の処理を行う。

・ 日数を集計するとともに，配列Kashiに図書別に利用区分ごとの貸出回数を集計する。なお，0行目には利用区分ごとの合計を求める。また，Kashiの行方向の添字は図書コードと，列方向の添字は利用区分と対応している。

配列

Kashi	(0)	(1)	(2)
(0)			|（合計）
(1)			
(2)			
～	～	～	～
(500)			
		（学生利用）	（一般利用）

・ データを読み終えたあと，1日平均貸出回数を次の計算式で求める。

　　　1日平均貸出回数 ＝ 総貸出回数 ÷ 集計日数

・ 集計結果を第2図のように表示する。

6. 分析対象の項目コードをキーボードから入力すると，次の処理を行う。

・ 配列Workを利用して，入力された項目コードが1の場合は学生利用を，2の場合は一般利用を，3の場合は貸出合計（学生利用と一般利用の合計）を降順に並べ替える。

配列

Work	(0)	(1)
(0)		
(1)		
(2)		
～	～	～
(500)		
	項目コードに応じた 図書コード	項目コードに応じた 貸出回数

・ 項目別分析結果を第2図のように表示する。なお，項目名は入力された項目コードに対応した項目名を表示する。

7. データにエラーはないものとする。

<流れ図>

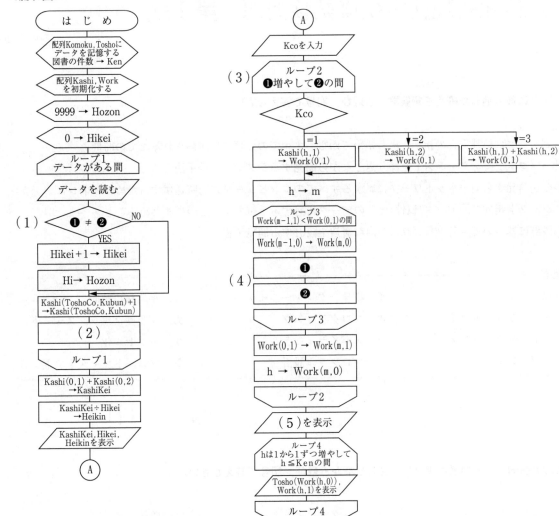

━━ 解答群 ━━━━━━━━━━━━━━━━━━━━━━━━━━━━━━━━━━━

ア. Komoku(Soe)

イ. Kashi(ToshoCo, 0) + 1 → Kashi(ToshoCo, 0)

ウ. h は 1 から 1 ずつ

エ. Komoku(Kubun)

オ. Work(m, 0) → Work(m − 1, 0)

カ. m + 1 → m

キ. Work(m − 1, 1) → Work(m, 1)

ク. Kashi(Kubun, 0) + 1 → Kashi(Kubun, 0)

ケ. Hikei

コ. h ≦ Ken

サ. Kubun

シ. Hozon

ス. Hi

セ. h < 500

ソ. Kashi(0, Kubun) + 1 → Kashi(0, Kubun)

タ. h は 0 から 1 ずつ

チ. h < Ken

ツ. m − 1 → m

テ. Komoku(Kco)

ト. Work(m, 1) → Work(m − 1, 1)

	(1)		(2)	(3)		(4)		(5)
	❶	❷		❶	❷	❶	❷	

主催 公益財団法人 全国商業高等学校協会
情報処理検定模擬試験問題　第1級 (第2回)

制限時間60分

【1】 次の説明文に最も適した答えを解答群から選び，記号で答えなさい。

1. コンピュータに処理実行の指示を出し始めてから，すべての処理結果が得られるまでの時間。

2. 設計→プログラミング→テストを繰り返しながら開発するシステム開発手法。

3. 一つの送信元から同一ネットワークに属するすべてのコンピュータに同時送信するためのアドレス。

4. オブジェクト指向で，データ(属性)とそのデータに対する手続きをひとつにまとめること。

5. 内部設計に基づいて，各プログラムの内部構造を設計する開発工程。

```
─ 解答群 ─
ア. 外部設計            イ. ウォータフォールモデル      ウ. 平均修復時間
エ. ターンアラウンドタイム    オ. プログラミング          カ. ブラックボックステスト
キ. ネットワークアドレス     ク. スパイラルモデル         ケ. カプセル化
コ. レスポンスタイム       サ. プログラム設計          シ. ブロードキャストアドレス
```

1		2		3		4		5	

【2】 次のA群の語句に最も関係の深い説明文をB群から選び，記号で答えなさい。

＜A群＞ 　1. DHCP 　　　　　　2. シンクライアント 　　　　3. 要件定義
　　　　　4. DNS 　　　　　　5. リユーザブル

＜B群＞

ア. 一度実行した後，再ロードし直さずに実行(再使用)しても，正しく実行することができるプログラムの性質。

イ. 実行中に自分自身を呼び出し(再帰呼出し)しても，正しく実行することができるプログラムの性質。

ウ. プライベートIPアドレスをグローバルIPアドレスに変換する技術。

エ. コンピュータをネットワークに接続するときに，IPアドレスを自動的に割り当てるプロトコル。

オ. インターネット上でファイルの転送を行うためのプロトコル。データをWebサーバへアップロードするときなどに用いられる。

カ. ユーザ側の要求を実現するための機能を決定する開発工程。

キ. クライアントには最低限の機能しか持たせず，サーバ側でアプリケーションソフトやファイルなどの資源を一括管理するシステムの総称。

ク. WebサーバにあるHTML文書をブラウザへ転送するプロトコル。

ケ. ネットワークに接続されたコンピュータのドメイン名とIPアドレスを互いに変換するしくみ。

コ. システム開発者が，アルゴリズムや入出力データなどを詳細に設計する開発工程。

1		2		3		4		5	

【3】　次の説明文に最も適した答えをア，イ，ウの中から選び，記号で答えなさい。なお，5．については数値を答えなさい。

1．10進数の7.25を2進数で表したもの。

　　ア．111.01　　　　　　　　　イ．111.1　　　　　　　　　ウ．111.11

2．ポインタによってつなげられたデータの並びを表現したデータ構造。

　　ア．キュー　　　　　　　　　イ．スタック　　　　　　　　ウ．リスト

3．システムの異常終了や障害発生など，サービスの中断やサービス品質の低下につながるような事象。

　　ア．インシデント　　　　　　イ．リスクマネジメント　　　ウ．リスクアセスメント

4．数値表現で，四捨五入，切り上げまたは切り捨てを行うことによって生じる誤差のこと。

　　ア．情報落ち　　　　　　　　イ．桁落ち　　　　　　　　　ウ．丸め誤差

5．8ビットの2進数00010101から11010011を右に2ビット算術シフトしたものを減じた値は8ビットの2進数でいくらか。ここで，負の数は2の補数表現によるものとする。

1		2		3		4		5	

【4】 次の各問いに答えなさい。

問1．プログラムの説明を読んで，プログラムの(1)〜(2)にあてはまる答えを解答群から選び，記号で答えなさい。

＜プログラムの説明＞

処理内容

　引数で渡された配列に記憶されている数値を並べ替えてディスプレイに表示する。

処理条件

1．配列 Ten には数値が記憶されている。なお，データ件数は n に記憶されている。

　　配列

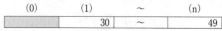

Ten	(0)	(1)	〜	(n)
		30	〜	49

2．配列 Ten の数値を降順に並べ替える。

3．並べ替えが終わったら，配列 Ten の内容を表示する。

＜プログラム＞

```
Sub Program1(Ten() As Long, n As Long)
  Dim s As Long
  Dim Test As Long
  Dim h As Long
  Dim m As Long
  For s = 2 To n
    Test = Ten(s)
    h = s - 1
    Do While      (1)
      Ten(h + 1) = Ten(h)
      h = h - 1
    Loop
    If h <> s - 1 Then
         (2)
    End If
  Next s
  For m = 1 To n
    MsgBox (Ten(m))
  Next m
End Sub
```

解答群

ア．h >= 1 And Ten(h) < Test

イ．Ten(h + 1) = Test

ウ．h >= 1 And Ten(h) > Test

エ．Ten(h - 1) = Test

問2．プログラムの説明を読んで，プログラムの(3)～(5)にあてはまる答えを解答群から選び，記号で答えなさい。

＜プログラムの説明＞

処理内容
　　引数で渡された配列に記憶されている数値に順位をつけてディスプレイに表示する。

処理条件
1．配列 Uri には数値が記憶されている。なお，データ件数は n に記憶されており，同じデータはないものとする。

配列

Uri	(0)	～	(n − 1)
	1113	～	1935

2．配列 Uri の降順に順位をつけ，配列 Uri と rnk の内容を表示する。

＜プログラム＞

```
Sub Program2(Uri() As Long, n As Long)
  Dim u As Long
  Dim rnk As Long
  Dim m As Long
  For u = 0 To n − 1
      [    (3)    ]
    For [   (4)   ]
      If Uri(u) < Uri(m) Then
        rnk = rnk + 1
      End If
    Next m
    MsgBox ([    (5)    ]& " " & rnk)
  Next u
End Sub
```

解答群

ア．Uri(u)

イ．Uri(m)

ウ．m = 0 To n

エ．rnk = 0

オ．rnk = 1

カ．m = 0 To n − 1

---

(1)		(2)		(3)		(4)		(5)	

第2回模擬

【5】 流れ図の説明を読んで，流れ図の(1)～(5)にあてはまる答えを解答群から選び，記号で答えなさい。

＜流れ図の説明＞

処理内容

　あるスポーツチームのホームゲームにおけるチケット販売データを読み，ホームゲームにおけるチケット販売数集計表をディスプレイに表示する。

入力データ

対戦番号 (Tban) ××	販売形態 (Keitai) ×	料金区分 (Rkubun) ×	枚数 (Maisu) ×××

（第1図）

実行結果

```
             （ホームゲームにおけるチケット販売数集計表）
（対戦番号）（対戦相手）（特別席）（一般席）（高校生）（小・中学生）      （合計）
   1    NK スマッシャーズ
           （前売り）   65    297     98      123         583
           （当 日）   35    555    131      206         927
                            （チ ケ ッ ト 販 売 数 計）    1,510
                            （チケット販売金額計）  2,633,800
   〜
  10    Funky ラビッツ
           （前売り）   97    605    128      130         960
           （当 日）    3    657    201      199       1,060
                            （チ ケ ッ ト 販 売 数 計）    2,020
                            （チケット販売金額計）  3,591,900
```
（第2図）

処理条件

1. 第1図のデータは，対戦番号，販売形態，料金区分の昇順に記録されている。なお，対戦番号は1～10，販売形態は1（前売り）または2（当日），料金区分は1（特別席）～4（小・中学生）である。

2. 配列 Tmei に対戦相手チーム名を記憶する。なお，Tmei の添字は対戦番号と対応している。

配列

Tmei	(0)	(1)	〜	(10)
		NK スマッシャーズ	〜	Funky ラビッツ

3. 配列 Kaka に料金区分別のチケット販売価格（前売り価格）を記憶する。なお，Kaka の添字は料金区分と対応している。

配列

Kaka	(0)	(1)	(2)	(3)	(4)
		2500	2000	1000	500
		（特別席）	（一般席）	（高校生）	（小・中学生）

4. 第1図の入力データを読み，次の処理を行う。

　・ 対戦番号がかわるごとに対戦番号と対戦相手チーム名を表示する。

　・ 配列 Hsyu に料金区分別のチケット販売数を集計する。なお，Hsyu(0)には販売数の合計を求める。また，Hsyu の添字は料金区分と対応している。

配列

Hsyu	(0)	(1)	(2)	(3)	(4)
	（計）	（特別席）	（一般席）	（高校生）	（小・中学生）

　・ チケット販売金額計を求める。なお，前売り販売金額は各料金区分の販売数にそれぞれの前売り価格を掛けて求める。また，当日チケットの販売価格は，前売り価格の1.2倍の販売価格とする。

　・ 販売形態ごとに，料金区分別のチケット販売数と販売数合計を第2図のように表示する。

　・ 試合ごとのチケット販売数計とチケット販売金額計を第2図のように表示する。

5. データにエラーはないものとする。

解答群

ア．Tban，Tmei(Thoz)

イ．Hsyu(k)

ウ．Sukei + Hsyu(Rhoz) → Sukei

エ．Hsyu(Rhoz) × (Kaka(Rhoz) × 1.2) → Kingaku

オ．Keitai = Khoz

カ．Tban，Tmei(Tban)

キ．Hsyu(Rhoz)

ク．Keitai = Thoz

ケ．Hsyu(Rhoz) × Kaka(Rhoz) → Kingaku

コ．Sukei + Hsyu(0) → Sukei

<流れ図>

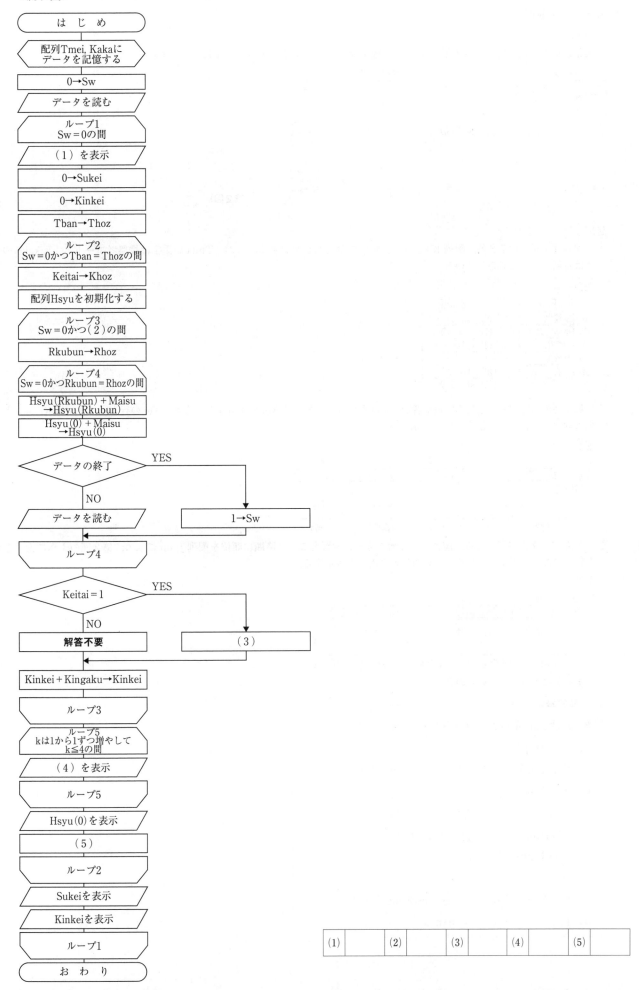

| (1) | | (2) | | (3) | | (4) | | (5) | |

【6】 流れ図の説明を読んで，流れ図の(1)〜(5)にあてはまる答えを解答群から選び，記号で答えなさい。

＜流れ図の説明＞

処理内容

　文化祭企画の人気投票データを読み，文化祭企画人気ベスト3をディスプレイに表示する。

入力データ

投票者コード (Tcod) ×	企画コード (Kcod) × ×

（第1図）

実行結果

```
      （文化祭企画人気ベスト3）
（投票者名）  （順位）  （企画名）
本校生        1      縁日わーい
             2      恐怖の館
             3      軽音楽部

  〜         〜

一般          1      縁日わーい
             2      温泉卓球
             3      軽音楽部
```
（第2図）

処理条件

1．配列 Tmei に投票者名，配列 Kikaku に文化祭の企画名を記憶する。なお，Tmei の添字は投票者コードと，Kikaku の添字は企画コードと対応している。

配列

```
        Tmei              Kikaku
(0) │ 本校生 │       (0) │        │
(1) │ 小学生以下 │     (1) │ 恐怖の館 │
(2) │ 中学生 │       (2) │ 縁日わーい │
(3) │ 高校生 │        〜  〜
(4) │ 一般 │        (19) │ 音楽部 │
                   (20) │ 軽音楽部 │
```

2．第1図の入力データを読み，投票者別，企画別に投票数を配列 Kei に集計する。なお，Kei の行方向の添字は Kikaku と，列方向の添字は Tmei と対応している。

配列

Kei	(0)	(1)	(2)	(3)	(4)
(0)					
(1)					
〜	〜	〜	〜	〜	〜
(20)					
	(本校生)	(小学生以下)	(中学生)	(高校生)	(一般)

3．入力データが終了したら，配列 Kei の値をもとに投票者ごとに降順に順位を配列 Jyun に求め，第2図のように投票者名と投票者ごとの1位から3位までの順位と企画名を表示する。

配列

Jyun	(0)	(1)	(2)	(3)	(4)
(0)					
(1)					
〜	〜	〜	〜	〜	〜
(20)					
	(本校生)	(小学生以下)	(中学生)	(高校生)	(一般)

4．データにエラーはないものとする。

解答群

ア．n は mm から1ずつ増やして n ≦ 20

イ．$Jyun(r, p) = q$

ウ．$Kei(Tcod, Kcod) + 1 \rightarrow Kei(Tcod, Kcod)$

エ．$0 \rightarrow Jyun(i, j)$

オ．n は1から1ずつ増やして n ≦ 20

カ．$Jyun(m, k) + 1 \rightarrow Jyun(m, k)$

キ．$1 \rightarrow Jyun(i, j)$

ク．$Jyun(r, q) = p$

ケ．$Kei(Kcod, Tcod) + 1 \rightarrow Kei(Kcod, Tcod)$

コ．$Jyun(n, k) + 1 \rightarrow Jyun(n, k)$

＜流れ図＞

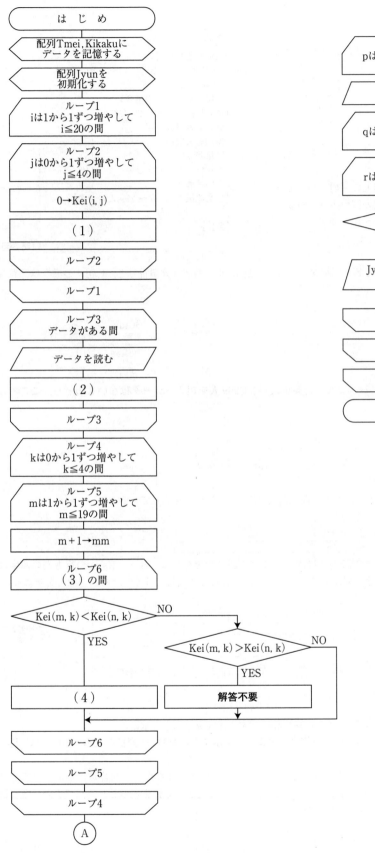

(1)		(2)		(3)		(4)		(5)	

【7】 流れ図の説明を読んで，流れ図の(1)～(5)にあてはまる答えを解答群から選び，記号で答えなさい。

＜流れ図の説明＞

処理内容

　ある調査団体が行ったテレワークに関する実態調査データを読み，集計結果をディスプレイに表示する。

入力データ

調査番号 (Tbango) ××××	企業名 (Kmei) ×～×	企業規模 (Kkibo) ×～×	課題コード (Kcode) ×××

(第1図)

実行結果

(分類別回答数集計)		
セキュリティ	業務　～	その他
127	138	13
(企業規模別回答数の割合)		
【企業規模：1人～99人の企業】		
システム導入費用		16%
機器導入費用		15%
情報漏えい対策		13%
テレワークに向かない		11%
人事評価		10%
【企業規模：100人～299人の企業】		
～		
【全体】		
～		

(第2図)

処理条件

1．第1図のデータは各企業がテレワーク実施上の課題について回答したデータである。なお，課題コードは次の例のように構成されており，分類番号は1～5，課題番号は1～10である。

　　　　例　203　→　　2　　　　　03
　　　　　　　　　　分類番号　課題番号

2．配列 Bunrui に分類名を，配列 Kadai に課題名を記憶する。なお，Bunrui の添字は分類番号と，Kadai の添字は課題番号と対応している。

配列

Bunrui	(0)	(1)	(2)	～	(4)	(5)
		セキュリティ	業務	～	コスト	その他

Kadai	
(0)	
(1)	情報漏えい対策
～	～
(10)	その他

3．配列 Kijun に企業規模の基準人数を記憶する。なお，企業規模が999999人を超えるデータはないものとし，ここでの企業規模は従業員数とする。

配列

Kijun	(0)	(1)	(2)	(3)
	99	299	999	999999
	(～99人)	(100～299人)	(300～999人)	(1000～999999人)

4．第1図の入力データを読み，次の処理を行う。

・　配列 Bsyu に分類ごとの回答人数を集計する。なお，Bsyu の添字は分類番号と対応している。

配列

Bsyu	(0)	(1)	(2)	～	(4)	(5)
				～		

・　企業規模をもとに配列 Kijun を探索し，配列 Ksyu に課題名ごとの回答数を求める。なお，Ksyu の行方向の添字は課題番号と，列方向の添字は配列 Kijun の添字と対応している。また，0行目と4列目にはそれぞれ回答数計を求める。

配列

Ksyu	(0)	(1)	(2)	(3)	(4)	
(0)						(分類ごとの回答数計)
(1)						(情報漏えい対策)
～	～	～	～	～	～	
(10)						(その他)
	(～99人)	(100～299人)	(300～999人)	(1000～999999人)	(回答数計)	

5．入力データが終了したら，次の処理を行う。

・　分類別回答数集計を表示する。

・　配列 Ksyu の1行目から10行目までに，分類ごとの回答数計に対する回答数の割合を求める。

・　企業規模が変わるごとに，企業規模に関する見出しを第2図のように表示する。なお，4列目を表示する際には，【全体】を表示する。

・　配列 Po を利用して，配列 Ksyu を企業規模ごとに回答数の割合を降順に並べ替えながら，回答数の上位5件を第2図のように表示する。なお，Po の添字は Ksyu の行方向の添字と対応しており，上位5件を表示した時点で次の企業規模の処理を行う。また，同一の回答数の割合はないものとする。

配列

Po	
(0)	
(1)	
～	～
(10)	

6．データにエラーはないものとする。

<流れ図>

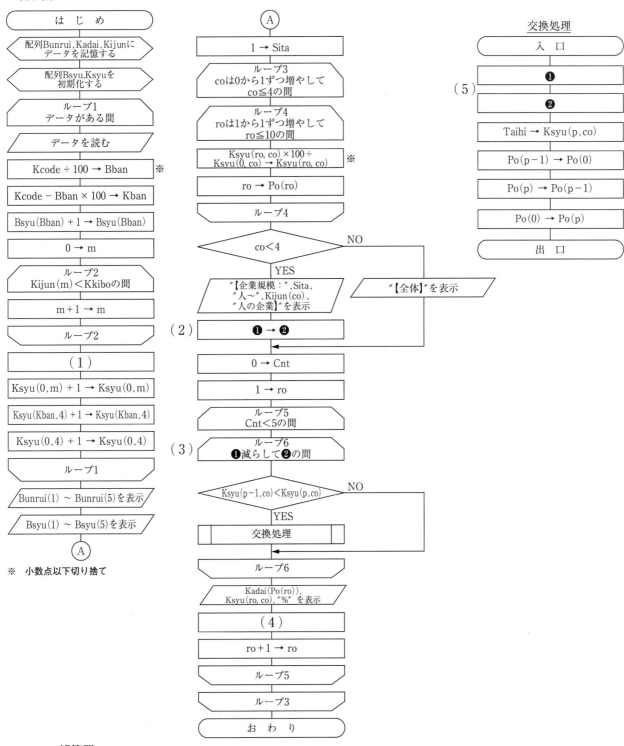

※ 小数点以下切り捨て

── 解答群 ──

ア. Kijun(co)
ウ. Ksyu(Kban, m) + 1 → Ksyu(Kban, m)
オ. Co
キ. Kijun(co) + 1
ケ. Ksyu(ro, co) → Ksyu(ro − 1, co)
サ. p < ro
ス. Ksyu(p, co) → Ksyu(p − 1, co)
ソ. Ksyu(Kban, Bban) + 1 → Ksyu(Kban, Bban)
チ. Ksyu(Bban, m) + 1 → Ksyu(Bban, m)
テ. p は 1 から 1 ずつ

イ. Cnt − 1 → Cnt
エ. Co + 1 → Co
カ. Ksyu(p, co) → Taihi
ク. p は 9 から 1 ずつ
コ. p > ro
シ. Sita
セ. p は 10 から 1 ずつ
タ. Cnt + 1 → Cnt
ツ. Kijun(Sita)
ト. Ksyu(p − 1, co) → Taihi

(1)	(2)		(3)		(4)	(5)	
	❶	❷	❶	❷		❶	❷

主催 公益財団法人 全国商業高等学校協会
情報処理検定模擬試験問題　第1級 （第3回）

制限時間60分

【1】 次の説明文に最も適した答えを解答群から選び，記号で答えなさい。

1．プログラムのバグを修正したことによって，ほかの正常箇所に悪影響を及ぼしていないかを検証するテスト。
2．コンピュータシステムが正常に動き始めてから，何らかの故障が発生するまでの平均時間のこと。
3．プログラムの内部構造には関係なく，入力データが仕様書の通りに出力されるかを確認するテスト。
4．オブジェクト指向で，クラスの定義情報から生成された，具体的なデータをもつ実体のこと。
5．開発したシステムに見つかった問題点を修正する作業や，システムを効率的に稼働させるための業務。

――― 解答群 ―――

ア．運用・保守	**イ**．平均故障間隔	**ウ**．RASIS
エ．ホワイトボックステスト	**オ**．機能テスト	**カ**．システムテスト
キ．スタブ	**ク**．カプセル化	**ケ**．平均修復時間
コ．インスタンス	**サ**．ブラックボックステスト	**シ**．回帰テスト

1		2		3		4		5	

【2】 次のA群の語句に最も関係の深い説明文をB群から選び，記号で答えなさい。

＜A群＞　1．固定小数点形式　　　2．ルータ　　　　　　　3．SMTP
　　　　　4．リエントラント　　　5．ボトムアップテスト

＜B群＞
　ア．階層構造のモジュール群からなるソフトウェアのテストの進め方の一つで，最上位モジュールから順次下位へとテストを進めていく方法。
　イ．インターネットにおいて，電子メールを宛先のメールボックスに転送するためのプロトコル。
　ウ．コンピュータ内部の数値を，上位ビットから符号部分，整数部分，小数部分の順に並べ，小数点の位置をあらかじめ決めて表現したもの。
　エ．LANにおけるネットワークケーブルを一つに接続する集線装置のこと。
　オ．階層構造のモジュール群からなるソフトウェアのテストの進め方の一つで，最下位モジュールから順次上位へとテストを進めていく方法。
　カ．コンピュータをネットワークに接続するときに，IPアドレスを自動的に割り当てるプロトコル。
　キ．コンピュータ内部の数値を，正負を表す符号部，小数点を表す指数部，有効数字を表す仮数部で表現したもの。
　ク．異なるネットワークどうしを中継して，送受信されるデータ(パケット)の経路選択機能などを持っている通信機器。
　ケ．主記憶上のどのアドレスに配置(再配置)しても，正しく実行することができるプログラムの性質。
　コ．機械語の副プログラムが，複数の親プログラムから呼び出されても正常な結果が得られること。

1		2		3		4		5	

【3】　次の説明文に最も適した答えをア，イ，ウの中から選び，記号で答えなさい。

　　1．10進数の−96を8ビットの2の補数で表したもの。

　　　　ア．1001 1111　　　　　　　　**イ**．1010 0000　　　　　　　　**ウ**．1110 0000

　　2．システムの応答時間や処理速度が設計したときの基準を満たしているかを検証するテストのこと。

　　　　ア．性能テスト　　　　　　　　**イ**．機能テスト　　　　　　　　**ウ**．回帰テスト

　　3．電子商取引事業者などに，暗号通信などで必要となる，公開鍵の正当性を保証するデジタル証明書を発行する機関。

　　　　ア．DMZ　　　　　　　　　　　**イ**．SSL　　　　　　　　　　　**ウ**．CA

　　4．暗号化と復号を行う際に，同一の鍵を使用する暗号方式。

　　　　ア．公開鍵暗号方式　　　　　　**イ**．共通鍵暗号方式　　　　　　**ウ**．電子署名

　　5．装置Aと装置Bが，次の図のように配置されているシステムにおいて，システム全体の稼働率を求めなさい。ただし，装置Aと装置Bの稼働率は，いずれも0.9とする。

　　　　ア．0.81　　　　　　　　　　　**イ**．0.9　　　　　　　　　　　　**ウ**．0.99

1		2		3		4		5	

【4】 次の各問いに答えなさい。

問1．プログラムの説明を読んで，プログラムの(1)〜(2)にあてはまる答えを解答群から選び，記号で答えなさい。

＜プログラムの説明＞

処理内容

引数で渡された配列に記憶されている同じ数値の個数を数えてディスプレイに表示する。

処理条件

1．配列 Sban には整数値が昇順に記憶されている。なお，データ件数は 100 件である。

配列

Sban	(0)	(1)	〜	(99)
	101	101	〜	999

2．配列 Sban の数値がかわるごとに個数を表示する。

3．配列の最後には，999 が記録されている。

＜プログラム＞

```
Sub Program1(Sban() As Long)
  Dim n As Long
  Dim Kosu As Long
  Dim work As Long
  n = 0
  Do While Sban(n) <> 999
    Kosu = 0
    work = Sban(n)
    Do While     (1)
         (2)
      n = n + 1
    Loop
    MsgBox (work & " " & Kosu)
  Loop
End Sub
```

--- 解答群 ---

ア．Kosu = Kosu + Sban(n)

イ．Sban(n) <> work

ウ．Kosu = Kosu + 1

エ．Sban(n) = work

問2．プログラムの説明を読んで，プログラムの(3)〜(5)にあてはまる答えを解答群から選び，記号で答えなさい。

＜プログラムの説明＞

<u>処理内容</u>

　引数で渡された配列に記憶されている数値を二分探索し，ディスプレイに表示する。

<u>処理条件</u>

1．配列 Hcod には4桁の商品コードが昇順に記憶されている。なお，データ件数は n に記憶されている。

　　<u>配列</u>

Hcod	(0)	(1)	〜	(n)
		1101	〜	8974

2．配列 Hmei には商品名が記憶されている。配列 Hmei は配列 Hcod と添字で対応している。

　　<u>配列</u>

Hmei	(0)	(1)	〜	(n)
		ドライクールボディ	〜	ダウンスーパーライト

3．入力された数値を探索し，見つかった商品名を表示する。

4．入力される数値にエラーはないものとし，「9999」が入力されたら処理を終了する。

＜プログラム＞

```
Sub Program2(Hcod() As Long, Hmei() As String, n As Long)
  Dim Scod As Long
  Dim Hantei As Long
  Dim Hi As Long
  Dim Lo As Long
  Dim Mi As Long
  Scod = Val(InputBox("商品コードを入力してください。"))
  Do While Scod <> 9999
    Hantei = 0
    Hi = n
    Lo = 1
    Do While      (3)
      Mi = Int((Hi + Lo) / 2)
      If      (4)      Then
        Hantei = 1
        MsgBox (Hmei(Mi))
      Else
        If Hcod(Mi) < Scod Then
          解答不要
        Else
          (5)
        End If
      End If
    Loop
    Scod = Val(InputBox("商品コードを入力してください。"))
  Loop
End Sub
```

解答群

ア．Hcod(Mi) > Scod

イ．Hi = Mi - 1

ウ．Hcod(Mi) = Scod

エ．Hantei = 0

オ．Hantei = 1

カ．Lo = Mi + 1

(1)		(2)		(3)		(4)		(5)	

【5】 流れ図の説明を読み，流れ図の(1)〜(5)にあてはまる答えを解答群から選び，記号で答えなさい。

＜流れ図の説明＞

処理内容

　販売員別売上データを読み，販売成績一覧をディスプレイに表示する。

入力データ

販売員番号 （Ban）	商品コード （Sco）	売上金額 （Kin）
××××	×	×××

（第1図）

実行結果

```
                  （販売成績一覧）
（販売員番号） （売上合計金額） （目標達成数）
   1015          330,000          5
   1007          327,000          5
   1004          315,000          4
   1009          298,000          5
   1013          276,000          3
   1011          255,000          4
   1001          254,000          4
   1008          210,000          3
   1005          210,000          3
   1002          207,000          3
   1016          185,000          3
   1010          166,000          2
   1003          149,000          2
   1006          135,000          1
   1012          123,000          2
   1014           96,000          1
```

（第2図）

処理条件

1．第1図のデータは，販売員番号の昇順に記録されている。
2．販売員は20名以内で，商品は5種類あり，商品コードは，1〜5である。
3．配列 Mokuhyo に，各商品の販売目標額を記憶する。
　　なお，Mokuhyo の添字は商品コードと対応している。

配列

Mokuhyo	(0)	(1)	(2)	(3)	(4)	(5)
		20000	50000	30000	100000	90000

4．第1図の入力データを読み，次の処理を行う。
　・販売員ごとに各商品の売上金額を配列 Uriage に集計する。
　　なお，配列 Uriage の列方向の添字は商品コードと対応している。
　・配列 Uriage の6列目に，販売員ごとの売上合計金額を求める。
5．入力データが終了したら，次の処理をする。
　・販売員ごとに，目標達成の商品数を配列 Uriage の7列目に求める。
　・売上合計金額の降順に並べ替えて，販売員番号，売上合計金額，目標達成数を表示する。

配列

Uriage	(0)	(1)	〜	(5)	(6)	(7)
(0)			〜			
(1)			〜			
〜	〜	〜	〜	〜	〜	〜
(19)			〜			
	（販売員番号）	（商品1）	〜	（商品5）	（売上合計金額）	（目標達成数）

6．データにエラーはないものとする。

解答群

ア．Uriage$(j, 6) \leqq$ Uriage$(k, 6)$

イ．Uriage$(j, 6) \geqq$ Uriage$(k, 6)$

ウ．Uriage$(n, 6)$ + Kin → Uriage$(n, 6)$

エ．Uriage$(n, 6)$ + 1 → Uriage$(n, 6)$

オ．Ban = Uriage$(n, 0)$

カ．i は1から1ずつ増やして i ≦ 5の間

キ．i は2から1ずつ増やして i ≦ 6の間

ク．k は0から1ずつ増やして k ＜ mの間

ケ．k は1から1ずつ増やして k ≦ 20の間

コ．n ≦ 20

＜流れ図＞

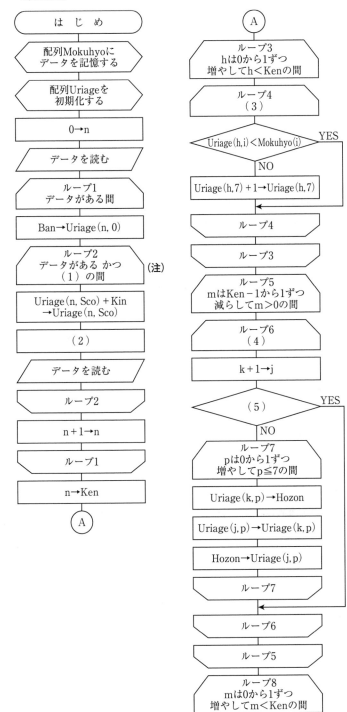

(注) 条件式が「かつ」で複合されている場合，
先に記述された条件式が偽になった時点で，
判定を終了する。

(1)		(2)		(3)		(4)		(5)	

【6】 流れ図の説明を読んで，流れ図(1)～(5)にあてはまる答えを解答群から選び，記号で答えなさい。

＜流れ図の説明＞

処理内容

複数のコンビニエンスストアを運営する企業の1日あたりの売上データを読み，売上一覧をディスプレイに表示する。

入力データ

時間 (Ji) ××××	店舗コード (Code) ×	売上金額(円) (Kin) ×××××××

(第1図)

実行結果

(売上一覧)

(店舗名)	(売上金額計)	(00:00-05:59)	(06:00-11:59)～	(18:00-23:59)	(予測売上金額)
周南店	1,362,771	73,581	358,229 ～	491,823	1,403,654
〈					
柳井店	931,690	18,481	219,874 ～	329,671	949,737
合計	10,369,213	219,940	2,166,412 ～	2,876,913	

(第2図)

処理条件

1．第1図の時間は，次の例のように構成されている。

例　1020　→　<u>10</u>　<u>20</u>
　　　　　　　　時　　分

2．配列 Tmei に店舗名を記憶する。なお，第1図の店舗コードは1～8であり，Tmei の添字と対応している。

配列

Tmei

(0)	
(1)	岩国店
～	～
(8)	下関店

3．配列 Jkubun に時間区分を判定する値を記憶する。なお，第1図の時間は2359を越えることはない。

配列

Jkubun	(0)	(1)	(2)	(3)	(4)
		559	1159	1759	2359

4．第1図の入力データを読み，時間をもとに配列 Jkubun を探索し，配列 Ukin に売上金額を集計する。なお，0列目には店舗ごとの売上金額計を，9行目には時間区分ごとの合計を求める。また，Ukin の行方向の添字は店舗コードと，列方向の添字は Jkubun の添字と対応している。

配列

Ukin	(0)	(1)	(2)	(3)	(4)
(0)					
(1)					
～	～	～	～	～	～
(9)					

(売上計)　　　　　　　　　　　　　　　　　(合計)

5．入力データが終了したら，配列 Cwork 及び配列 Uwork を利用し，売上金額計の降順に並べ替えて，第2図のように表示する。なお，営業時間の変更を検討するため，以下に示す店舗については集計した売上金額にもとづいて予測売上金額を計算して表示する。

・　店舗番号2，4については，06:00～23:59に営業時間を変更するため，売上金額計から00:00～05:59の売上金額を差し引き，4％増しとする。

・　店舗番号8については，06:00～17:59に営業時間を変更するため，売上金額計から00:00～05:59及び18:00～23:59の売上金額を差し引き，5％増しとする。

・　それ以外の店舗番号については売上金額計の3％増しとする。

Cwork		Uwork	
(0)		(0)	
(1)		(1)	
～	～	～	～
(8)		(8)	

6．データにエラーはないものとする。

解答群

ア．h － 1 → h

イ．Cwork(0) → Cwork(p + 1)

ウ．k は8から1ずつ減らして k ≧ 2

エ．Ukin(9, h) + Kin → Ukin(9, h)

オ．Cwork(0) → Cwork(k + 1)

カ．Cwork(j)

キ．Ukin(9, h) + Ukin(Code, h) → Ukin(9, h)

ク．k は2から1ずつ増やして k ≦ 8

ケ．Code

コ．h + 1 → h

＜流れ図＞

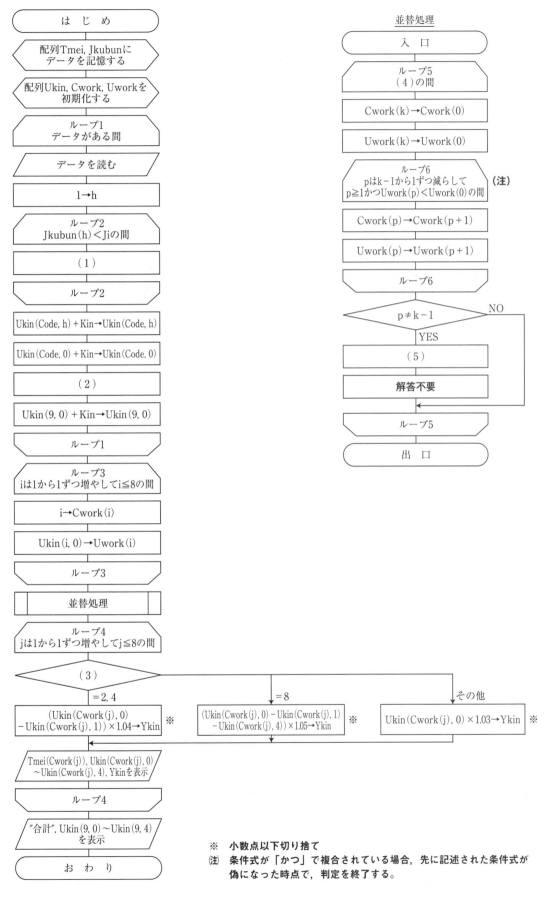

※　小数点以下切り捨て

(注)　条件式が「かつ」で複合されている場合，先に記述された条件式が偽になった時点で，判定を終了する。

第3回模擬

(1)		(2)		(3)		(4)		(5)	

【7】 流れ図の説明を読んで，流れ図の(1)〜(5)にあてはまる答えを解答群から選び，記号で答えなさい。

<流れ図の説明>

処理内容

　入力データを読み，ワープロの成績を表示・追加・更新する。

入力データ

生徒番号 （Ban）	生徒名 （Mei）	1回目打数 （Fst）	2回目打数 （Snd）	3回目打数 （Trd）
××××	×〜×	××××	××××	××××

（第1図）

実行結果

```
（生徒番号をキーボードから入力）1623
（生徒名）佐藤静香
（1回目打数）　　（2回目打数）　　（3回目打数）
　　1053　　　　　　1332　　　　　　　0
（平均打数）1192
（順位）1
（追加・更新する場合はキーボードから1を入力）1
（1回目打数をキーボードから入力）1053
（2回目打数をキーボードから入力）1332
（3回目打数をキーボードから入力）1022
（平均打数）1135
（順位）2
（生徒番号をキーボードから入力）1022
（生徒名）該当データが見つかりません
（追加・更新する場合はキーボードから1を入力）1
（生徒名）田中翔
（1回目打数をキーボードから入力）874
（2回目打数をキーボードから入力）839
（3回目打数をキーボードから入力）0
（平均打数）856
（順位）17
（生徒番号をキーボードから入力）9999
```

（第2図）

処理条件

1．第1図の得点データは，ワープロ速度打数3回分の記録が記憶されている。なお，生徒によっては2回目打数・3回目打数のいずれかの打数が未計測で記録がない場合がある。このような生徒の該当データには0が記録されている。データが0の場合は，その値以降は平均打数を算出する場合に含めないものとする。

2．第2図で表示される順位は，平均打数の降順に順位を求めている。

3．第1図のデータを読み，次の処理を行う。

　・　配列 Ten，配列 Namae にデータを記憶する。なお，データは追加分も含め50件以内とする。

配列

Ten	(0)	(1)	〜	(4)	(5)
(0)			〜		
(1)			〜		
〜	〜	〜	〜	〜	〜
(49)			〜		
	（生徒番号）	（1回目）	〜	（平均打数）	（順位）

Namae	
(0)	
(1)	
〜	〜
(49)	
	（生徒名）

　・　データを読み終えたあと，それぞれの平均打数を求め，平均打数の降順に順位をつける。

4．生徒番号をキーボードから入力し，生徒番号をもとに配列 Ten を探索し，次の処理を行う。

<該当データが見つかった場合>

　・　生徒名，1回目打数，2回目打数，3回目打数，平均打数と順位を表示する。

　・　データを更新する場合は，キーボードから1を入力し，1回目打数から3回目打数を入力する。その後，平均打数と順位を計算し表示する。1以外が入力された場合，更新せずに生徒番号の入力に戻る。

<該当データが見つからなかった場合>

　・　「該当データが見つかりません」と表示する。

　・　データを追加する場合は，キーボードから1を入力し，生徒名と1回目打数から3回目打数を入力する。その後，平均打数と平均打数の降順に順位を計算し表示する。1以外が入力された場合，追加せずに生徒番号の入力に戻る。

5．生徒番号に9999を入力すると処理を終了する。

6．データにエラーはないものとする。

解答群

ア．Ten（j，0）≠ Mei　　　　　　　イ．j < Ct − 1

ウ．Ten（y，5）　　　　　　　　　　エ．TsuikaKoushin ≠ 1

オ．Ten（k，m）> 0　　　　　　　　カ．m ≦ 3

キ．1 → Ten（x，5）　　　　　　　　ク．Ten（x，5）

ケ．Ten（x，y）　　　　　　　　　　コ．TsuikaKoushin = 1

サ．Ten（x，4）　　　　　　　　　　シ．Ten（y，4）

ス．j ≦ 49　　　　　　　　　　　　セ．j < Ct

ソ．Ten（j，0）= Sban　　　　　　　タ．m は 0 から 1 ずつ

チ．m < 3　　　　　　　　　　　　ツ．0 → Ten（x，5）

テ．Ten（k，m）= 0　　　　　　　　ト．Ten（j，0）≠ Sban

第3回模擬

<**流れ図**>

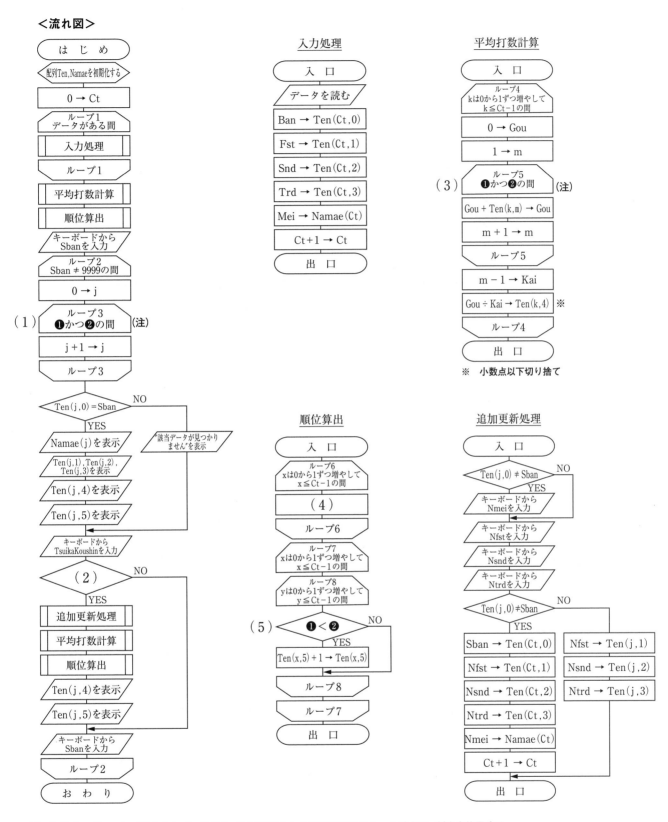

※　小数点以下切り捨て

(注)　条件式が「かつ」で複合されている場合，先に記述された条件式が偽になった時点で，判定を終了する。

(1)		(2)	(3)		(4)	(5)	
❶	❷		❶	❷		❶	❷

主催 公益財団法人 全国商業高等学校協会
情報処理検定模擬試験問題　第1級 （第4回）

制限時間60分

【1】 次の説明文に最も適した答えを解答群から選び，記号で答えなさい。

1．オブジェクト指向で，いくつかのオブジェクトに共通する性質を抜き出して，属性・手続きを一般化（抽象化）して新しく定義したもの。またはプログラムの単位。

2．国際標準化機構により制定された，異機種間のデータ通信を実現するためのネットワーク構造の設計方針に基づき，コンピュータなどの通信機器の持つべき機能を階層構造に分割したモデル。

3．印刷命令を送ってからプリンタが動き始めるまでの時間のように，コンピュータシステムに処理を指示してから，その処理が始まるまでに要する時間のこと。

4．音声データをパケット変換することで，インターネット回線などを音声通話に利用する技術。

5．一つの送信元から同一ネットワークに属するすべてのコンピュータに同時送信するためのアドレス。

解答群
ア．オブジェクト　　　　**イ**．VoIP　　　　　　**ウ**．ブロードキャストアドレス
エ．OSI参照モデル　　**オ**．RAID　　　　　　**カ**．スパイラルモデル
キ．レスポンスタイム　　**ク**．TCP/IP　　　　**ケ**．NAS
コ．ホストアドレス　　　**サ**．クラス　　　　　　**シ**．スループット

1		2		3		4		5	

【2】 次のA群の語句に最も関係の深い説明文をB群から選び，記号で答えなさい。

<A群>　1．HTTP　　　　　2．DMZ　　　　　　　3．アクセスログ
　　　　4．NAT　　　　　　5．運用・保守

<B群>
ア．Webサーバへアクセスした日付や時刻，アクセス元のIPアドレス，処理にかかった動作時間などを記録したもの。

イ．WebサーバとWebブラウザとの間で，HTML文書や関連した画像などのデータを送受信するためのプロトコル。

ウ．コンピュータシステムの一部に障害が発生した場合でも，業務に支障をきたすことなく継続運転させるために，システムを1台のコンピュータではなく，複数台のコンピュータでシステムを稼働するしくみ。

エ．コンピュータシステムの動作状態を記録したもの。何らかのトラブルが起こった場合など，その記録を確認して解決できる。

オ．ネットワークを介してファイルを転送するためのプロトコル。HTMLファイルをWebサーバへアップロードしたり，データやソフトウェアをダウンロードしたりするときなどに使われる。

カ．インターネットのグローバルアドレスとプライベートアドレスを相互に変換し，LAN内のコンピュータがインターネットを利用できるようにするためのアドレス変換の技術。

キ．メールサーバのメールボックスから電子メールを受信するために用いるプロトコル。

ク．開発したシステムの運用中に見つかった問題点を修正する作業や，システムを効率的に稼働させるための業務。

ケ．インターネットからの不正なアクセスから保護して，内部ネットワークへの被害の拡散を防止するために，インターネットや社内（内部）ネットワークからも隔離された区域（セグメント）のこと。

コ．電子メールをサーバ上で管理し，複数の端末で閲覧できるプロトコル。

1		2		3		4		5	

【3】　次の説明文に最も適した答えをア，イ，ウの中から選び，記号で答えなさい。なお，5．については数値を答えなさい。

1．8ビットの2進数 00001110 と 00001001 の積を 16 進数で表したもの。

　　　ア．7 C　　　　　　　　　　　　**イ**．7 D　　　　　　　　　　　**ウ**．7 E

2．有効数字の限りがある浮動小数点演算において，絶対値の大きい数と絶対値の小さい数の加減算を行ったとき，絶対値の小さい数が計算結果に反映されない誤差のこと。

　　　ア．情報落ち　　　　　　　　　　**イ**．桁落ち　　　　　　　　　　**ウ**．丸め誤差

3．人の心理的な弱みにつけ込んで，パスワードなどの秘密情報を不正に取得する方法の総称。

　　　ア．クロスサイトスクリプティング　　**イ**．SQLインジェクション　　**ウ**．ソーシャルエンジニアリング

4．インターネットを利用するにあたり，安全にやり取りするために広く普及しているデータの暗号化機能。

　　　ア．SSL　　　　　　　　　　　　**イ**．CIDR　　　　　　　　　　**ウ**．HTTP

5．10進数46を，8ビットの固定小数点形式による2進数に変換した後，2ビット右に算術シフトした結果に算術シフト前の値を加算した結果は，8ビットの2進数でいくらか。

1		2		3		4		5	

【4】　次の各問いに答えなさい。

　　問1．プログラムの説明を読んで，プログラムの(1)～(2)にあてはまる答えを解答群から選び，記号で答えなさい。

　　　　＜プログラムの説明＞

　　　　処理内容

　　　　　引数で渡された配列に記憶されている数値を並べ替えてディスプレイに表示する。

　　　　処理条件

　　　　1．配列 Ten には数値が記憶されている。なお，データ件数は n に記憶されている。

　　　　　配列

Ten	(0)	～	(n − 1)
	67	～	84

　　　　2．配列 Ten の数値を降順に並べ替える。

　　　　3．並べ替えが終わったら，配列 Ten の内容を表示する。

　　　　＜プログラム＞

```
Sub Program1(Ten() As Long, n As Long)
    Dim s As Long
    Dim t As Long
    Dim p As Long
    Dim Work As Long
    For s = n - 2 To 0 Step -1
        For t = 0 To s Step 1
            p = t + 1
            If        (1)        Then
                Work = Ten(t)
                Ten(t) = Ten(p)
                     (2)
            End If
        Next t
    Next s
    For n = 0 To n - 1
        MsgBox (Ten(n))
    Next n
End Sub
```

　　　　　　解答群

　　　　　ア．Ten(p) = Work

　　　　　イ．Ten(t) < Ten(p)

　　　　　ウ．Work = Ten(p)

　　　　　エ．Ten(t) > Ten(p)

問2．プログラムの説明を読んで，プログラムの(3)〜(5)にあてはまる答えを解答群から選び，記号で答えなさい。

＜プログラムの説明＞

処理内容

引数で渡された配列に記憶されている数値に順位をつけてディスプレイに表示する。

処理条件

１．配列 Kiroku には数値が記憶されている。なお，データ件数は n に記憶されている。

配列

Kiroku	(0)	〜	(n − 1)
	23.52	〜	24.37

２．配列 Jun を利用して，配列 Kiroku の昇順に順位をつける。なお，数値が同じ場合は同順位とする。

配列

Jun	(0)	〜	(n − 1)
		〜	

３．順位付けが終わったら配列 Kiroku と配列 Jun の内容を表示する。

＜プログラム＞

```
Sub Program2(Kiroku() As Double, Jun() As Long, n As Long)
    Dim j As Long
    Dim k As Long
    Dim m As Long
    Dim p As Long
    For j = 0 To n − 1
        (3)
    Next j
    For k = 0 To n − 2
        m = k + 1
        For    (4)
            If Kiroku(k) > Kiroku(p) Then
                解答不要
            Else
                If Kiroku(k) < Kiroku(p) Then
                    (5)
                End If
            End If
        Next p
    Next k
    For j = 0 To n − 1
        MsgBox (Kiroku(j) & " " & Jun(j))
    Next j
End Sub
```

解答群

ア．p = m To n − 1

イ．Jun(k) = Jun(k) + 1

ウ．Jun(p) = Jun(p) + 1

エ．Jun(j) = 0

オ．Jun(j) = 1

カ．p = m + 1 To n − 1

(1)		(2)		(3)		(4)		(5)	

【5】 流れ図の説明を読み，流れ図の(1)〜(5)にあてはまる答えを解答群から選び，記号で答えなさい。

＜流れ図の説明＞

処理内容

　来店ゲート入出者数データを読み，集計表をディスプレイに表示する。

入力データ

ゲートコード (GC) ××	記録開始時刻 (Jikoku) ××××	入者数 (NSuu) ×××	出者数 (SSuu) ×××

（第1図）

実行結果

（ゲート別入出者数集計）			
（ゲートコード）	（ゲート名）	（入者数）	（出者数）
A1	KAZE	710	690
A2	KAWA	710	730
B1	TAKI	530	530
C1	MORI	350	350
D1	SORA	480	480
（時間帯別入出者数集計）			
（時間帯）		（入者数）	（出者数）
10：00〜		60	20
10：30〜		110	70
11：00〜		160	110
11：30〜		210	190
12：00〜		260	260
〜		〜	〜

（第2図）

処理条件

1．第1図のデータは各ゲートの30分間ごとのデータであり，ゲートコードの昇順，さらに記録開始時刻の昇順に記録されている。なお，ゲートは5つある。

2．記録開始時刻は以下の例のように記録されている。

　例　10時　　　　→　1000
　　　10時30分　→　1030

3．1日の営業時間は10時から19時までであり，各ゲートのデータは，最大18件であるが，都合でゲートが封鎖されている時間帯がある場合にはその時間帯のデータはない。

4．配列 GCode にゲートコード，配列 GMei にゲート名を記憶する。なお，GCode と GMei は添字で対応している。配列 JTai に時間帯を記憶する。

　　配列

GCode

(0)	A1
～	～
(4)	D1

（ゲートコード）

GMei

(0)	KAZE
～	～
(4)	SORA

（ゲート名）

JTai

(0)	10：00〜
～	～
(17)	18：30〜

（時間帯）

5．第1図の入力データを読み，次の処理を行う。

　・　ゲートごとの入者数と出者数を集計する。

　　配列

JNKei

(0)	
～	～
(17)	

（時間帯別入者数）

JSKei

(0)	
～	～
(17)	

（時間帯別出者数）

6．入力データが終了したら，次の処理を行う。

　・　ゲートコードは配列 GCode から探索し，ゲートコード，ゲート名，入者数計，出者数計を表示する。

　・　時間帯別の入者数と出者数を配列 JNKei と JSKei に集計する。

　　なお，配列 JTai，JNKei，JSKei は添字で対応している。

7．データにエラーはないものとする。

解答群

ア．GCode(k) ≠ Hoz の間

イ．(Ji − 10) + Fun ÷ 30 → k

ウ．GCode(GC), GMei(k), NKei, SKei を表示する

エ．0 → Flag

オ．Jikoku → Hoz

カ．Hoz, GMei(k), NKei, SKei を表示する

キ．(Ji − 10) × 2 + Fun ÷ 30 → k

ク．GCode(k) ≠ GC の間

ケ．1 → Flag

コ．GC → Hoz

＜流れ図＞

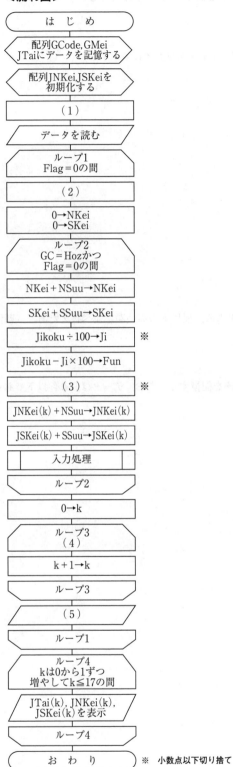

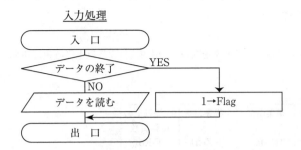

※　小数点以下切り捨て

(1)		(2)		(3)		(4)		(5)	

【6】 流れ図の説明を読んで，流れ図の(1)〜(5)にあてはまる答えを解答群から選び，記号で答えなさい。

<流れ図の説明>

処理内容

従業員数を記録したデータを読み，事業所別65歳以上従業員雇用率一覧表をディスプレイに表示する。

入力データ

事業所番号 (F-Co)	事業所名 (F-Mei)	全従業員数 (F-Zen)	65歳以上の 従業員数 (F-Ko)
×××××	× 〜 ×	××××	××××

(第1図)

実行結果

```
        (65歳以上従業員雇用率一覧表)
 (事業所番号)  (事業所名)  (雇用率)  (順位)
 ×××××  × 〜 ×   ×××    ×××
    〜       〜      〜      〜
```
(第2図)

処理条件

1. 第1図の入力データを読み，各事業所の65歳以上の従業員の雇用率を求め，雇用率の高い順に並べ替えたあと，順位をつけて表示する。

雇用率は次の計算式で求める。

雇用率 ＝ 65歳以上の従業員数 × 100 ÷ 全従業員数

2. 配列 K-Co に事業所番号，配列 K-Mei に事業所名，配列 K-Ritu に雇用率を記憶する。なお，データは500件以下であり，K-Co, K-Mei, K-Ritu の添字は対応している。

配列

```
K-Co    (0)   (1)        (500)
        ┌───┬───┬─〜─┬───┐
        └───┴───┴───┴───┘

K-Mei   (0)   (1)        (500)
        ┌───┬───┬─〜─┬───┐
        └───┴───┴───┴───┘

K-Ritu  (0)   (1)        (500)
        ┌───┬───┬─〜─┬───┐
        └───┴───┴───┴───┘
```

3. データにエラーはないものとする。

解答群

ア．$X \geq Ken - 1$

イ．$Max = L$

ウ．$Max - 1 \rightarrow M$

エ．$Max \neq L$

オ．$K\text{-}Ritu(Max) < K\text{-}Ritu(N)$

カ．$L + 1 \rightarrow M$

キ．$X + 1 \rightarrow Jun$

ク．$X \rightarrow Jun$

ケ．$X \leq Ken$

コ．$K\text{-}Ritu(Max) \geq K\text{-}Ritu(N)$

<流れ図>

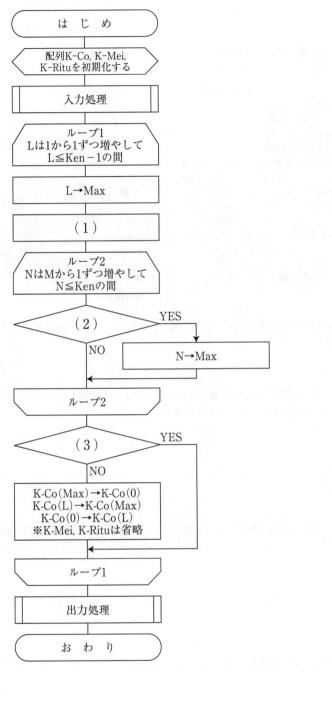

入力処理

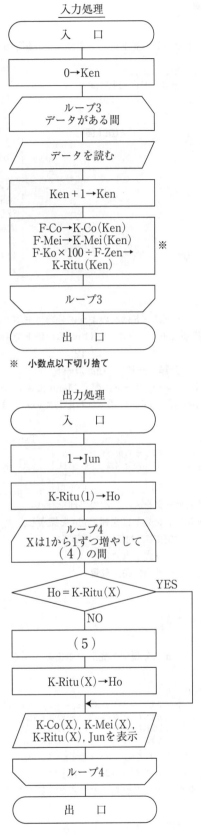

※ 小数点以下切り捨て

出力処理

(1)		(2)		(3)		(4)		(5)	

【7】 流れ図の説明を読んで，流れ図の(1)〜(5)にあてはまる答えを解答群から選び，記号で答えなさい。

＜流れ図の説明＞

処理内容

　ある飲食店の1か月分の売上データを読み，分類別集計結果とメニュー別売上一覧をディスプレイに表示する。

入力データ

伝票番号 (Ban)	メニューコード (Cd)	売上数量 (Su)
×××	×××	×××

(第1図)

実行結果

（分類別集計結果）
(和定食) 1,315,420
(洋定食) 1,012,780
(一品料理) 446,450
(ドリンク) 513,320
(分類コードをキーボードから入力) **3**

（メニュー別売上一覧）		
（メニュー名）	（単価）	（売上金額）
温泉玉子	650	73,450
枝豆	680	73,440
大根葉の漬物	520	57,200
〜	〜	〜
旬の煮魚	210	19,740
わかめの酢の物	200	18,400

(第2図)

処理条件

1. 第1図のメニューコードは次のように分類コードと商品コードで構成されている。また，分類コードは1（和定食）〜4（ドリンク）の4種類であり，メニューは60種類以下である。

　　例　112　→　<u>1</u>　　　　<u>12</u>
　　　　　　　　　分類コード　　商品コード

2. 配列 Code にメニューコード，配列 Menu にメニュー名，配列 Tanka に単価をメニューコードの昇順に記憶する。なお，配列 Code，Menu，Tanka の添字は対応している。また，変数 Ken にはメニュー件数を記憶する。

配列

	Code		Menu		Tanka
(0)	101	(0)	から揚げ定食	(0)	680
(1)	103	(1)	刺身定食	(1)	880
〜	〜	〜	〜	〜	〜
(60)		(60)		(60)	

3. 第1図の売上データを読み，次の処理を行う。

　・ メニューコードをもとに配列 Code を探索し，売上金額を求め，配列 Kin に集計する。なお，Kin の添字は配列 Code，Menu，Tanka の添字と対応している。

　　売上金額は次の計算式で求める。

　　売上金額 ＝ 単価 × 売上数量

	Kin
(0)	
(1)	
〜	〜
(60)	

　・ 配列 BunruiKin に分類別の売上金額を集計する。なお，BunruiKin の添字は分類コードから1マイナスした値と対応している。

	BunruiKin	
(0)		〔分類コード1のメニューの売上金額合計〕
(1)		〔分類コード2のメニューの売上金額合計〕
(2)		〔分類コード3のメニューの売上金額合計〕
(3)		〔分類コード4のメニューの売上金額合計〕

　・ 入力データが終了したら，配列 Code，Menu，Tanka，Kin を売上金額の降順に並べ替える。

　・ 分類別集計結果を第2図のように表示する。

4. 分類コードをキーボードから入力すると，第2図のように該当する分類コードのメニュー別売上一覧を，売上金額の降順に表示する。

5. データにエラーはないものとする。

<流れ図>

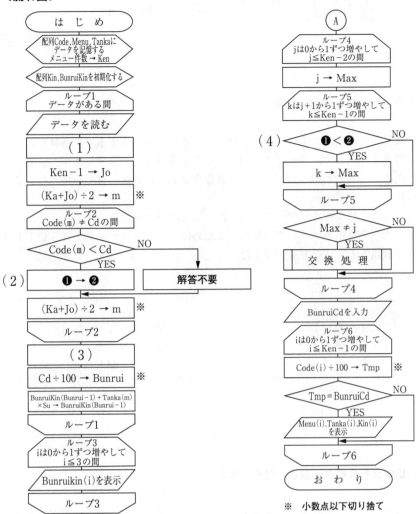

交換処理

※ 小数点以下切り捨て

解答群

ア．Code(j) → Code(Max)
イ．Code(Max) → Code(60)
ウ．Ken − 1 → Ka
エ．Jo
オ．Kin(m)
カ．Max
キ．Code(Max) → Code(j)
ク．Bunrui
ケ．Kin(Max)
コ．Kin(m) + Tanka(m) × Su → Kin(m)
サ．m − 1
シ．1 → Ka
ス．Kin(j)
セ．Ka
ソ．Code(60) → Code(Max)
タ．Kin(Bunrui) + Tanka(Bunrui) × Su → Kin(Bunrui)
チ．k
ツ．Kin(k)
テ．0 → Ka
ト．m + 1

(1)	(2)		(3)	(4)		(5)	
	❶	❷		❶	❷	❶	❷

主催 公益財団法人 全国商業高等学校協会
情報処理検定模擬試験問題　第1級 （第5回）

制限時間60分

【1】　次の説明文に最も適した答えを解答群から選び，記号で答えなさい。

1．コンピュータをネットワークに接続するときに，ＩＰアドレスなどを自動的に割り当てるプロトコル。
2．システム開発の初期段階から試作品を作成して，ユーザと確認をしながら進めていく開発モデル。
3．信頼性や処理速度を向上させるために，複数台のハードディスク装置を並列に組み合わせて一体化し，全体を一つのディスク装置のように扱う技術。
4．階層の上位から下位に節点をたどることによって，データを取り出すことができる構造。
5．音声や画像などのマルチメディアデータを電子メールで送受信するために，バイナリデータをＡＳＣＩＩコードに変換する方法や，データの種類を表現する方法などを規定したもの。

```
── 解答群 ──
ア．DHCP              イ．スパイラルモデル        ウ．木構造
エ．プロトタイピングモデル    オ．DMZ              カ．NAT
キ．ゲートウェイ          ク．RAID              ケ．シンクライアント
コ．SMTP              サ．ポインタ            シ．MIME
```

1		2		3		4		5	

【2】　次のＡ群の語句に最も関係の深い説明文をＢ群から選び，記号で答えなさい。

＜Ａ群＞　　1．MACアドレス　　　　2．リスクアセスメント　　　　3．グローバルＩＰアドレス
　　　　　　　4．ストライピング　　　5．NAS

＜Ｂ群＞
ア．会社や家庭などのＬＡＮ内部でコンピュータ機器を識別するための番号。ネットワークアドレス部とホストアドレス部で構成されている。
イ．コンピュータやプリンタをＬＡＮに接続するために必要な，ＬＡＮカードにつけられた固有の番号。
ウ．複数のディスクに同じデータを書き込むこと。
エ．ＴＣＰ／ＩＰのコンピュータネットワークに直接接続して使用するファイルサーバ。
オ．存在するリスクを認識し，リスクの大きさを評価すること。
カ．存在するリスクを管理し，損失などの回避，または低減をはかるプロセス。
キ．複数のディスクに分散してデータを書き込むこと。
ク．同一のネットワークグループ内で接続された個々のコンピュータ機器を識別するためのアドレス。
ケ．メニュー画面上の使用権限のない選択肢は選択できないようにするなど，ユーザが操作を誤ってもシステムの安全性と信頼性を保持するしくみ。
コ．インターネット上での住所にあたり，インターネットに接続されたコンピュータ機器を識別するための番号。インターネット上で通信を行うためには不可欠で，ほかのアドレスと重複しない一意のＩＰアドレスである。

1		2		3		4		5	

【3】 次の説明文に最も適した答えをア，イ，ウの中から選び，記号で答えなさい。なお，5．については数値を答えなさい。

1．10進数の113を16進数で表したもの。

　　　ア．1D　　　　　　　　　　**イ**．71　　　　　　　　　**ウ**．B3

2．システムの一部に修正や変更をしたときに，ほかの正常箇所に悪影響を及ぼさずに正しい結果が得られることを検証するテスト。

　　　ア．回帰テスト　　　　　　　**イ**．ボトムアップテスト　　**ウ**．トップダウンテスト

3．浮動小数点演算で，計算結果が0に極端に近くなり，有効数字の桁数が少なくなること。

　　　ア．情報落ち　　　　　　　　**イ**．補数　　　　　　　　　**ウ**．桁落ち

4．秘密鍵暗号方式とも呼ばれ，暗号化と復号に同一の鍵を用いる方式。

　　　ア．公開鍵暗号方式　　　　　**イ**．SSL　　　　　　　　　**ウ**．共通鍵暗号方式

5．あるプロジェクトの見積工数は50人月である。作業を開始した1月から4月末までは各月に10名を投入したが，4月末時点で36人月分の作業しか完了していない。5月末までに完了するためには，各月に投入される10名のほかに5月は最低何名の要員を追加する必要があるか。なお，追加される要員の作業効率は，4月までの要員と同じである。

1		2		3		4		5		名

【4】 次の各問いに答えなさい。

問1. プログラムの説明を読んで，プログラムの(1)～(2)にあてはまる答えを解答群から選び，記号で答えなさい。

＜プログラムの説明＞

処理内容
　引数で渡された配列に記憶されている数値を二分探索しディスプレイに表示する。

処理条件

1. 配列 Kcod には数値が降順に記憶されている。なお，データ件数はnに記憶されている。

　配列

Kcod

	(0)		~		(n－1)
	92		~		60

2. 入力された数値を探索し，見つかった場合は 見つかりました を，見つからなかった場合は 存在しません を表示する。

3. 「999」が入力されたら処理を終了する。

＜プログラム＞

```
Sub Program1(Kcod() As Long, n As Long)
  Dim Kazu As Long
  Dim Hi As Long
  Dim Lo As Long
  Dim Mi As Long
  Kazu = Val(InputBox("国コードを入力してください"))
  Do While Kazu <> 999
    Hi = n - 1
    Lo = 0
    Do While True
        (1)
      If Kcod(Mi) = Kazu Then
        MsgBox ("見つかりました")
        Exit Do
      Else
        If     (2)     Then
          Lo = Mi + 1
        Else
          Hi = Mi - 1
        End If
        If Hi < Lo Then
          MsgBox ("存在しません")
          Exit Do
        End If
      End If
    Loop
    Kazu = Val(InputBox("国コードを入力してください"))
  Loop
End Sub
```

解答群

ア. Kcod(Mi) > Kazu

イ. Mi = Int((Hi + Lo) / 2)

ウ. Kcod(Mi) < Kazu

エ. Mi = Int((Hi - Lo) / 2)

問2．プログラムの説明を読んで，プログラムの(3)～(5)にあてはまる答えを解答群から選び，記号で答えなさい。

＜プログラムの説明＞

処理内容

　引数で渡された配列に記憶されている数値を並べ替えてディスプレイに表示する。

処理条件

1．配列 Suion には数値が記憶されている。なお，データ件数は n に記憶されている。

　配列

Suion	(0)	～	(n − 1)
	28.2	～	26.5

2．配列 Suion の数値を昇順に並べ替える。

3．並べ替えが終わったら，配列 Suion の内容を表示する。

＜プログラム＞

```
Sub Program1(Suion() As Double, n As Long)
  Dim j As Long
  Dim i As Long
  Dim Temp As Double
  j = 1
  Do While j < n
    i = j - 1
    Do While   (3)
      If Suion(i) > Suion(i + 1) Then
        Temp = Suion(i + 1)
          (4)
        Suion(i) = Temp
      Else
        i = 0
      End If
      i = i - 1
    Loop
      (5)
  Loop
  For j = 0 To n - 1
    MsgBox (Suion(j))
  Next j
End Sub
```

```
─ 解答群 ─
  ア．j = j + 1
  イ．i <= 0
  ウ．j = j - 1
  エ．i >= 0
  オ．Suion(i + 1) = Suion(i)
  カ．Suion(i) = Suion(i + 1)
```

(1)		(2)		(3)		(4)		(5)	

【5】　流れ図の説明を読んで，流れ図の(1)～(5)にあてはまる答えを解答群から選び，記号で答えなさい。

<流れ図の説明>

処理内容

　　時間帯別，商品コード別の売上データを読み，時間帯別売上数量をディスプレイに表示する。

入力データ

時間 (Jk)	商品コード (Sc)	数量 (Su)
××××	××	×××

(第1図)

実行結果

(10時台)		(11時台)	～	(21時台)	
(商品コード)	(数量)	(商品コード)	(数量)	(商品コード)	(数量)
××	×××	××	×××	××	×××
～	～	～	～ ～	～	～
××	×××	××	×××	××	×××

(第2図)

処理条件

1．第1図の時間には，10時00分から21時59分までの時間が次のように記録されている。

例　時間　→　<u>14</u> <u>08</u>
　　　　　　　　時　　分

2．商品コードは1～40で，配列 Tsu の行の添字に対応している。

3．配列 Tsu の奇数(1, 3, 5, …, 23)の列には商品コードを昇順に記憶する。

4．第1図の入力データを読み，時間帯ごとの数量を，配列 Tsu の偶数(2, 4, 6, …, 24)の列にそれぞれ集計する。

配列

Tsu	(0)	(1)	(2)	(3)	(4)	～	(23)	(24)
(0)						～		
(1)		1	0	1	0	～	1	0
(2)		2	0	2	0	～	2	0
～	～	～	～	～	～	～	～	～
(40)		40	0	40	0	～	40	0

　　　　　　 (商品コード) (10時台) (商品コード) (11時台) ～ (商品コード) (21時台)

5．入力データが終了したら，各時間帯別に数量の降順に，商品コードとともにデータを並べ替え，時間帯別売上数量を表示する。

6．データにエラーはないものとする。

解答群

ア．$Tsu(Max, j) \geq Tsu(m, j)$

イ．$j + 1 \rightarrow n$

ウ．$Tsu(Max, j) \rightarrow Tsu(k, j)$

エ．$Jk \div 100 \rightarrow j$

オ．$Tsu(0, j) \rightarrow Tsu(k, j)$

カ．$m = Max$

キ．$k + 1 \rightarrow n$

ク．$Jk \rightarrow j$

ケ．$Tsu(j, Max) \geq Tsu(j, m)$

コ．$k = Max$

＜流れ図＞

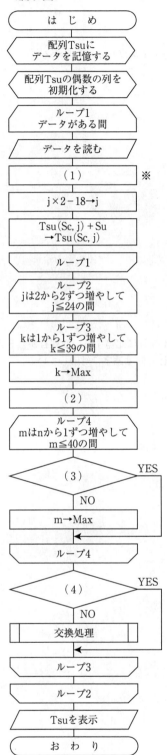

※　小数点以下切り捨て

交換処理

(1)		(2)		(3)		(4)		(5)	

【6】 流れ図の説明を読んで，流れ図(1)～(5)にあてはまる答えを解答群から選び，記号で答えなさい。

＜流れ図の説明＞

処理内容

　基礎力テストデータを読み，キーボードから入力した順位までに該当する生徒と人数をディスプレイに表示する。

入力データ

生徒番号 (SBan) ××	英語 (Eigo) ×××	数学 (Suugaku) ×××	国語 (Kokugo) ×××

（第1図）

実行結果

```
(何位まで表示するか入力)5
(生徒番号) (名前)   (英語) (数学) (国語) (合計) (順位)
   23    内山友之  100   100   100   300    1
   12    長瀬浩二  100    98   100   298    2
   14    堂本雅人   98   100   100   298    2
   18    松岡喜一   95    98    97   290    4
    6    国分紀子   93    97    98   288    5
   33    山口光一   98   100    90   288    5
39 （人中）  6 （人を表示しました）
```
（第2図）

処理条件

1．第1図の生徒番号は1～40までであり，生徒番号と名前は，配列 Kiso の0列目と1列目に記憶する。2列目から5列目には0を記憶し，欠席者は0点扱いとする。データの集計時は生徒番号と配列 Kiso の行方向は添字で対応している。

配列

Kiso	(0)	(1)	(2)	(3)	(4)	(5)	(6)
(0)							
(1)	1	木村一郎					
～	～	～	～	～	～	～	～
(40)	40	滝沢　翼					
	(生徒番号)	(名前)	(英語)	(数学)	(国語)	(合計)	(順位)

2．入力データは，欠席者を除くものであり，40人以内である。

3．第1図の入力データを読み，次の処理を行う。
　・英語，数学，国語の点数を配列 Kiso の2列目から4列目に記憶する。
　・英語，数学，国語の合計を5列目に求める。
　・データ件数を求める。

4．データが終了したら次の処理を行う。
　・合計の降順でデータを並べ替える。
　・6列目に順位を求める。同点は，同順位とする。
　・キーボードから，1位から何位までを表示するかを数字で入力する。
　・表示する順位までのデータを表示し，その件数を表示する。
　　※データ件数以上の数字が入力された場合には，データ件数分すべて表示する。

5．データにエラーはないものとする。

解答群

ア．39

イ．p − 1 → p

ウ．Kiso(k, 5) > Kiso(k + 1, 5)

エ．j ≦ Ken

オ．40

カ．Kiso(k, 5) < Kiso(k + 1, 5)

キ．Jyun + 1

ク．Kiso(j − 1, 6)

ケ．p + 1 → p

コ．j ≦ 39

＜流れ図＞

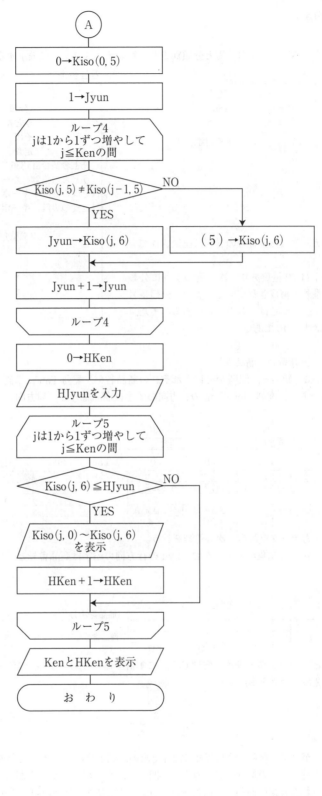

はじめ

配列Kisoに
データを記憶する

0→Ken

ループ1
データがある間

データを読む

Eigo→Kiso（SBan, 2）
Suugaku→Kiso（SBan, 3）
Kokugo→Kiso（SBan, 4）

Eigo + Suugaku + Kokugo
→Kiso（SBan, 5）

Ken + 1→Ken

ループ1

（1）→p

ループ2
jは1から1ずつ増やして
（2）の間

ループ3
kは1から1ずつ増やして
k≦pの間

（3） ── NO

YES

Kiso（k, 5）→Taihi

Kiso（k + 1, 5）→Kiso（k, 5）

Taihi→Kiso（k + 1, 5）

※ 省略
そのほかの列の交換作業

ループ3

（4）

ループ2

A

A

0→Kiso（0, 5）

1→Jyun

ループ4
jは1から1ずつ増やして
j≦Kenの間

Kiso（j, 5）≠ Kiso（j − 1, 5） ── NO

YES

Jyun→Kiso（j, 6）　　　（5）→Kiso（j, 6）

Jyun + 1→Jyun

ループ4

0→HKen

HJyunを入力

ループ5
jは1から1ずつ増やして
j≦Kenの間

Kiso（j, 6）≦HJyun ── NO

YES

Kiso（j, 0）〜Kiso（j, 6）
を表示

HKen + 1→HKen

ループ5

KenとHKenを表示

おわり

(1)	A	(2)		(3)		(4)		(5)	

【7】 流れ図の説明を読んで，流れ図の(1)～(5)にあてはまる答えを解答群から選び，記号で答えなさい。

＜流れ図の説明＞

処理内容

売上データを読み，売上集計一覧と分類別集計一覧をディスプレイに表示する。

入力データ

伝票番号 (No)	商品コード (Code)	数量 (Su)
××××	×××	×××

(第1図)

実行結果

(売上集計一覧)		
(分類)	(金額)	(割合：%)
うどん	161,900	48
そば	57,300	17
定食	116,950	34

(売上金額合計)336,150
(うどんの集計 キーボードから入力 1：集計 0：集計しない)1
(そばの集計 キーボードから入力 1：集計 0：集計しない)1
(定食の集計 キーボードから入力 1：集計 0：集計しない)1

(分類別集計一覧)		
(順位)	(商品名)	(数量)
1	肉うどん	46
2	わかめうどん	42
3	山菜うどん	28
3	ざるうどん	28
5	焼き飯定食	25

(第2図)

処理条件

1. 第1図のデータは伝票番号の昇順に記録されている。

2. 商品コードは30種類あり，次の例のように分類番号と商品番号で構成されている。なお，分類番号は1がうどん，2がそば，3が定食である。また，各商品番号は1～10である。

例 107 → <u>1</u>　　　<u>07</u>
　　　　　　分類番号　商品番号

3. 配列 Bmei に分類名を，配列 Mei にそれぞれの商品名を，配列 Tan に単価を商品番号の昇順に記憶する。なお，各商品は10種類ずつであり，配列 Mei，Tan の行方向の添字は商品番号と，列方向の添字は配列 Bmei と対応している。

配列

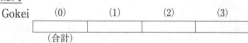

Bmei

(0)	(1)	(2)	(3)
	うどん	そば	定食

Mei

	(0)	(1)	(2)	(3)
(0)				
(1)		かけうどん	かけそば	うどん定食
～		～	～	～
(10)		ざるうどん	ざるそば	お子様定食
		(うどん)	(そば)	(定食)

Tan

	(0)	(1)	(2)	(3)
(0)				
(1)		500	500	700
～	～	～	～	～
(10)		550	550	750
		(うどん)	(そば)	(定食)

4. 第1図の入力データを読み，次の処理を行う。

・ 数量を配列 Syu に集計する。なお，Syu の行方向の添字は商品番号と，列方向の添字は配列 Bmei と対応している。

配列

Syu

	(0)	(1)	(2)	(3)	
(0)					
(1)					(商品番号1)
～	～	～	～	～	～
(10)					(商品番号10)
		(うどん)	(そば)	(定食)	

・ 分類ごとに売上金額を求め，配列 Gokei に集計する。なお，Gokei の添字は配列 Bmei の添字と対応しており，0番目には売上金額の合計を集計する。

配列

Gokei

(0)	(1)	(2)	(3)
(合計)			

5. 入力データが終了したら，分類ごとに割合を求め，売上集計一覧と売上金額合計を表示する。

6. うどんの集計，そばの集計，定食の集計に関して，キーボードから1が入力された分類を集計対象とする。配列 SortMei に1が入力された分類の商品名，配列 SortSu に1が入力された分類の数量を記憶する。なお，いずれにも1が入力されなかったときは「分類チェックエラー」と表示して終了する。

配列

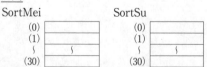

SortMei

(0)
(1)
～
(30)

SortSu

(0)
(1)
～
(30)

7. 配列 SortMei と配列 SortSu を数量の降順に並べ替える。

8. 分類別集計一覧を第2図のように表示する。なお，数量が同数の場合は同順位とし，うどん，そば，定食の商品番号の昇順で表示する。

9. データにエラーはないものとする。

＜流れ図＞

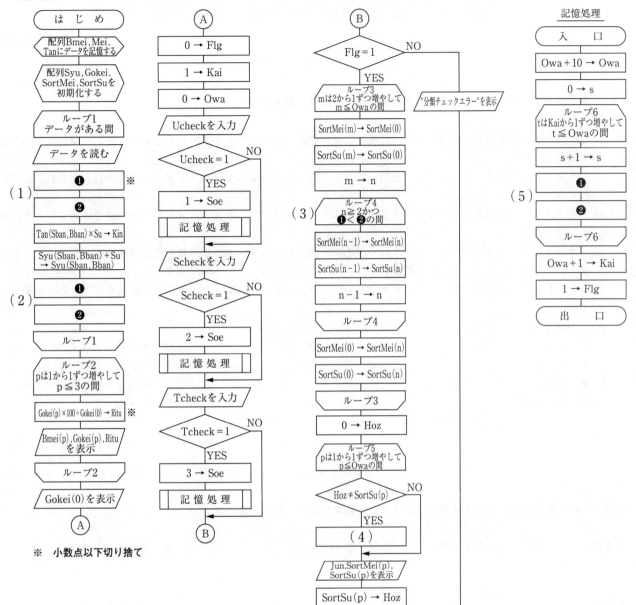

＜流れ図＞

はじめ
→ 配列Bmei, Mei, Tanにデータを記憶する
→ 配列Syu, Gokei, SortMei, SortSuを初期化する
→ ループ1 データがある間
→ データを読む
→ (1) ❶ ※
→ ❷
→ Tan(Sban, Bban) × Su → Kin
→ Syu(Sban, Bban) + Su → Syu(Sban, Bban)
→ (2) ❶
→ ❷
→ ループ1
→ ループ2 pは1から1ずつ増やして p≦3の間
→ Gokei(p) × 100 ÷ Gokei(0) → Ritu ※
→ Bmei(p), Gokei(p), Ritu を表示
→ ループ2
→ Gokei(0)を表示
→ A

※　小数点以下切り捨て

A
→ 0 → Flg
→ 1 → Kai
→ 0 → Owa
→ Ucheckを入力
→ Ucheck = 1 （NO→）
→ YES 1 → Soe
→ 記憶処理
→ Scheckを入力
→ Scheck = 1 （NO→）
→ YES 2 → Soe
→ 記憶処理
→ Tcheckを入力
→ Tcheck = 1 （NO→）
→ YES 3 → Soe
→ 記憶処理
→ B

B
→ Flg = 1 （NO→ "分類チェックエラー"を表示）
→ YES
→ ループ3 mは2から1ずつ増やして m≦Owaの間
→ SortMei(m) → SortMei(0)
→ SortSu(m) → SortSu(0)
→ m → n
→ ループ4 (3) n≧2かつ ❶ < ❷ の間
→ SortMei(n−1) → SortMei(n)
→ SortSu(n−1) → SortSu(n)
→ n−1 → n
→ ループ4
→ SortMei(0) → SortMei(n)
→ SortSu(0) → SortSu(n)
→ ループ3
→ 0 → Hoz
→ ループ5 pは1から1ずつ増やして p≦Owaの間
→ Hoz ≠ SortSu(p) （NO→）
→ YES （4）
→ Jun, SortMei(p), SortSu(p)を表示
→ SortSu(p) → Hoz
→ ループ5
→ おわり

記憶処理
入口
→ Owa + 10 → Owa
→ 0 → s
→ ループ6 tはKaiから1ずつ増やして t≦Owaの間
→ s+1 → s
→ (5) ❶
→ ❷
→ ループ6
→ Owa + 1 → Kai
→ 1 → Flg
出口

解答群

ア．Syu(t, Soe) → SortSu(t)
イ．Code − Bban × 10 → Sban
ウ．Syu(s, Soe) → SortSu(t)
エ．SortSu(m)
オ．Code − Bban × 100 → Sban
カ．Syu(Soe, s) → SortSu(t)
キ．Gokei(Sban) + Kin → Gokei(Sban)
ク．Jun + 1 → Jun
ケ．Code ÷ 100 → Sban
コ．Gokei(0) + Kin → Gokei(0)
サ．Mei(s, Soe) → SortMei(t)
シ．p → Jun
ス．Code ÷ 100 → Bban
セ．Code ÷ 10 → Bban
ソ．SortSu(n − 1)
タ．SortSu(n)
チ．SortSu(0)
ツ．Gokei(Bban) + Kin → Gokei(Bban)
テ．Mei(Soe, s) → SortMei(t)
ト．SortSu(n + 1)

(1)		(2)		(3)		(4)	(5)	
❶	❷	❶	❷	❶	❷		❶	❷

主催 公益財団法人 全国商業高等学校協会
情報処理検定模擬試験問題　第1級 （第6回）

制限時間60分

【1】 次の説明文に最も適した答えを解答群から選び，記号で答えなさい。

1．プログラムの品質を高めるために，作成したそれぞれのプログラムが設計したとおりに正しく動作するかを確認する開発工程。
2．IPアドレスとサブネットマスクを用いてネットワークアドレス部とホストアドレス部の長さを柔軟に設定するしくみ。
3．電子メールを送信者のコンピュータからメールサーバへ送信するときや，メールサーバ間で転送するときに用いるプロトコル。
4．オンラインショッピングなどでやり取りする個人情報などのデータを暗号化して，ブラウザを介してインターネット上で安全に送受信するための機能。
5．TCP／IPを利用したネットワークにおいて，アプリケーションソフトウェアの識別を行うための番号。

――― 解答群 ―――
ア．SMTP	**イ**．HTTP	**ウ**．ホワイトボックステスト
エ．CIDR	**オ**．DMZ	**カ**．IPv6
キ．POP	**ク**．テスト	**ケ**．ブラックボックステスト
コ．ポート番号	**サ**．IPv4	**シ**．SSL

1		2		3		4		5	

【2】 次のA群の語句に最も関係の深い説明文をB群から選び，記号で答えなさい。

＜A群＞　1．プライベートIPアドレス　　2．スタブ　　　　　　　3．サブネットマスク
　　　　　　4．キュー　　　　　　　　　5．DNS

＜B群＞
　ア．インターネット上の住所にあたり，インターネットに接続されたコンピュータ機器を識別するための番号。インターネット上で通信を行うために必要で，ほかのアドレスと重複しない一意の番号である。
　イ．後に記録したデータを先に読み出すデータ構造。
　ウ．同一のネットワークグループ内で接続された個々のコンピュータ機器を識別するためのアドレス。
　エ．トップダウンテスト方式でプログラムを開発するときのテスト用のモジュールのこと。
　オ．会社や家庭などのLAN内部でコンピュータ機器を識別するための番号。ネットワークアドレス部とホストアドレス部で構成されている。
　カ．音声データをパケットに変換し，インターネットを通して音声通話を実現する技術。インターネット電話などに利用されている。
　キ．先に記録したデータを先に読み出すデータ構造。
　ク．ネットワークに接続されたコンピュータのドメイン名とIPアドレスを互いに変換するしくみ。
　ケ．ボトムアップテスト方式でプログラムを開発するときのテスト用のモジュールのこと。
　コ．ネットワークをいくつかの小さなネットワークに区切る際に，コンピュータに割り当てるIPアドレスの範囲を限定させるための32ビットのビットパターン。

1		2		3		4		5	

【3】　次の説明文に最も適した答えをア，イ，ウの中から選び，記号で答えなさい。なお，５．については記述しなさい。

1．10進数の58を2進化10進数で表したもの。

　　ア．10101000　　　　　　　　　**イ**．00111010　　　　　　　　　**ウ**．01011000

2．次の回路図において，Aに 1，Bに 0 を入力したとき，出力されるC，Dの組み合わせはどれか。

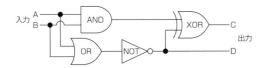

　　ア．C＝0，D＝0　　　　　　　　**イ**．C＝1，D＝0　　　　　　　　**ウ**．C＝1，D＝1

3．インターネット回線上に作られる仮想の専用線。

　　ア．ＶＰＮ　　　　　　　　　　　**イ**．ＶｏＩＰ　　　　　　　　　　**ウ**．ＴＣＰ／ＩＰ

4．ＭＴＢＦを求める計算式。

　　ア．修理時間の合計 ÷ 稼働時間の合計　　**イ**．修理時間の合計 ÷ 故障回数　　**ウ**．稼働時間の合計 ÷ 故障回数

5．16ビットの2進数nを16進数の各桁に分けて，下位の桁から順にスタックに格納するために，次の①〜③を4回繰り返す。
　　①　nと16進数000Fの論理積をxに求める。
　　②　xをスタックに格納する。
　　③　nを⬚する。
　　⬚で行う操作を答えなさい。

1		2		3		4		5	

【4】　次の各問いに答えなさい。

問1．プログラムの説明を読んで，プログラムの(1)～(2)にあてはまる答えを解答群から選び，記号で答えなさい。

＜プログラムの説明＞

処理内容

　引数で渡された配列に記憶されている数値を並べ替えてディスプレイに表示する。

処理条件

1．配列 Bsc には数値が記憶されている。なお，データ件数は Ken に記憶されている。

配列

Bsc	(0)	～	(Ken − 1)
	157	～	298

2．配列 Bsc の数値を降順に並べ替える。

3．並べ替えが終わったら，配列 Bsc の内容を表示する。

＜プログラム＞

```
Sub Program1(Bsc() As Long, Ken As Long)
  Dim n As Long
  Dim Max As Long
  Dim k As Long
  Dim j As Long
  Dim Work As Long
  Dim i As Long
  For n = 0 To Ken - 2
    Max = n
    k = n + 1
    For j = k To Ken - 1
      If ┌─ (1) ─┐ Then
        Max = j
      End If
    Next j
    If n <> Max Then
      ┌─ (2) ─┐
      Bsc(Max) = Bsc(n)
      Bsc(n) = Work
    End If
  Next n
  For i = 0 To Ken - 1
    MsgBox (Bsc(i))
  Next i
End Sub
```

解答群

ア．Bsc(Max) = Work

イ．Bsc(Max) < Bsc(j)

ウ．Work = Bsc(Max)

エ．Bsc(Max) > Bsc(j)

問2．プログラムの説明を読んで，プログラムの⑶～⑸にあてはまる答えを解答群から選び，記号で答えなさい。

＜プログラムの説明＞

処理内容

　引数で渡された配列に記憶されている数値に順位をつけてディスプレイに表示する。

処理条件

1．配列 Suri には数値が記憶されている。なお，データ件数は n に記憶されている。

配列

Suri	(0)	～	(n − 1)
	4984666	～	1583729

2．配列 Suri の数値の降順に順位をつけ，配列 Suri の内容と順位を表示する。

＜プログラム＞

```
Sub Program2(Suri() As Long, n As Long)
   Dim x As Long
   Dim Jhozon As Long
   Dim y As Long
   For x = 0 To n - 1
        (3)
     For   (4)
       If Not Suri(y) <= Suri(x) Then
          (5)
       End If
     Next y
     MsgBox (Suri(x) & " " & Jhozon)
   Next x
End Sub
```

解答群

ア．y = 0 To n - 1

イ．Jhozon = Jhozon + 1

ウ．Jhozon = Jhozon - 1

エ．Jhozon = 0

オ．y = 1 To n - 1

カ．Jhozon = 1

---

(1)		(2)		(3)		(4)		(5)		

【5】 流れ図の説明を読んで，流れ図の(1)〜(5)にあてはまる答えを解答群から選び，記号で答えなさい。

<流れ図の説明>

処理内容

ある旅行会社のこの先１か月のツアー予約状況データを読み，予約状況一覧表をディスプレイに表示する。

入力データ

ツアー番号 (Tuban)	ツアー名 (Tumei)	定員 (Tin)	予約者数 (Ysu)	最少催行人数 (Minsu)
×××××	×〜×	××	××	××

(第１図)

実行結果

(予約状況一覧表)

(エリア)	(目的地)	(ツアー名)	(定員)	(予約者数)	(最少催行人数)	(予約状況)
欧州	オランダ	ゆったり芸術作品めぐり	50	28	20	空席あり
		花を感じる癒しの７日間	30	30	15	満席
			(合 計)	58		
	≀		≀	≀	≀	
	ドイツ	環境都市に学ぶエコツアー	60	19	20	人員不足
		≀	≀	≀	≀	≀
			(合 計)	49		
	≀					
≀						

(第２図)

処理条件

1．第１図のデータは，ツアー番号の昇順に記録されている。なお，ツアー番号は次の例のように構成されており，エリア番号は１〜６，目的地番号は１〜40 である。

例 21003 → 2 10 03

エリア番号 目的地番号 連番

2．配列 Amei にエリアを，配列 Mmei に目的地を記憶する。なお，Amei の添字はエリア番号と対応し，Mmei の添字は目的地番号と対応している。

配列

Amei

(0)	(1)	(2)	〜	(5)	(6)
	欧州	アジア	〜	北中米	ハワイ

Mmei

(0)	(1)	(2)	〜	(39)	(40)
	オランダ	ドイツ	〜	オアフ島	マウイ島

3．第１図の入力データを読み，次の処理を行う。

- エリアが変わるごとにエリアを，目的地が変わるごとに目的地を表示する。
- 目的地ごとのツアー名，定員，予約者数，最少催行人数，予約状況を表示する。
- 予約状況は，予約者数が定員いっぱいの場合は 満席 を，予約者数が最少催行人数に足りない場合は 人員不足 を表示する。それ以外の場合は 空席あり を表示する。
- 目的地ごとの予約者数を集計し，その結果を表示する。

4．データにエラーはないものとする。

解答群

ア．Mban → Mhoz
イ．Aban ≠ Ahoz
ウ．Tuban を表示
エ．Mkei + Ysu → Mkei
オ．Mban → Ahoz
カ．Ysu ＞ Minsu
キ．Aban ＝ Ahoz
ク．Mkei を表示
ケ．Ysu ＜ Minsu
コ．Mkei + Tin → Mkei

＜流れ図＞

```
        ┌─────────────────┐
        (    は じ め     )
        └─────────────────┘
        ╱配列Amei, Mmeiに  ╲
        ╲データを記憶する  ╱
        ┌─────────────────┐
        │     0→Sw        │
        └─────────────────┘
        ╱  データを読む   ╱
        ┌─────────────────┐
        │Tuban÷10000→Aban │ ※
        └─────────────────┘
        ┌─────────────────┐
        │(Tuban−Aban×10000)│ ※
        │  ÷100→Mban      │
        └─────────────────┘
        ╱   ループ1        ╲
        ╲   Sw＝0の間      ╱
        ╱ Amei(Aban)を表示 ╱
        ┌─────────────────┐
        │   Aban→Ahoz     │
        └─────────────────┘
        ╱   ループ2        ╲
        ╲ Sw＝0かつ（1）の間╱
        ╱ Mmei(Mban)を表示 ╱
        ┌─────────────────┐
        │   0→Mkei        │
        └─────────────────┘
        ┌─────────────────┐
        │     （2）        │
        └─────────────────┘
        ╱   ループ3              ╲
        ╲ Sw＝0かつMban＝Mhozの間╱
        ┌─────────────────┐
        │"空席あり"→Yjokyo │
        └─────────────────┘
```

Tin＝Ysu — NO → （3） — NO →
- YES
- YES（for (3)）

```
  解答不要        解答不要
```

```
        ╱Tumei, Tin, Ysu,   ╱
        ╱Minsu, Yjokyoを表示╱
        ┌─────────────────┐
        │     （4）        │
        └─────────────────┘
```

データの終了 — NO → データを読む
- YES

```
  1→Sw      Tuban÷10000→Aban  ※
            (Tuban−Aban×10000)  ※
              ÷100→Mban
```

```
        ╲   ループ3        ╱
        ╱    （5）         ╱
        ╲   ループ2        ╱
        ╲   ループ1        ╱
        ┌─────────────────┐
        (    お わ り     )   ※ 小数点以下切り捨て
        └─────────────────┘
```

(1)		(2)		(3)		(4)		(5)	

【6】 流れ図の説明を読んで，流れ図の(1)～(5)にあてはまる答えを解答群から選び，記号で答えなさい。

＜流れ図の説明＞

処理内容

　パン販売データを読み，売上集計表をディスプレイに表示する。

入力データ

商品コード (Sco) ×××	1日の売上数量 (Usu) ××××

(第1図)

実行結果

（売上集計表）			
（商品コード）（パン　名）		（利益）	（順位）
101	ホテルブレッド	1,560	18
102	食パン	1,890	15
201	あんぱん	4,240	6
202	ジャムパン	1,440	19
203	メロンパン	4,235	7
204	クリームパン	1,860	16
205	レーズンパン	810	20
206	かにぱん	3,360	10
207	コロネ	4,515	4
301	カレーパン	6,300	1
302	焼きそばパン	1,750	17
303	デンマークパン	2,550	14
304	タマゴサンド	4,360	5
305	ハムサンド	3,360	10
306	ソーセージパン	3,280	12
307	ピザパン	3,840	8
308	ベーコンエビ	2,835	13
309	コロッケパン	5,625	2
310	お好み焼きパン	3,570	9
311	マカロニパン	4,690	3

(第2図)

処理条件

1. 第1図の商品コードは20種類あり，商品ごとの1日の売上数量が記録されている。
2. 次の各配列にデータを記憶する。
   - 配列 Skei に商品コードの昇順に商品コード，1日あたりの製造原価，販売単価を記憶する。
   - 配列 Mei にパン名を記憶する。なお，配列 Mei の添字は，配列 Skei の行の添字と対応している。

配列

Skei	(0)	(1)	(2)	(3)	(4)
(0)	101	5640	400		
(1)	102	7210	350		
～	～	～	～	～	～
(19)	311	6860	210		

（商品コード）（製造原価）（販売単価）（利益）（順位）

配列

Mei	
(0)	ホテルブレッド
～	～
(19)	マカロニパン

（パン名）

3. 第1図の入力データを読み，次の処理を行う。
   - 入力データの商品コードをもとに配列 Skei を検索し，該当する商品の利益を求め，配列 Skei の3列目に記録する。
   - 利益は次の計算式で求める。

     利益 ＝ 販売金額（※）－ 製造原価

     ※販売金額 ＝ 販売単価×1日の売上数量

4. 入力データが終了したら利益の降順に順位をつけ，商品コード，パン名，利益，順位を表示する。
5. データにエラーはないものとする。

解答群

ア．Skei(j, 3) ＜ Skei(k, 3)

イ．Mi － 1 → Hi

ウ．1 → Skei(j, 4)

エ．j → Skei(j, 4)

オ．Mi ＋ 1 → Lo

カ．j ＜ 19

キ．Hkin － Skei(Mi, 1) → Skei(Mi, 3)

ク．Skei(j, 3) ＞ Skei(k, 3)

ケ．j ≦ 19

コ．Hkin － Skei(Mi, 1) × Usu → Skei(Mi, 3)

<流れ図>

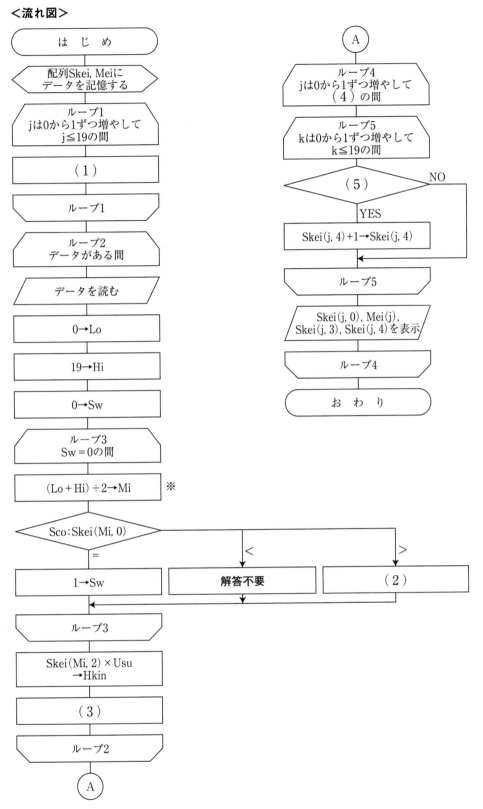

はじめ

配列Skei, Meiに
データを記憶する

ループ1
jは0から1ずつ増やして
j≦19の間

（1）

ループ1

ループ2
データがある間

データを読む

0→Lo

19→Hi

0→Sw

ループ3
Sw＝0の間

(Lo＋Hi)÷2→Mi　※

Sco：Skei(Mi, 0)

＝　　＜　　＞

1→Sw　　解答不要　　（2）

ループ3

Skei(Mi, 2)×Usu
→Hkin

（3）

ループ2

A

A

ループ4
jは0から1ずつ増やして
（4）の間

ループ5
kは0から1ずつ増やして
k≦19の間

（5）　NO

YES

Skei(j, 4)＋1→Skei(j, 4)

ループ5

Skei(j, 0), Mei(j),
Skei(j, 3), Skei(j, 4)を表示

ループ4

おわり

※　小数点以下切り捨て

(1)		(2)		(3)		(4)		(5)	

【7】 流れ図の説明を読んで，流れ図の(1)～(5)にあてはまる答えを解答群から選び，記号で答えなさい。

＜流れ図の説明＞

処理内容

ある商業高校における検定試験合格者データを読み，検定試検合格状況一覧，及び履歴書記載事項をディスプレイに表示する。

入力データ

合格者番号 （Gban）	検定番号 （Kban）	合格級 （Gkyu）	合格年月日 （Gnen）
××××××××	×	×	××××××××

(第1図)

実行結果

```
（表示する学科区分を入力）1

（行番号）   （生徒番号）   （生徒氏名）   （検定試験合格状況一覧）
                                         （ビ計）（管）（簿）（ビ文）（英）（情）（商）（財）
   1        12020001      生田友結        0    0    2    0    3    1    1    0
   2        12020002      池永司          3    1    2    3    1    2    2    0
   〜          〜            〜           〜   〜   〜   〜   〜   〜   〜   〜
  283       12020283      梅本芽世        1    1    2    1    1    3    2    0
（表示する学科区分を入力）0
（行番号を入力）1

（生徒番号）12020001
（生徒氏名）生田友結
（合格年）      （月）                （履歴書記載事項）
                                   （検定名）            （級）
  2021          1                  簿記実務検定           2
  2021          12                 英語検定              3
  2022          1                  商業経済検定           1
  2022          9                  情報処理検定           1
（行番号を入力）0
```

(第2図)

処理条件

1. 生徒番号は，次の例のように構成されており，学科は以下の3学科が設置され，下記のように番号がつけられている。

    例　12020001 → <u>1</u>　　2020　　001
    　　　　　　　　学科番号　入学年度　整理番号
    1：ビジネス経済科　　　2：ビジネス会計科　　　3：ビジネス情報科
    また，全学科の総生徒数が999名を超えることはない。

2. 第1図の合格者番号は合格した生徒の生徒番号である。なお，検定番号は次の検定と対応しており，合格級は1級2級3級のいずれかが1～3の数値データとして記憶されている。
    1：ビジネス計算実務検定　　2：管理会計検定　　3：簿記実務検定　　4：ビジネス文書実務検定
    5：英語検定　　　　　　　　6：情報処理検定　　7：商業経済検定　　8：財務会計検定
    また，合格年月日は次のように構成されている。

    例　20200101 → 2020　01　01
    　　　　　　　　　年　月　日

3. 配列 Kmei に検定名を記憶する。なお，Kmei の添字は検定番号と対応している。

配列	(0)	(1)		(8)
Kmei		ビジネス計算実務検定	〜	財務会計検定

4. 配列 Sban に生徒番号，配列 Smei に生徒氏名を記憶する。なお，生徒番号は昇順に記憶されており，Sban と Smei の添字は対応している。

配列	Sban		Smei
(0)		(0)	
(1)	12020001	(1)	生田友結
〜	〜	〜	〜
(999)		(999)	

5. 第1図の入力データを読み，合格者番号をもとに配列 Sban を探索し，配列 Skyu に合格級を検定別に記憶する。なお，複数の級に合格している場合には上位の級を記憶する。また，併せて配列 Snen に合格年月日を記憶する。Skyu と Snen の行方向の添字は Sban の添字と，列方向の添字は検定番号と対応している。

    配列

Skyu	(0)	(1)	〜	(8)
(0)			〜	
(1)			〜	
〜	〜	〜	〜	〜
(999)			〜	
	(ビジネス計算実務検定)	〜	(財務会計検定)	

Snen	(0)	(1)	〜	(8)
(0)			〜	
(1)			〜	
〜	〜	〜	〜	〜
(999)			〜	
	(ビジネス計算実務検定)	〜	(財務会計検定)	

6. 入力データが終了したら表示する学科区分を入力し，第2図のように検定試験合格状況一覧を表示する。なお，表示する学科区分に0を入力すると，最後に表示された学科区分について次の処理に進む。

7. 履歴書記載事項を表示したい行番号を入力すると次の処理を行う。なお，行番号に0を入力すると処理を終了する。
    ・ 配列 R を利用して合格年月日の昇順に並べ替える。なお，合格年月日が同じ場合は検定番号の昇順とする。

R	(0)	(1)	〜	(8)	
(0)			〜		
(1)			〜		（検定番号）
(2)			〜		（合格級）
(3)			〜		（合格年月日）

    ・ 行番号に該当する生徒に関する履歴書記載事項を第2図のように表示する。

8. データや入力する学科区分，行番号にエラーはないものとする。

＜流れ図＞

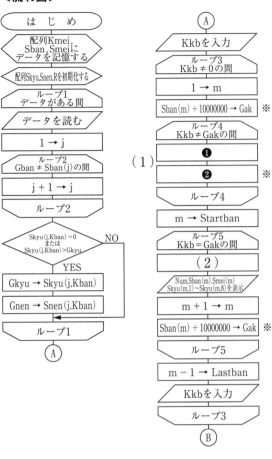

はじめ

配列Kmei,Sban,Smeiにデータを記憶する

配列Skyu,Snen,Rを初期化する

ループ1
データがある間

データを読む

1 → j

ループ2
Gban ≠ Sban(j)の間

j + 1 → j

ループ2

Skyu(j,Kban) = 0 または Skyu(j,Kban) > Gkyu ─ NO

YES

Gkyu → Skyu(j,Kban)

Gnen → Snen(j,Kban)

ループ1

Ⓐ

Ⓐ

Kkbを入力

ループ3
Kkb ≠ 0 の間

1 → m

Sban(m) ÷ 10000000 → Gak ※

ループ4
Kkb ≠ Gakの間

（1） ❶

❷ ※

ループ4

m → Startban

ループ5
Kkb = Gakの間

（2）

Num,Sban(m),Smei(m) Skyu(m,1)〜Skyu(m,8)を表示

m + 1 → m

Sban(m) ÷ 10000000 → Gak ※

ループ5

m − 1 → Lastban

Kkbを入力

ループ3

Ⓑ

Ⓑ

Bangoを入力

ループ6
Bango ≠ 0 の間

Startban + Bango − 1 → m

ループ7
kは1から1ずつ増やして k ≦ 8の間

k → R(1,k)

Skyu(m,k) → R(2,k)

Snen(m,k) → R(3,k)

ループ7

ループ8
sは1から1ずつ増やして s ≦ 7の間

s → min

ループ9
tはs + 1から1ずつ増やして t ≦ 8の間

（3） ❶ > ❷ ─ NO

YES

t → min

ループ9

min ≠ s ─ NO

YES

ループ10
iは1から1ずつ増やして i ≦ 3の間

R(i,s) → R(i,0)

（4） ❶

❷

ループ10

ループ8

Ⓒ

Ⓒ

Sban(m)を表示

Smei(m)を表示

ループ11
pは1から1ずつ増やして p ≦ 8の間

R(2,p) > 0 ─ NO

YES

（5） ❶ ※

❷ ※

Nen,Tsuki,Kmei(R(1,p)), R(2,p)を表示

ループ11

Bangoを入力

ループ6

おわり

※　小数点以下切り捨て

解答群

ア．Sban(Gak) ÷ 10000000 → Gak

イ．m − 1 → m

ウ．Sban(Kkb) ÷ 10000000 → Gak

エ．m − Lastban + 1 → Num

オ．R(3, p) ÷ 10000 → Nen

カ．R(3, t)

キ．R(min, 3)

ク．R(i, s) → R(i, min)

ケ．m + 1 → m

コ．R(3, min)

サ．R(i, 0) → R(i, min)

シ．m − Startban → Num

ス．(R(3, p) − Nen × 10000) ÷ 100 → Tsuki

セ．Sban(m) ÷ 10000000 → Gak

ソ．R(i, min) → R(i, s)

タ．R(3, p) → Nen

チ．m − Startban + 1 → Num

ツ．R(3, p) − Nen × 10000 → Tsuki

テ．R(t, 3)

ト．R(i, s) → R(i, min)

	(1)		(2)		(3)		(4)		(5)
	❶	❷		❶	❷	❶	❷	❶	❷

主催 公益財団法人 全国商業高等学校協会

情報処理検定模擬試験問題 **第1級**（第7回）

制限時間60分

【1】 次の説明文に最も適した答えを解答群から選び，記号で答えなさい。

1．複数のモジュールから構成されるプログラムを下位モジュールから順にテストする際，上位モジュールの代替となるもの。

2．障害を発生させないように，個々の部品を高品質なもので構成することにより，全体の信頼性を高める設計思想。

3．電子メールにおいて，宛先のサーバにメールを送信したり，転送したりする際に用いるプロトコル。

4．記憶領域に格納されているデータのうち，最後に格納されたデータから取り出されるデータ構造。

5．試作品に対し，ユーザからの評価によって，改良を加えながら開発を行う手法。

```
─ 解答群 ─
ア．SMTP           イ．フォールトトレラント      ウ．フェールセーフ
エ．IMAP           オ．プロトタイピングモデル      カ．ドライバ
キ．スタック        ク．ウォータフォールモデル      ケ．キュー
コ．スタブ          サ．フォールトアボイダンス      シ．リスト
```

1		2		3		4		5	

【2】 次のA群の語句に最も関係の深い説明文をB群から選び，記号で答えなさい。

＜A群＞ 　1．負荷テスト　　　　　2．外部設計　　　　　　　3．桁落ち
　　　　　　　4．パケットフィルタリング　5．レスポンスタイム

＜B群＞

ア．ネットワーク通信において，送信元アドレスやポート番号などの情報をもとに，データを通過させるか破棄するかを判断するセキュリティ機能。

イ．コンピュータシステムに大量のデータを処理させたり，アクセスを集中させたりすることで，耐久能力などを調べるテスト。

ウ．インターネットを安全に利用するため，送受信するデータの作成者が本人であることや，そのデータが改ざんされていないことを確認できるしくみ。

エ．極端に絶対値の差が大きい数値同士の加減算を行った結果，絶対値の小さい数値が無視されてしまう現象。

オ．コンピュータシステムに処理の要求を出してから，実行結果の最初の応答が得られるまでの時間。

カ．開発したシステムが，顧客から要求された処理時間や処理能力を満たしているかを検証するテスト。

キ．システム開発において，システムの全体像を捉え，要求される項目を調査・分析・整理する工程。

ク．浮動小数点演算において，加減算をした結果が0に非常に近くなったときに，有効数字の桁数が極端に少なくなる現象。

ケ．システム開発において，要件定義に基づき，入出力画面や帳票などを設計する工程。

コ．コンピュータシステムに処理の要求を出してから，すべての実行結果が得られるまでの時間。

1		2		3		4		5	

【3】　次の説明文に最も適した答えをア，イ，ウの中から選び，記号で答えなさい。なお，5．については数値を答えなさい。

1．16進数のFF.7を10進数で表したもの。

　　　ア．255.4375　　　　　　　　イ．272.4375　　　　　　　ウ．272.5

2．0番地から始まるように作成された機械語プログラムが，8000番地にコピーして実行されるとき正常に動作するプログラム呼び出し方法。

　　　ア．リカーシブ　　　　　　　イ．リエントラント　　　　　ウ．リロケータブル

3．10進数の各桁を，2進数の4桁ずつにして表したもの。

　　　ア．固定小数点形式　　　　　イ．2進化10進数　　　　　ウ．浮動小数点形式

4．インターネットなどで，リアルタイムに音声データを送受信するための技術。

　　　ア．VoIP　　　　　　　　　　イ．MIME　　　　　　　　　ウ．Cookie

5．装置A，装置Bから構成されるシステムがあり，いずれか一方の装置が正常に稼働していればシステムは稼働する。装置Aの稼働率が0.9であり，装置Bの稼働率が0.95であるとき，システム全体の稼働率はいくらか。

1		2		3		4		5	

【4】　次の各問いに答えなさい。

問1．プログラムの説明を読んで，プログラムの(1)～(2)にあてはまる答えを解答群から選び，記号で答えなさい。

　　＜プログラムの説明＞

処理内容

　引数で渡された配列に記憶されている駅番号を探索し，結果をディスプレイに表示する。

処理条件

1．配列 Sban には駅番号が昇順に記憶されている。なお，データの件数は n に記憶されている。

配列

Sban	(0)	(1)	～	(n)
		Aki1	～	Sen4

2．キーボードから入力された駅番号をもとに配列 Sban を探索し，見つかった場合は 営業中 を，見つからなかった場合は 廃止 を表示する。

＜プログラム＞

```
Sub Program1(Sban() As String, n As Long)
  Dim eki As String
  Dim j As Long
  Dim k As Long
  Dim c As Long
  eki = InputBox("")
  j = n
  k = 1
  c = Int((j + k) / 2)
  Do While j >= k And Sban(c) <> eki
    If    (1)    Then
      j = c - 1
    Else
      k = c + 1
    End If
    c = Int((j + k) / 2)
  Loop
  If    (2)    Then
    MsgBox ("営業中")
  Else
    MsgBox ("廃止")
  End If
End Sub
```

```
──解答群──────────────────
 ア．Sban(c) < eki
 イ．j >= k
 ウ．Sban(c) > eki
 エ．j < k
```

問2. プログラムの説明を読んで，プログラムの(3)〜(5)にあてはまる答えを解答群から選び，記号で答えなさい。

＜プログラムの説明＞

処理内容

　引数で渡された配列に記憶されている数値のグループ数をディスプレイに表示する。

処理条件

1. 配列 Sban には数値が昇順に記憶されている。なお，データ件数は n 件であり，配列の最後にはデータの終了を示す 999 が記憶されている。

配列

Sban	(0)	(1)	〜	(n − 2)	(n − 1)
	101	101	〜	104	999

2. 同じ数値ごとにグループ分けをする。ただし，1グループあたりの個数がキーボードから入力された値を上回った場合は別グループとする。
3. グループ数を表示する。

＜プログラム＞

```
Sub Program2(Sban() As Long)
    Dim nin As Long
    Dim grp As Long
    Dim i As Long
    Dim work As Long
    Dim ninc As Long
    nin = Val(InputBox(""))
    ┌─────────┐
    │   (3)   │
    └─────────┘
    i = 0
    Do While Sban(i) <> 999
        work = Sban(i)
        ninc = 1
        grp = grp + 1
        Do While Sban(i) <> 999 And Sban(i) = work And ┌────(4)────┐
            i = i + 1
            ┌─────────┐
            │   (5)   │
            └─────────┘
        Loop
    Loop
    MsgBox (grp)
End Sub
```

┌─── **解答群** ─────────────────────────┐

ア. ninc = ninc + 1

イ. grp = 1

ウ. ninc < nin

エ. ninc <= nin

オ. grp = 0

カ. grp = grp + 1

└──────────────────────────────────┘

(1)		(2)		(3)		(4)		(5)	

【5】　流れ図の説明を読んで，流れ図の(1)～(5)にあてはまる答えを解答群から選び，記号で答えなさい。

＜流れ図の説明＞

処理内容

　衛星放送の7～9時台の視聴データを読み，時間帯別視聴率をディスプレイに表示する。

入力データ

時間帯 (Ji) ×	チャンネル (Ch) ××

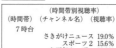（第1図）

実行結果

```
                  (時間帯別視聴率)
(時間帯)  (チャンネル名)   (視聴率)
 7時台
        さきがけニュース   19.0%
        スポーツ2        15.6%
        お天気ウェザー    10.0%
        趣味の世界        7.8%
        スポーツ1         6.8%
        アニメプラス       4.6%
        バラエティテレビ    3.6%
        ヒットパレード      2.2%
        ムービー劇場       2.0%
        ショッピング       1.0%
 8時台
        お天気ウェザー     9.4%
        さきがけニュース    5.8%
        スポーツ2         3.0%
        スポーツ1         3.0%
        アニメプラス       2.6%
        バラエティテレビ    2.2%
        趣味の世界        1.0%
        ムービー劇場       0.8%
        ヒットパレード      0.6%
        ショッピング       0.6%
 9時台
        ムービー劇場      10.0%
        ショッピング       9.4%
        お天気ウェザー     5.2%
        さきがけニュース    3.8%
        スポーツ1         3.8%
        スポーツ2         3.2%
        趣味の世界        3.2%
        バラエティテレビ    2.6%
        アニメプラス       1.2%
        ヒットパレード      0.6%       (第2図)
```

処理条件

1．第1図のデータは，視聴した時間帯および視聴したチャンネルが記録されている。なお，チャンネルについては，その時間帯に一番長時間視聴したチャンネルが記録されている。

　また，今回の視聴率調査の対象は500世帯であり，第1図のデータには，その時間帯に衛星放送を視聴していた世帯のみのデータが記録されている。

2．時間帯には7（7時台），8（8時台），9（9時台），チャンネルには1～10のチャンネル番号が記録されている。

3．第1図の入力データを読み，配列 Syu に時間帯別にチャンネルごとに視聴者数を集計する。なお，Syu の行方向の添字は時間帯に，列方向の添字はチャンネルに対応している。

配列

Syu	(0)	(1)	(2)	～	(10)	
(0)				～		(7時台)
(1)				～		(8時台)
(2)				～		(9時台)

（1チャンネル）（2チャンネル）　～　（10チャンネル）

4．入力データが終了したら，配列 Syu を時間帯別に視聴者数の降順に，あわせて配列 ChKioku も並べ替える。

5．チャンネル名は，視聴者数の並べ替えの処理を行う前にあらかじめ，配列 ChKioku(1)～(10)へ番号順に記憶する。

配列

ChKioku
(0)	
(1)	
～	～
(10)	

6．並べ替えが終わったら，時間帯ごとにチャンネル名，視聴率を表示する。視聴率は次の計算式によって求める。

　　視聴率 ＝ 視聴者数計 × 100 ÷ 500

7．データにエラーはないものとする。

```
─ 解答群 ─
ア．k ≦ 9                          イ．k ≦ 10

ウ．k = Max                        エ．m → Max

オ．Syu(j, k) × 100 ÷ 500 → Ritu   カ．n → Max

キ．Syu(Ji − 7, Ch) + 1 → Syu(Ji − 7, Ch)   ク．Syu(j, m) × 100 ÷ 500 → Ritu

ケ．ChKioku(Ch) → Syu(Ji − 7, Ch)   コ．k ≠ Max
```

＜流れ図＞

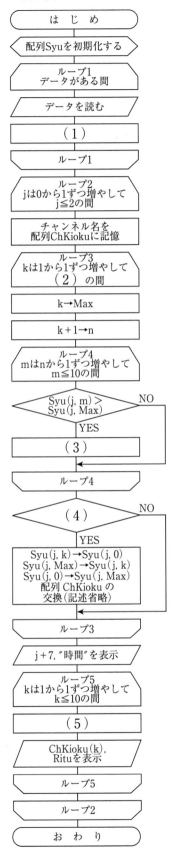

(1)		(2)		(3)		(4)		(5)	

【6】　流れ図の説明を読んで，流れ図(1)～(5)にあてはまる答えを解答群から選び，記号で答えなさい。

＜流れ図の説明＞

処理内容

　　1か月の販売データを読み，キーボードから入力された平均購入単価の下限と上限の金額から絞り込み，会員の平均購入単価一覧表をディスプレイに表示する。

入力データ

伝票番号 (DBan) ×××	商品コード (SCode) ×××	購入数量 (HSuu) ×××	会員番号 (KBan) ××

（第1図）

実行結果

（下限値を入力)**500**			
（上限値を入力)**700**			
（会員番号）	（購入金額合計）	（購入数量合計）	（平均購入単価）
6	8,000	11	700
14	1,100	2	600
16	4,500	7	600
17	1,900	3	600
18	1,900	3	600
21	1,100	2	600
（利用会員数）　46　（人中）　6　（人を表示しました）			

（第2図）

処理条件

1．第1図のデータの会員は50名であり，入力データには1件に一つの商品データが記録されている。

2．商品は30種類あり，配列 ShoCode に商品コードを，配列 Tanka に単価を記憶する。

　　なお，配列 ShoCode と Tanka は添字で対応している。

配列

ShoCode		Tanka	
(0)	101	(0)	100
～	～	～	～
(29)	130	(29)	3500
（商品コード）		（単価）	

3．第1図のデータを読み，次の処理を行う。

・　商品コードをもとに単価を探索し，会員の購入金額を次の式で求める。

　　購入金額 ＝ 単価 × 購入数量

・　購入金額，購入数量を配列 Shukei に会員ごとに集計する。配列 Shukei の行方向の添字が会員番号と対応している。

配列

Shukei	(0)	(1)	(2)
(0)			
(1)			
～	～	～	～
(50)			
	（購入金額合計）	（購入数量合計）	（平均購入単価）

・　平均購入単価は，会員が購入した1か月の平均の金額であり，集計した値をもとに，次の式で計算する。

　　平均購入単価 ＝ 購入金額合計 ÷ 購入数量合計　（100円未満四捨五入）

・　今月の利用会員数を数え，会員絞り込みの際に表示する。

4．入力データが終了したら，キーボードから入力された平均購入単価の下限と上限から会員を絞り込み，表示する。

5．キーボードから下限値に0が入力されたら処理を終了する。

6．データにエラーはないものとする。

解答群

ア．ShoCode(k) ≦ SCode の間

イ．RiyoSuu ＋ 1 → RiyoSuu

ウ．Shukei(k , 0) ＋ Tanka(k) × HSuu → Shukei(k , 0)

エ．0

オ．ShoCode(k) ≠ SCode の間

カ．Kagen

キ．9999

ク．j ＋ 1 → j

ケ．Shukei(KBan, 0) ＋ Tanka(k) × HSuu → Shukei(KBan , 0)

コ．Jogen

＜流れ図＞

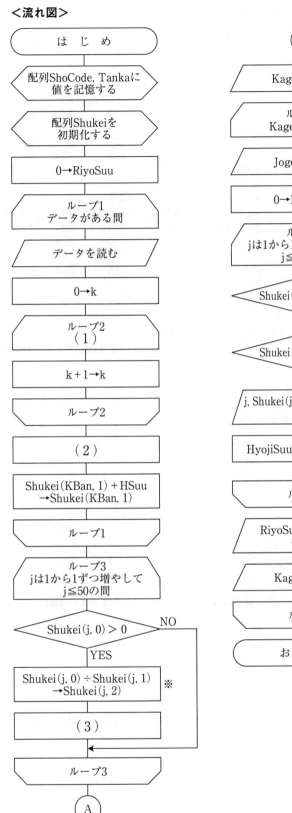

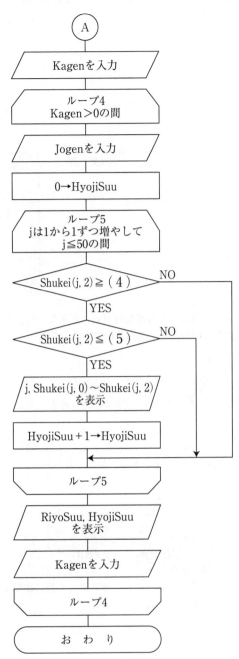

※　100円未満四捨五入

(1)		(2)		(3)		(4)		(5)	

【7】 流れ図の説明を読んで，流れ図の⑴～⑸にあてはまる答えを解答群から選び，記号で答えなさい。

＜流れ図の説明＞

処理内容

　ある駅間の時刻料金データを読み，分析結果をディスプレイに
表示する。

入力データ

経路 (Keiro)	出発時刻 (Sji)	到着時刻 (Tji)	運賃 (Unchin)
×	××××	××××	××××

(第1図)

実行結果

```
(現在時刻入力)1000
(分析コード入力)1
                    (到着時刻順)
(オススメ)  (出発時刻)  (到着時刻)  (運賃)    (経路)
    1        1024      1046     3210    新幹線
    2        1040      1207     1340    福-仙
    2        1007      1207     1400    福-槻-仙
    4        1251      1713     1340    福-山-仙
(現在時刻入力)1000
(分析コード入力)2
                    (運賃順)
(オススメ)  (出発時刻)  (到着時刻)  (運賃)    (経路)
    1        1040      1207     1340    福-仙
    1        1251      1713     1340    福-山-仙
    3        1007      1207     1400    福-槻-仙
    4        1024      1046     3210    新幹線
                        ～
```

(第2図)

処理条件

1．第1図の経路には，1～4あり，各経路とも出発時刻順に到着し，同経路で追い越すことはない。

2．第1図のデータは，経路と出発時刻の昇順に記録されている。なお，出発時刻，到着時刻は次のように数値4桁(時間2桁・分2桁)で構成されている。

　例　1030　→　<u>10</u> <u>30</u>
　　　　　　　　時　分

3．配列 Ntbl に経路内容を記憶する。なお Ntbl の添字は経路と対応している。

配列

Ntbl	(0)	(1)	(2)	(3)	(4)
		福-仙	福-山-仙	福-槻-仙	新幹線

4．第1図の入力データを読み，配列 Ttbl に記憶する。なお，入力データは65件である。

配列

Ttbl	(0)	(1)	(2)	(3)
(0)				
(1)				
～	～	～	～	～
(65)				
	(経路)	(出発時刻)	(到着時刻)	(運賃)

5．入力データが終了したら，次の処理を行う。

・　キーボードから現在時刻が入力されたら，現在時刻以降で直近に出発するデータを各路線から1本ずつ配列 Work に記憶する。なお，9999 が入力されたら処理を終了する。

配列

Work	(0)	(1)	(2)	(3)
(0)				
(1)				
～	～	～	～	～
(4)				
	(経路)	(出発時刻)	(到着時刻)	(運賃)

・　キーボードから分析コードが入力されたら，配列 Work を利用し，1の場合は到着時刻を，2の場合は運賃をそれぞれ基準として昇順で並べ替え，分析結果の昇順に順位をつける。

・　分析結果を第2図のように表示する。なお，順位はオススメとして表示する。

6．データや入力される値にエラーはないものとする。

＜流れ図＞

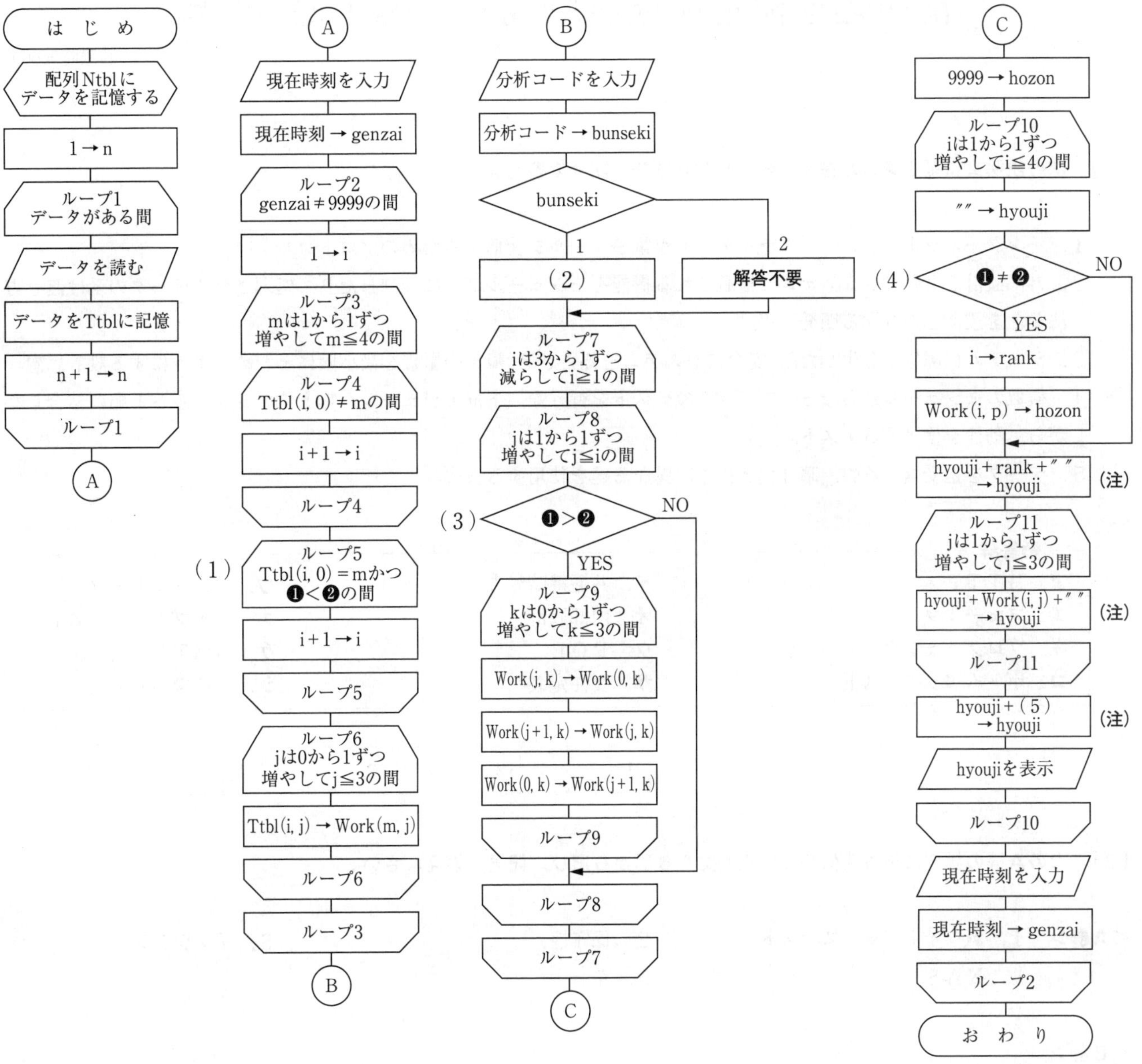

(注) ここでの「+」は，文字列結合を意味する。

解答群

ア．Work(j − 1, p)　　イ．Ttbl(i, 1)
ウ．2 → p　　エ．Work(i + 1, p)
オ．rank　　カ．Work(j + 1, p)
キ．Ntbl(Work(i, 0))　　ク．Ntbl(i)
ケ．Ttbl(m, 2)　　コ．Work(i, p)
サ．3 → p　　シ．Work(p + 1, j)
ス．hozon　　セ．Ttbl(i, 2)
ソ．Work(p, i)　　タ．Work(j, p)
チ．Ntbl(Work(j, 0))　　ツ．Work(p, j)
テ．Ttbl(m, 1)　　ト．genzai

(1)		(2)	(3)		(4)		(5)
❶	❷		❶	❷	❶	❷	

主催 公益財団法人 全国商業高等学校協会

情報処理検定模擬試験問題　第1級 (第8回)

制限時間60分

【1】 次の説明文に最も適した答えを解答群から選び，記号で答えなさい。

1．インターネットにおいて，クライアントが電子メールを受信するためのプロトコル。

2．外部設計をもとに，システムに搭載される機能をモジュールごとに分割したり，処理されるデータの受け渡し方法などを設計したりする開発工程。

3．システムに障害が発生した際，安全にシステムを停止させ，障害の影響を最小限にとどめるようにする設計思想。

4．複数のモジュールからなるプログラムのテストを行う際，下位モジュールから上位モジュールへと順に結合しながら，動作を検証するテスト。

5．データを送受信する際，暗号化と復号に異なる鍵を使用する方式。

解答群

ア．HTTP	イ．共通鍵暗号方式	ウ．フェールセーフ
エ．フェールソフト	オ．内部設計	カ．トップダウンテスト
キ．プログラミング	ク．POP	ケ．SMTP
コ．ボトムアップテスト	サ．要件定義	シ．公開鍵暗号方式

1		2		3		4		5	

【2】 次のA群の語句に最も関係の深い説明文をB群から選び，記号で答えなさい。

＜A群＞　1．ホワイトボックステスト　　2．保守性　　3．インシデント

　　　　　　4．NAS　　5．キュー

＜B群＞

ア．ファイルサーバの機能を持ち，直接ネットワークに接続して使用する補助記憶装置。

イ．RASISが示す指標の一つで，障害が発生した際に速やかに復旧できることや，メンテナンスのしやすさを表すもの。

ウ．RASISが示す指標の一つで，システムが継続して稼働し，安定して処理を実行できることを示す指標。

エ．クライアント側には必要最低限の機能だけを持たせ，サーバ側でソフトウェアなどの資源を集中管理するシステム。

オ．入力したデータと出力結果のみに着目し，設計したとおりの出力結果が得られるかを検証するテスト。

カ．情報管理やシステム運用に関して保安上の脅威となる事象。

キ．記憶領域に格納されているデータのうち，先に格納されたデータから取り出されるデータ構造。

ク．あらかじめ定義されたコンピュータプログラムやデータ構造などを，メインメモリ上に展開して，処理や実行できる状態にしたもの。

ケ．プログラムの内部構造に着目し，さまざまな入力データに対して，仕様書どおりにプログラムが正しく実行されるかを検証するテスト。

コ．記憶領域に格納されているデータのうち，最後に格納されたデータから取り出されるデータ構造。

1		2		3		4		5	

【3】　次の説明文に最も適した答えをア，イ，ウの中から選び，記号で答えなさい。なお，5．については数値を答えなさい。

1．10進数の12を2進化10進数で表したもの。

　　ア．00001100　　　　　　　イ．00010010　　　　　　　ウ．00100001

2．ネットワークに接続されたコンピュータのドメイン名とIPアドレスを互いに変換するプロトコル。

　　ア．DMZ　　　　　　　　　イ．DNS　　　　　　　　　ウ．NAT

3．極端に絶対値の差が大きい数値同士の加減算を行った結果，絶対値の小さい数値が無視されてしまう現象。

　　ア．桁落ち　　　　　　　　　イ．丸め誤差　　　　　　　ウ．情報落ち

4．システムの一部に修正や変更をしたことによって，ほかの正常箇所に悪影響を及ぼさずに正しい結果が得られることを検証するテスト。

　　ア．回帰テスト　　　　　　　イ．結合テスト　　　　　　ウ．機能テスト

5．200Mbpsの通信回線を利用して900MBのデータを転する時間が48秒であった。この通信回線の伝送効率は何％か。なお，その他の外部要因は考えないものとする。ただし，$1MB = 10^6B$とする。

1		2		3		4		5		%

【4】 次の各問いに答えなさい。

問1．プログラムの説明を読んで，プログラムの(1)～(2)にあてはまる答えを解答群から選び，記号で答えなさい。

＜プログラムの説明＞

処理内容

引数で渡された配列に記憶されている数値を降順に順位付けを行い，ディスプレイに表示する。

処理条件

1．配列 Ten には数値が記憶されている。なお，データ件数は n に記憶されている。

配列

Ten	(0)	(1)	～	(n − 1)
	67	48	～	84

2．配列 Ten の数値に降順で順位付けを行う。

3．順位付けが終わったら，順位および配列 Ten の内容を表示する。

＜プログラム＞

```
Sub Program1(Ten() As Long, n As Long)
  Dim i As Long
  Dim j As Long
  Dim rnk As Long
  For i = 0 To n - 1
    rnk = 1
    For j =      (1)
      If      (2)      Then
        rnk = rnk + 1
      End If
    Next j
    MsgBox (rnk & Ten(i))
  Next i
End Sub
```

解答群

ア．1 To n - 1

イ．0 To n - 1

ウ．Ten(i) < Ten(j)

エ．Ten(i) > Ten(j)

問2． プログラムの説明を読んで，プログラムの(3)～(5)にあてはまる答えを解答群から選び，記号で答えなさい。

＜プログラムの説明＞

処理内容

　引数で渡された配列に記憶されている数値を降順に並べ替える。

処理条件

1．配列 Bsc に整数値が記憶されている。なお，データ件数は n に記憶されている。

　配列

Bsc	(0)	～	(n − 1)
	157	～	208

2．配列 Bsc の降順に並べ替えてディスプレイに表示する。

3．並べ替えの際は配列の先頭，後方からを交互に行うものとする。

＜プログラム＞

```
Sub Program2(Bsc() As Long, n As Long)
  Dim i As Long
  Dim work As Long
  Dim st As Long
  Dim en As Long
  Dim s As Long
  Dim hz As Long
  st = 0
     (3)
  s = 1
  Do While en <> st
    For    (4)
      If (Bsc(i) * s) < (Bsc(i + s) * s) Then
        work = Bsc(i + s)
        Bsc(i + s) = Bsc(i)
        Bsc(i) = work
      End If
    Next i
    hz = en
    en = st + s
    st = hz
       (5)
  Loop
  For i = 0 To n - 1
    MsgBox (Bsc(i))
  Next i
End Sub
```

解答群

ア．s = s * -1

イ．en = n − 1

ウ．en = n − 2

エ．i = st To en Step 1

オ．s = s + 1

カ．i = st To en Step s

(1)		(2)		(3)		(4)		(5)	

【5】 流れ図の説明を読んで，流れ図の(1)～(5)にあてはまる答えを解答群から選び，記号で答えなさい。

＜流れ図の説明＞

処理内容

販売データを読み，商品販売一覧をディスプレイに表示する。

入力データ

商品コード (Hcode) ×××	販売数量 (Hsuu) ××

（第1図）

実行結果

	（商品販売一覧）		
（商品名）	（販売数量）	（販売金額）	（割合）
○◇△△○	8	16000	4.1
○○□△△	8	16000	4.1
□○△□△	14	14000	3.5
○△○○○	7	14000	3.5
△◇◇△△	11	13200	3.3
⁀	⁀	⁀	⁀
◇◇○△△	9	1350	0.3
△○□○□	6	660	0.1

（第2図）

処理条件

1. 配列 Scode に商品コードを昇順に記憶する。また，配列 Sname に商品名，配列 Stan に商品単価を記憶する。商品は50種類ある。

   なお，Scode，Sname，Stan は添字で対応している。

   配列

	Scode		Sname		Stan
(0)	101	(0)	○○○○○	(0)	100
(1)	105	(1)	△△○△△	(1)	110
⁀	⁀	⁀	⁀	⁀	⁀
(48)	504	(48)	◇◇○□◇	(48)	2100
(49)	506	(49)	□△△○□	(49)	2300

2. 第1図のデータを読み，配列 Scode から商品コードを探索し，対応する商品単価をもとに販売金額を求め，配列 Hanbai の0列目に販売数量，1列目に販売金額を集計する。

   なお，Hanbai の行方向の添字は配列 Scode，Sname，Stan の添字と対応している。

   配列

Hanbai	(0)	(1)
(0)		
(1)		
⁀	⁀	⁀
(48)		
(49)		
	（販売数量）	（販売金額）

3. 入力データが終了したら，第2図のように配列 Hanbai に集計した販売金額の降順に商品名，販売数量，販売金額，金額合計に対する販売金額の割合を表示する。割合は次の式で計算する。

   割合 ＝ 販売金額 × 100 ÷ 販売金額合計

   なお，販売金額が同じ場合，商品コードの昇順とする。また，すべての商品について販売があったものとする。

4. データにエラーはないものとする。

解答群

ア． 0 → Hanbai(Hoz, 1)

イ． Hanbai(m, 1) ＋ Hsuu → Hanbai(m, 0)

ウ． k は 0 から 1 ずつ増やして k ≦ 49

エ． 50 → k

オ． Scode(m) ＞ Hcode

カ． Hanbai(m, 0) ＋ Hsuu → Hanbai(m, 0)

キ． 999 → Hanbai(Hoz, 1)

ク． k は 1 から 1 ずつ増やして k ≦ 49

ケ． Scode(m) ＜ Hcode

コ． 49 → j

<流れ図>

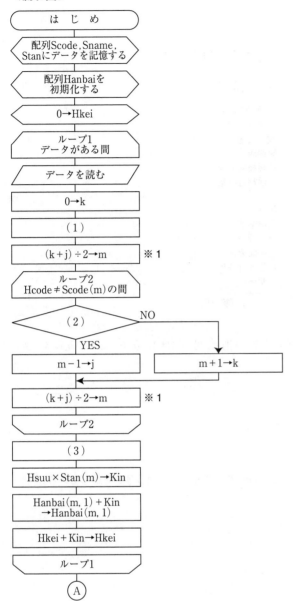

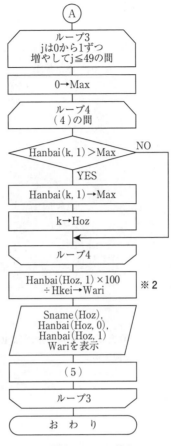

※1　小数点以下切り捨て

※2　小数第2位以下切り捨て

(1)		(2)		(3)		(4)		(5)	

【6】 流れ図の説明を読んで，流れ図の(1)～(5)にあてはまる答えを解答群から選び，記号で答えなさい。

＜流れ図の説明＞

処理内容

文化祭企画投票データを読み，文化祭人気企画ベスト５をディスプレイに表示する。

入力データ

企画番号 (Kcod) ××	性別 (Sei) ×

(第１図)

実行結果

（文化祭人気企画ベスト５）		
（順位）	（企画番号）	（企画名）
（男子）　1	40	お化け屋敷
2	10	吹奏楽部
3	23	模擬店
4	37	情報技術研究部
5	18	修学旅行特集
（女子）　1	38	縁日
2	10	吹奏楽部
3	25	演劇部
4	30	漫画研究部
5	18	修学旅行特集
5	20	バザー

(第２図)

処理条件

1．第１図の企画番号は１～40あり，文化祭の企画は40種類ある。また，性別は，男子には１，女子には２が記録されている。

2．配列 Kikaku に企画名を記憶する。

配列

Kikaku

(0)	
(1)	ラビットハウス
～	
(40)	お化け屋敷

（企画名）

3．第１図の入力データを読み，配列 Tkei に男女別の数を集計する。Tkei の行の添字は企画番号と対応している。

配列

Tkei

	(0)	(1)	(2)	(3)	(4)
(0)					
(1)					
(2)					
～	～	～	～	～	～
(40)					
	（男子）	（女子）	（男子順位）	（女子順位）	

4．入力データが終了したら，男女別に降順に順位を付け，文化祭人気企画ベスト５を１位から順に表示する。なお，同順位はすべて表示する。

5．データにエラーはないものとする。

━ 解答群 ━

ア．Tkei(Sei, Kcod) + 1 → Tkei(Sei, Kcod)

イ．k + 1 → k

ウ．Tkei(k, 2)：Tkei(s, 2)

エ．j + 1 → s

オ．1 → Tkei(j, 3)

カ．Tkei(Kcod, Sei) + 1 → Tkei(Kcod, Sei)

キ．0 → Tkei(j, 4)

ク．Tkei(j, 2)：Tkei(k, 2)

ケ．Tkei(j, 2) = s

コ．Tkei(k, 3) = j

<流れ図>

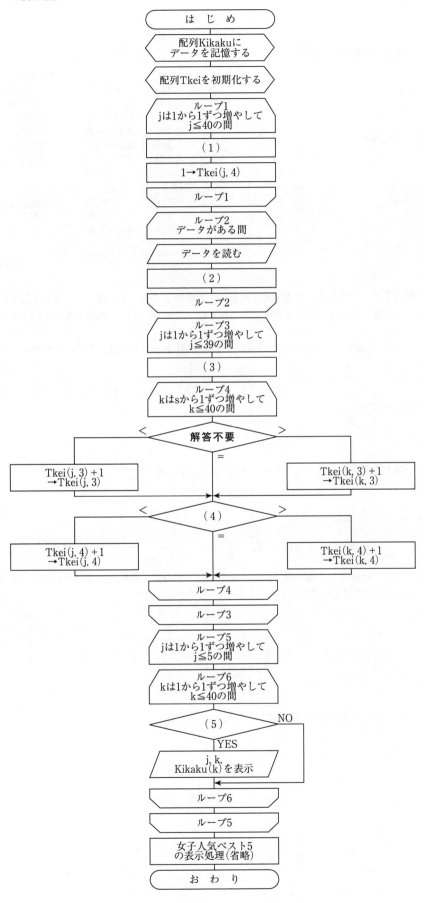

(1)		(2)		(3)		(4)		(5)	

【7】　流れ図の説明を読んで，流れ図の(1)～(5)にあてはまる答えを解答群から選び，記号で答えなさい。

＜流れ図の説明＞

処理内容

　レストハウスの売上データを読み，結果をディスプレイに表示する。

入力データ

店 No (MNo)	コード (Code)	売上数 (Qua)
×	×××	×××

（第1図）

実行結果

```
(売上一覧　土産)
(コード)　　(土産名)　　(土産売上合計)
　113　　くらがわの土　　　320,000
　102　　鹿の甘納豆　　　　256,000
　103　　野沢クッキー　　　245,000
　104　　めとき煎餅　　　　225,000
　105　　新海の里山　　　　174,000
　109　　ひさわトマト　　　142,000
　　　　　　　～
(売上一覧　食事)
(コード)　　(食事名)　　(食事売上合計)
　207　　たじま定食　　　　480,000
　211　　舟子ダムカレー　　240,000
　　　　　　　～
```

（第2図）

処理条件

1．第1図のデータは，レストハウスの売上データである。店 No はレストハウスの番号であり4店舗ある。コードは売店で取り扱う土産の場合は101～115番，食事処で取り扱う食事は201～215番となっており，すべての店ですべての土産・食事の売上が1件以上あるものとする。

2．配列 Ntbl にコードごとの商品名，単価を記憶する。土産と食事が連続して各15件ありコードは売上データのコードに対応している。

配列
Ntbl

	(0)	(1)	(2)
(0)			
(1)	101	ラジ温泉玉子	500
～	～	～	～
(30)	215	南原ハンバーグ	900
	(コード)	(商品名)	(単価)

3．第1図の入力データを読み，配列 Ttbl に記憶する。なお，入力データは45件以下である。

配列
Ttbl

	(0)	(1)	(2)
(0)			
(1)			
～	～	～	～
(45)			
	(店 No)	(コード)	(売上数)

4．入力データが終了したら，コードから配列 Ntbl より単価を取り出し，売上金額を次の式で計算し配列 Work に集計する。なお，配列 Work の列の添字はコードの下2桁に対応している。

売上金額＝単価×売上数

配列
Work

	(0)	(1)	～	(15)	
(0)			～		
(1)			～		(土産売上合計)
(2)			～		(食事売上合計)
(3)			～		(土産コード)
(4)			～		(食事コード)

5．配列 Work に記憶された値を土産，食事ごとに売上合計の降順に並べ替え，表示する。

6．データにエラーはないものとする。

＜流れ図＞

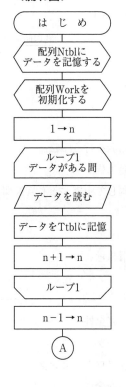

はじめ

配列Ntblにデータを記憶する

配列Workを初期化する

1 → n

ループ1　データがある間

データを読む

データをTtblに記憶

n + 1 → n

ループ1

n − 1 → n

Ⓐ

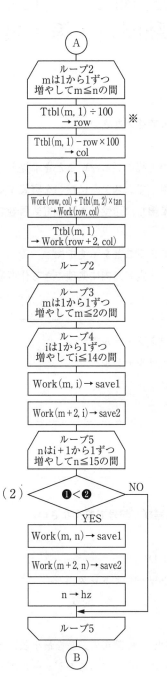

Ⓐ

ループ2　mは1から1ずつ増やしてm≦nの間

Ttbl(m, 1) ÷ 100 → row　※

Ttbl(m, 1) − row × 100 → col

（1）

Work(row, col) + Ttbl(m, 2) × tan → Work(row, col)

Ttbl(m, 1) → Work(row + 2, col)

ループ2

ループ3　mは1から1ずつ増やしてm≦2の間

ループ4　iは1から1ずつ増やしてi≦14の間

Work(m, i) → save1

Work(m + 2, i) → save2

ループ5　nはi+1から1ずつ増やしてn≦15の間

（2）❶ < ❷　NO / YES

Work(m, n) → save1

Work(m + 2, n) → save2

n → hz

ループ5

Ⓑ

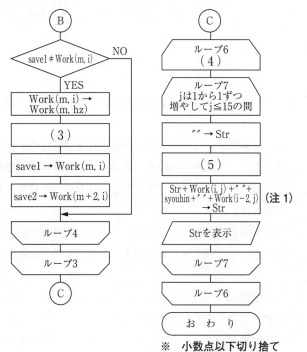

Ⓑ

save1 ≠ Work(m, i)　NO / YES

Work(m, i) → Work(m, hz)

（3）

save1 → Work(m, i)

save2 → Work(m + 2, i)

ループ4

ループ3

Ⓒ

Ⓒ

ループ6（4）

ループ7　jは1から1ずつ増やしてj≦15の間

"" → Str

（5）

Str + Work(i, j) + " " + syouhin + " " + Work(i − 2, j) → Str　(注1)

Strを表示

ループ7

ループ6

おわり

※　小数点以下切り捨て
(注1) ここでの「＋」は，文字列結合を意味する。

解答群

ア．iは3から1ずつ増やしてi≦4の間

イ．Ntbl(((i − 3) × 15 + (Work(i, j)%100)), 1) → syouhin　(注2)

ウ．iは1から1ずつ増やしてi≦2の間

エ．Work(m, i)

オ．Work(m, i) → Work(m, j)

カ．Work(m, n)

キ．save1

ク．Ntbl((((i − 3) + (Work(i, j)%100)), 1) → syouhin　(注2)

ケ．Work(m + 2, i) → Work(m + 2, hz)

コ．Ntbl((((i − 3) + (Work(i, j) ÷ 100)), 1) → syouhin

サ．Work(n, m)

シ．iは1から1ずつ増やしてi≦4の間

ス．Work(m, i) → Work(m, hz)

セ．Ntbl(((i − 3) × 15 + (Work(i, j) ÷ 100)), 1) → syouhin

ソ．n → hz

タ．Ntbl(Work(2, i), 2)

チ．m → hz

ツ．Ntbl(((row − 1) × 15 + col), 2) → tan

テ．Ntbl(((row) + 15 + col), 2) → tan

ト．save2

(注2)　ここでの「%100」は 100 で割った余りを求める。

(1)	(2)		(3)	(4)	(5)
	❶	❷			

主催 公益財団法人 全国商業高等学校協会
情報処理検定模擬試験問題　第1級 (第9回)

制限時間60分

【1】 次の説明文に最も適した答えを解答群から選び，記号で答えなさい。

1．基本設計からテストまでの各工程を順に進め，前の工程に戻らないことを前提として開発を行う手法。

2．システム開発において，実際にプログラム言語を用いてシステムに機能を実装する開発工程。

3．複数のネットワーク機器をLANケーブルにより集線し，送受信される電気信号を増幅して中継するLAN間接続装置。

4．システムが継続して稼働し，安定して処理を実行できることを示す指標。

5．コンピュータシステムやネットワーク機器などが，一定時間内に処理できる仕事量や情報量。

解答群
ア．プロトタイピングモデル	**イ**．ウォータフォールモデル	**ウ**．完全性
エ．外部設計	**オ**．スパイラルモデル	**カ**．ハブ
キ．スループット	**ク**．ルータ	**ケ**．プログラミング
コ．ターンアラウンドタイム	**サ**．可用性	**シ**．安全性

1		2		3		4		5	

【2】 次のA群の語句に最も関係の深い説明文をB群から選び，記号で答えなさい。

＜A群＞	1．フェールセーフ	2．RAID	3．単体テスト
	4．HTTPS	5．ネットワークアドレス	

＜B群＞

ア．システムに障害が発生した際，安全にシステムを停止させ，障害の影響を最小限にとどめるようにする設計思想。

イ．プログラムを検証する方法の一つで，プログラムの最小単位であるモジュールごとに検証を行う方法。

ウ．同一LAN内に接続されたコンピュータやネットワーク機器に割り当てられたアドレス。

エ．複数の磁気ディスク装置などを一つの装置として管理し，アクセスの高速化や，信頼性の向上を図る技術。

オ．開発したシステムが，仕様書どおりの備えるべき機能や求められる性能要件を満たしているかを検証するテスト。

カ．操作ミスは必ずあると想定し，利用者が誤って操作した際に致命的な障害が起こらないようにする設計思想。

キ．ファイルサーバの機能をもち，直接ネットワークに接続して使用する補助記憶装置。

ク．Webページを閲覧する際，Webサーバとブラウザ間において，SSLなどを利用し，データの暗号化通信を行うプロトコル。

ケ．インターネットにおいて，クライアントが電子メールを送信する際や，メールサーバ間でメールを転送するときに用いるプロトコル。

コ．通信ネットワークを管理する際，どのネットワークに属するかなど個々のネットワークを識別するために利用するアドレス。

1		2		3		4		5	

【3】　次の説明文に最も適した答えをア，イ，ウの中から選び，記号で答えなさい。なお，5については数値を答えなさい。

1．8ビットの2進数 10101001 と 00100111 がある。この二つの数値の和を16進数で表したもの。

　　ア．82　　　　　　　　　　　　**イ**．D 0　　　　　　　　　　　　**ウ**．208

2．存在するリスクを管理し，損失などの回避，または低減をはかるプロセス。

　　ア．インシデント　　　　　　　**イ**．リスクアセスメント　　　　**ウ**．リスクマネジメント

3．コンピュータシステムに障害が発生してから，復旧するまでに要する平均時間。

　　ア．MTTR　　　　　　　　　　**イ**．MTBF　　　　　　　　　　**ウ**．MIPS

4．リスト構造などで，次の要素が格納されている位置を示す情報。

　　ア．ポインタ　　　　　　　　　**イ**．スタック　　　　　　　　　**ウ**．キュー

5．450KB／トラック，50トラック／シリンダ，シリンダ数 30,000 の磁気ディスク装置の記憶容量は何GBか。ただし，1 KB = 10^3B，1 MB = 10^6B，1 GB = 10^9B とする。

1		2		3		4		5		GB

【4】 次の各問いに答えなさい。

問1．プログラムの説明を読んで，プログラムの(1)～(3)にあてはまる答えを解答群から選び，記号で答えなさい。

＜プログラムの説明＞

処理内容

引数で渡された配列に記憶されている数値を並べ替えて，結果をディスプレイに表示する。

処理条件

1．配列 Ten にはデータが記憶されている。なお，データの件数は n に記憶されている。

配列

Ten	(0)	(1)	～	(n)
		30	～	49

2．配列 Ten の数値を降順に並べ替える。

3．並べ替えが終わったら，配列 Ten の内容を表示する。

＜プログラム＞

```
Sub Program1(Ten() As Long, n As Long)
  Dim i As Long
  Dim Hoz As Long
  Dim j As Long
  Dim k As Long
  For i = n - 1 To 1 Step -1
    Hoz = Ten(i)
    j = i + 1
    Do While      (1)
         (2)     = Ten(j)
      j = j + 1
      If j =      (3)      Then
        Exit Do
      End If
    Loop
    If j <> i + 1 Then
      Ten(j - 1) = Hoz
    End If
  Next i
  For k = 1 To n
    MsgBox (Ten(k))
  Next k
End Sub
```

解答群

ア．Ten(j + 1)

イ．Ten(j - 1)

ウ．Ten(j) > Hoz

エ．n

オ．Ten(j) < Hoz

カ．n + 1

問2．プログラムの説明を読んで，プログラムの(4)～(5)にあてはまる答えを解答群から選び，記号で答えなさい。

＜プログラムの説明＞

処理内容

　引数で渡された配列に記憶されている数値の順位をディスプレイに表示する。

処理条件

1．配列 Time には数値が記憶されている。なお，データの件数は n に記憶されている。

配列

Time	(0)	(1)	～	(n)
		8.2	～	9.8

2．キーボードから入力された要素番号に該当するデータの昇順による順位を表示する。

＜プログラム＞

```
Sub Program2(Time() As Double, n As Long)
  Dim No As Long
  Dim i As Long
  Dim rnk As Long
  No = Val(InputBox("要素番号を入力してください"))
  For        (4)
    If       (5)       Then
      rnk = rnk + 1
    End If
  Next i
  MsgBox (No & "は" & rnk + 1 & "位")
End Sub
```

```
─ 解答群 ─────────────────────
 ア．Time(i) < Time(No)

 イ．i = 1 To n - 1

 ウ．Time(i) > Time(No)

 エ．i = 1 To n
```

(1)		(2)		(3)		(4)		(5)	

【5】 流れ図の説明を読んで，流れ図の(1)～(5)にあてはまる答えを解答群から選び，記号で答えなさい。

　　　＜流れ図の説明＞

処理内容

　図書購入データを読み，購入冊数の集計結果をディスプレイに表示する。

入力データ

分類記号 (Kigou) ×××	書名 (Syomei) ×～×

(第1図)

実行結果

```
            （購入冊数集計）
（一次区分）     （分類名）     （購入冊数）
   0          総記          15
   1          哲学          13
   〜           〜            〜
   9          文学          31
（購入冊数1位）（冊）（割合％）
 社会科学 文学   31    18
```
(第2図)

処理条件

1．第1図のデータは，分類記号の昇順に記録されている。なお，一次区分は0～9である。

　　例 336　→　　3　　　3　　　6
　　　　　　　　　　一次区分　二次区分　三次区分

2．配列 Bmei に一次区分の分類名を記憶する。なお，Bmei の添字は一次区分と対応している。

　　配列

Bmei	(0)	(1)	〜	(9)
	総記	哲学	〜	文学

3．第1図の入力データを読み，次の処理を行う。

　・一次区分ごとの購入冊数を集計し，一次区分が変わるごとに購入冊数の総合計と最も多い一次区分の購入冊数およびその一次区分を求め，第2図のように表示する。なお，最も多い購入冊数が複数ある場合もあり，その一次区分を記憶するために変数 MaxNos を用いる。

4．入力データが終了したら次の処理を行う。

　・総合計に対する最も多い購入冊数の割合を次の計算式で求める。

　　割合　＝　最も多い購入冊数　×　100　÷　総合計

　・最も多い購入冊数の分類名とその購入冊数，割合を第2図のように表示する。

5．データにエラーはないものとする。

解答群

ア．Sgou ＋ Gou → Sgou

イ．Sgou ＋ Max → Sgou

ウ．i は1から1ずつ増やして i ＜ Owa

エ．Kigou ÷ 10 → Bun

オ．Kigou ÷ 100 → Bun

カ．Bun ＝ BunHzn

キ．Bun ≠ BunHzn

ク．i は1から1ずつ増やして i ≦ Owa

ケ．2 → MaxSu

コ．MaxSu ＋ 1 → MaxSu

＜流れ図＞

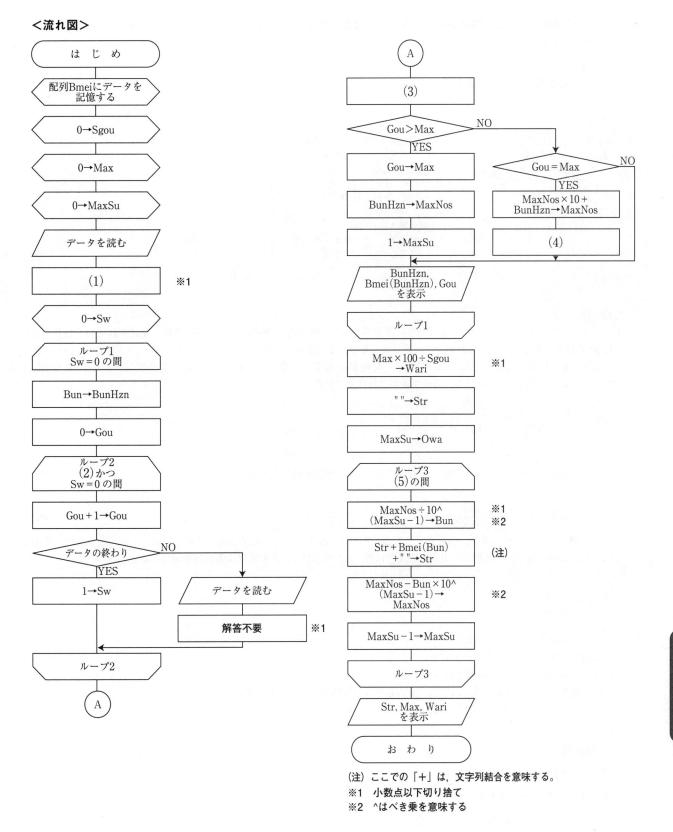

（注）ここでの「＋」は，文字列結合を意味する。
※1　小数点以下切り捨て
※2　^はべき乗を意味する

(1)		(2)		(3)		(4)		(5)	

【6】 流れ図の説明を読んで，流れ図の(1)～(5)にあてはまる答えを解答群から選び，記号で答えなさい。

＜流れ図の説明＞

処理内容

　講座の受講申込データを読み，受講者一覧をディスプレイに表示する。

入力データ

講座番号 （Koza）	会員番号 （Kaiin）
×	××××

（第1図）

実行結果

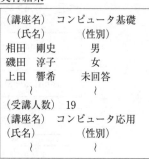

（第2図）

処理条件

1．第1図のデータは，申込のデータである。講座番号は1～9あり，講座は9講座開設され，登録されている会員の人数は1,000人以下である。また，入力データの件数は500件以下である。

2．配列 Kban には会員番号，配列 Mei に氏名，配列 Furi にひらがなでふりがな，配列 Sei に性別コードを1～3の数値で記憶する。なお，Kban，Mei，Furi，Sei は添字で対応している。

配列

Kban		Mei		Furi		Sei	
(0)	1001	(0)	伊藤　望	(0)	いとう　のぞみ	(0)	2
～		～		～		～	
(999)		(999)		(999)		(999)	

3．配列 Kmei には講座名を記憶する。なお，Kmei の添字は講座番号と対応している。

配列

Kmei	(0)	(1)	～	(9)
		コンピュータ基礎	～	応用数学

4．第1図の入力データを読み，会員番号をもとに配列 Kban を探索し，配列 Juko に講座番号，氏名，ふりがな，性別を記憶する。なお，性別は，性別コードが1の場合は男，2の場合は女，3の場合は未回答を記憶する。

配列

Juko	(0)	(1)	(2)	(3)
(0)				
～				
(499)				
	（講座番号）	（氏名）	（ふりがな）	（性別）

5．入力データが終了したら次の処理を行う。
　・配列 Juko をふりがなの昇順に並べ替える。
　・第2図のように講座番号順に講座名，受講者の氏名と性別，受講人数を表示する。

6．データにエラーはないものとする。

解答群

ア．Sei(Ken)

イ．Koza → Juko(Ken, 0)

ウ．p は 0 から 1 ずつ増やして p ≦ Ken

エ．Juko(k, 2) < Juko(k + 1, 2)

オ．Juko(i, 0) = h

カ．p は Ken − 1 から 1 ずつ減らして p ≧ 0

キ．Kban(j) → Juko(Ken, 0)

ク．Sei(j)

ケ．Juko(k, 2) ＞ Juko(k + 1, 2)

コ．Juko(i, 0) ≠ h

<流れ図>

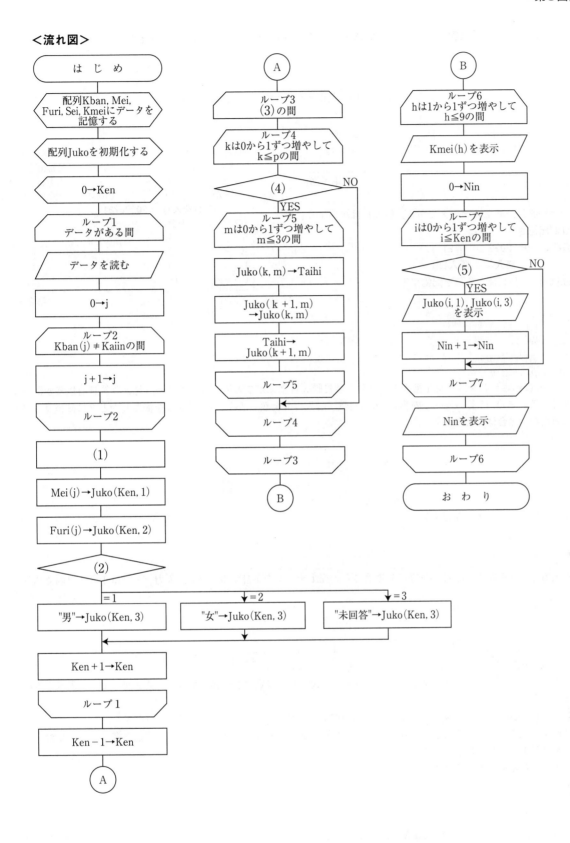

はじめ

配列Kban, Mei,
Furi, Sei, Kmeiにデータを
記憶する

配列Jukoを初期化する

0→Ken

ループ1
データがある間

データを読む

0→j

ループ2
Kban(j)≠Kaiinの間

j+1→j

ループ2

(1)

Mei(j)→Juko(Ken, 1)

Furi(j)→Juko(Ken, 2)

(2)
=1 / =2 / =3

"男"→Juko(Ken, 3) / "女"→Juko(Ken, 3) / "未回答"→Juko(Ken, 3)

Ken+1→Ken

ループ1

Ken−1→Ken

A

A

ループ3
(3)の間

ループ4
kは0から1ずつ増やして
k≦pの間

(4)
YES / NO

ループ5
mは0から1ずつ増やして
m≦3の間

Juko(k, m)→Taihi

Juko(k+1, m)
→Juko(k, m)

Taihi→
Juko(k+1, m)

ループ5

ループ4

ループ3

B

B

ループ6
hは1から1ずつ増やして
h≦9の間

Kmei(h)を表示

0→Nin

ループ7
iは0から1ずつ増やして
i≦Kenの間

(5)
YES / NO

Juko(i, 1), Juko(i, 3)
を表示

Nin+1→Nin

ループ7

Ninを表示

ループ6

おわり

第9回模擬

(1)		(2)		(3)		(4)		(5)	

【7】 流れ図の説明を読んで，流れ図の(1)～(5)にあてはまる答えを解答群から選び，記号で答えなさい。

＜流れ図の説明＞

処理内容

あるショップの1か月の売上データを読み，顧客分析の結果をディスプレイに表示する。

入力データ

購入日 (SDate)	顧客ID (CsID)	商品ID (ItemID)	購入数 (Quantity)
×××××××××	××××	×××	×

(第1図)

実行結果

```
（並べ替え基準を入力） 2
（顧客ID）（来店回数）（購入合計金額）（最終購入日）
  1241      22        43130       20220728
   〜        〜          〜           〜
  1307      01        01050       20220714
（本日の日付を入力）  20220731
（ランク名）（人数）
 S        8
 A        2
 B        0
 C       11
```

(第2図)

処理条件

1. 第1図のデータは，売上のデータである。購入日は次のように購入年と購入日が記憶されている。

   例 20220721 → 2022   0721
                    購入年 購入日

2. 配列 ItemTbl に商品IDと単価を記憶する。

   配列

ItemTbl	(0)	(1)
(0)	101	1130
(1)	102	1140
〜	〜	〜
(14)	305	1040
	(商品ID)	(単価)

3. 配列 RankTbl に顧客ランク基準を記憶する。なお，最終購入日基準が7の場合は，本日の日付より7日前以降が該当することを意味する。また，1行のすべての基準(来店回数，購入合計金額，最終購入日基準)を満たしたときに該当ランクとなり，Bに満たない場合はCとする。

   配列

RankTbl	(0)	(1)	(2)	(3)	
(0)		10	10000	7	(S)
(1)		5	5000	14	(A)
(2)		2	2000	21	(B)
	(人数)	(来店回数)	(購入合計金額)	(最終購入日基準)	

4. 配列 RankLTbl にランク名を記憶する。

   配列

RankLTbl	(0)	(1)	(2)	(3)
	S	A	B	C

5. 第1図の入力データを読み，配列 RFMTbl に顧客ごとの売上データを集計する。なお，入力データは100件以内である。

   配列

RFMTbl	(0)	(1)	(2)	(3)
(0)				
(1)				
〜	〜	〜	〜	〜
(100)				
	(顧客ID)	(来店回数)	(購入合計金額)	(最終購入日)

6. 入力データが終了したら，並べ替え基準をキーボードより入力し，降順に並べ替えを行い，第2図のように表示する。なお，並べ替え基準は

   0：顧客ID　1：来店回数　2：購入合計金額　3：最終購入日　である。

7. 本日の日付をキーボードより入力し，顧客ランク基準ごとにランクを求めてランク名とその件数を表示する。なお，最終購入日の分析は月をまたがないものとする。

8. データや入力される値にエラーはないものとする。

解答群

ア．RFMTbl(i, 0)	イ．n → max
ウ．RFMTbl(i, 1)	エ．RFMTbl(i, 3) > SDate
オ．RFMTbl(i, 3) < SDate	カ．2 → t
キ．1 → t	ク．RFMTbl(m, n)
ケ．RFMTbl(n, m)	コ．count + 1 → count
サ．ItemID	シ．CsID
ス．m → max	セ．ItemTbl(n, 0)
ソ．RankTbl(t, n)	タ．RankTbl(n, t)
チ．t + 1 → t	ツ．n
テ．m	ト．ItemTbl(n, 1)

＜流れ図＞

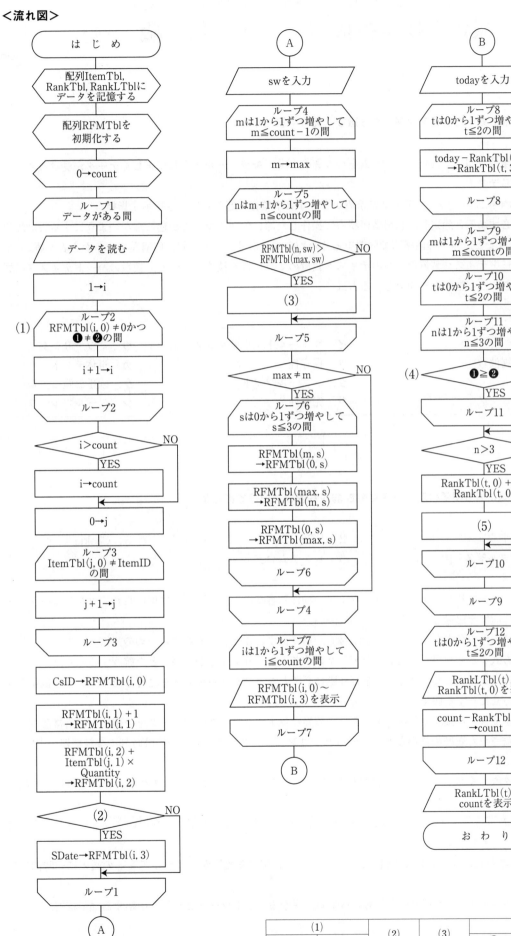

	(1)		(2)	(3)	(4)		(5)
	❶	❷			❶	❷	

主催 公益財団法人 全国商業高等学校協会
情報処理検定模擬試験問題　第1級 （第10回）

制限時間60分

【1】 次の説明文に最も適した答えを解答群から選び，記号で答えなさい。

1．モジュール単位で開発されたプログラムをつなぎ合わせ，モジュールどうしで正しくデータが受け渡され，機能するかを調べるテスト。

2．RASIS の示す指標の一つで，データに矛盾がないなど不整合の起こりにくさを示す指標。

3．操作ミスは必ずあると想定し，利用者が誤って操作した際に致命的な障害が起こらないようにする設計思想。

4．CPU やメモリなど，複数の回路間で同期をとるための電気信号が，1秒間に何回発生するかを表す値。

5．複数台のハードディスク装置を一つのディスク装置のように扱う技術の一つで，複数のハードディスクに同じデータを書き込むことで信頼性を向上させる方式。

解答群

ア．安全性　　イ．フォールトアボイダンス　　ウ．ミラーリング
エ．クロック周波数　　オ．保守性　　カ．単体テスト
キ．結合テスト　　ク．フェールソフト　　ケ．OSI 参照モデル
コ．ストライピング　　サ．完全性　　シ．フールプルーフ

1		2		3		4		5	

【2】 次の A 群の語句に最も関係の深い説明文を B 群から選び，記号で答えなさい。

＜A群＞ 1．ゲートウェイ　　2．FTP　　3．Cookie
　　　4．デジタル署名　　5．システムログ

＜B群＞

ア．ハードウェアやアプリケーションソフトウェアの動作障害時の原因究明などに用いられ，コンピュータシステム内で起きた動作履歴を記録したもの。

イ．電子メールに画像や音声などのデータを添付し，送受信することを可能とするための規格。

ウ．公開鍵暗号方式などを利用し，通信したデータの改ざんやなりすましがないことを確認するしくみ。

エ．公開鍵暗号方式を利用した暗号化通信を行う際に必要となるデジタル証明書を発行したり，失効の依頼を受けた証明書を失効させたりする機関。

オ．プロトコルを変換する機能をもち，プロトコルの異なるネットワーク間でデータを中継する通信機器。

カ．サーバに接続された履歴の把握などに用いられ，コンピュータシステムへの接続時刻や接続機器の IP アドレスなどを記録したもの。

キ．コンピュータなどをネットワークに接続した際，IP アドレスやサブネットマスクなどの設定情報を自動的に割り当てるためのプロトコル。

ク．Web ページの更新やファイルのダウンロードなどに用いられ，2つのポートを用いネットワークを介してファイルを転送するためのプロトコル。

ケ．Web サイトの閲覧日時やアクセス回数など，アクセスに関する履歴が，クライアントの端末に一時的に保存されるしくみ。

コ．パケットフィルタリング機能を備えるものもある，異なるネットワークどうしを中継する通信機器。

1		2		3		4		5	

【3】　次の説明文に最も適した答えをア，イ，ウの中から選び，記号で答えなさい。なお，5 については数値を答えなさい。

1．8 ビットの 2 進数の 01110010 を 2 の補数で表したもの。

　　ア．10001100　　　　　　　　**イ**．10001101　　　　　　　　**ウ**．10001110

2．コンピュータシステムが 1 秒間に処理できる命令数を 100 万単位で表したもの。

　　ア．MIPS　　　　　　　　　　**イ**．MTBF　　　　　　　　　　**ウ**．MTTR

3．脆弱性のある SNS や Web サイトの掲示板等に対して，罠を仕掛け，サイト利用者の個人情報を盗むなどの被害をもたらす攻撃。

　　ア．ソーシャルエンジニアリング　　**イ**．クロスサイトスクリプティング　**ウ**．SQL インジェクション

4．集合の関係を円で表現し，論理演算を視覚的にわかりやすくしたもの。

　　ア．ベン図　　　　　　　　　　**イ**．論理回路　　　　　　　　　**ウ**．木構造

5．A さん一人では 12 日間，B さん一人では 20 日間かかる仕事がある。この仕事を A さん，B さん二人で共同して 5 日間行い，残りの仕事は A さん一人で行った。この仕事の完成までに要した日数は何日間か。

1		2		3		4		5		日間

【4】　次の各問いに答えなさい。

問1．プログラムの説明を読んで，プログラムの(1)～(3)にあてはまる答えを解答群から選び，記号で答えなさい。

＜プログラムの説明＞

処理内容

　引数で渡された配列に記憶されている数値を探索して要素番号をディスプレイに表示する。

処理条件

1．配列 Score には降順に数値が記憶されている。なお，データ件数は n に記憶されており，同じ数値はないものとする。

配列

Score	(0)	(1)	～	(n)
		172	～	98

2．キーボードから入力された値をもとに配列 Score を探索し，見つかった場合は該当する配列の要素番号を，見つからなかった場合は 該当データなし を表示する。

＜プログラム＞

```
Sub Program1(Score() As Long, n As Long)
  Dim Kensaku As Long
  Dim Ka As Long
  Dim Jo As Long
  Dim m As Long
  Kensaku = Val(InputBox("値を入力してください"))
  Ka = 1
  Jo = [    (1)    ]
  m = Int((Ka + Jo) / 2)
  Do While Ka <= Jo And Score(m) <> Kensaku
    If [    (2)    ] Then
      Jo = m - 1
    Else
      [    (3)    ]
    End If
    m = Int((Ka + Jo) / 2)
  Loop
  If Score(m) = Kensaku Then
    MsgBox (Kensaku & "は" & m & "番")
  Else
    MsgBox ("該当データなし")
  End If
End Sub
```

```
─ 解答群 ─
ア．Ka = m - 1

イ．Score(m) < Kensaku

ウ．n - 1

エ．Ka = m + 1

オ．Score(m) > Kensaku

カ．n
```

問2．プログラムの説明を読んで，プログラムの(4)～(5)にあてはまる答えを解答群から選び，記号で答えなさい。

＜プログラムの説明＞

処理内容

　引数で渡された配列に記憶されている数値を並べ替えて，結果をディスプレイに表示する。

処理条件

1．配列 Deg にはデータが記憶されている。なお，データの件数は n に記憶されている。

　　配列

Deg	(0)	～	(n − 1)
	31.4	～	37.5

2．配列 Deg の数値を降順に並べ替えながら表示する。

＜プログラム＞

```
Sub Program2(Deg() As Double, n As Long)
  Dim i As Long
  Dim j As Long
  Dim Temp As Double
  For i = 0 To n - 2
    For    (4)
      If Deg(j + 1) > Deg(j) Then
        Temp = Deg(j)
        Deg(j) = Deg(j + 1)
        Deg(j + 1) = Temp
      End If
    Next j
    MsgBox (Deg(i))
  Next i
  MsgBox (    (5)    )
End Sub
```

```
─ 解答群 ─
ア．j = n - 2 To i Step -1
イ．Deg(i + 1)
ウ．Deg(i)
エ．j = n - 1 To i Step -1
```

(1)		(2)		(3)		(4)		(5)	

【5】 流れ図の説明を読んで，流れ図の(1)～(5)にあてはまる答えを解答群から選び，記号で答えなさい。

＜流れ図の説明＞

処理内容

商業教育フェア企画投票データを読み，人気，不人気5位をディスプレイに表示する。

入力データ

企画番号 (Kcod) ××	区分 (Ku) ×

(第1図)

実行結果

(合計順位)	(一般順位)	(生徒順位)	(企画名)
(人気5位)			
1	1	1	メイド喫茶
2	4	2	処理部ゲーセン
〜	〜	〜	
4	6	4	修学旅行展示
(不人気5位)			
15	15	15	ワープロ体験
14	11	13	調理部食堂
〜	〜	〜	〜
11	11	6	キッズタウン

(第2図)

処理条件

1．第1図のデータの企画番号は1～15であり，区分は1(一般参加者)，2(生徒参加者)が記録されている。

2．配列 Kikaku に企画名を記憶する。なお，Kikaku の添字は企画番号と対応している。

配列

Kikaku	(0)	(1)	(2)	〜	(14)	(15)
		キッズタウン	メイド喫茶	〜	修学旅行展示	商業の歴史

3．第1図の入力データを読み，配列 Tkei に合計，区分別の投票数を集計する。なお，Tkei の行方向の添字は企画番号と対応している。

配列

Tkei	(0)	(1)	(2)	(3)	(4)	(5)
(0)						
(1)						
〜	〜	〜	〜	〜	〜	〜
(15)						
	(合計)	(一般)	(生徒)	(合計順位)	(一般順位)	(生徒順位)

4．入力データが終了したら，合計，区分別に降順に順位を付け，合計順位による人気，不人気5位を第2図のように表示する。

5．データにエラーはないものとする。

解答群

ア．Tkei(Kcod, i) + 1 → Tkei(Kcod, i)

イ．Tkei(Kcod, Ku) + 1 → Tkei(Kcod, Ku)

ウ．Tkei(i, 3) = Rank

エ．i + 1 → k

オ．Tkei(i, 3) = i

カ．Tkei(i, j + 3) + 1 → Tkei(i, j + 3)

キ．Tkei(s, j + 3) + 1 → Tkei(s, j + 3)

ク．i + 1 → s

ケ．Last + 6 → Last

コ．Last + 5 → Last

＜流れ図＞

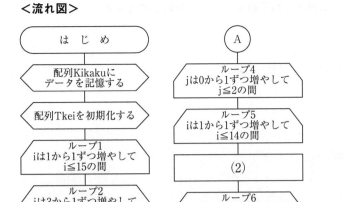

はじめ

配列Kikakuに
データを記憶する

配列Tkeiを初期化する

ループ1
iは1から1ずつ増やして
i≦15の間

ループ2
jは3から1ずつ増やして
j≦5の間

1→Tkei(i, j)

ループ2

ループ1

ループ3
データがある間

データを読む

Tkei(Kcod, 0) + 1→
Tkei(Kcod, 0)

(1)

ループ3

A

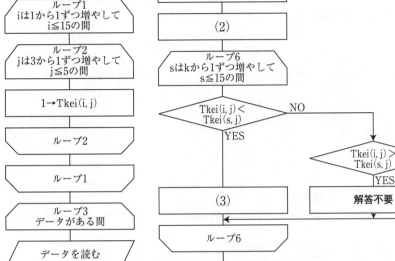

A

ループ4
jは0から1ずつ増やして
j≦2の間

ループ5
iは1から1ずつ増やして
i≦14の間

(2)

ループ6
sはkから1ずつ増やして
s≦15の間

Tkei(i, j) <
Tkei(s, j)　　NO

YES

Tkei(i, j) >
Tkei(s, j)　　NO

YES

解答不要

(3)

ループ6

ループ5

ループ4

B

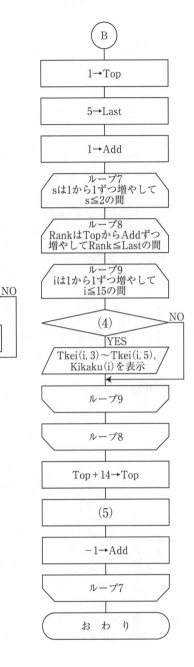

B

1→Top

5→Last

1→Add

ループ7
sは1から1ずつ増やして
s≦2の間

ループ8
RankはTopからAddずつ
増やしてRank≦Lastの間

ループ9
iは1から1ずつ増やして
i≦15の間

(4)　　NO

YES

Tkei(i, 3)〜Tkei(i, 5),
Kikaku(i)を表示

ループ9

ループ8

Top + 14→Top

(5)

－1→Add

ループ7

おわり

(1)		(2)		(3)		(4)		(5)	

【6】 流れ図の説明を読んで，流れ図の(1)～(5)にあてはまる答えを解答群から選び，記号で答えなさい。

＜流れ図の説明＞

処理内容

　1か月分の店舗ごとの売上データを読み，月間売上順位をディスプレイに表示する。

入力データ

店舗名 （Tenpo） ×～×	売上金額 （Kin） ×～×	備考コード （Bcd） ×

（第1図）

実行結果

（月間売上順位）			
（順位）	（店舗名）	（売上金額）	（備考）
1	鶴岡店	112334	◎
2	酒田店	101322	☆
〱	〱	〱	〱

（第2図）

処理条件

1．第1図の備考コードには0（通常店），1（重要店）が記憶されている。
2．第2図の備考は空白を含め4種類あり，配列 Biko に記憶する。なお，配列 Biko の添字は備考コードと対応している。

配列

Biko	(0)	(1)	(2)	(3)
	（通常店）	○（重要店）	◎（売上金額上位10位以内の通常店）	☆（売上金額上位10位以内の重要店）

3．第1図のデータを読み，配列 Uriage にデータを記憶する。なお，入力データは500件以内である。

配列

Uriage	(0)	(1)	(2)	(3)
(0)				
(1)				
〱	〱	〱	〱	〱
(500)				
	（店舗名）	（売上金額）	（備考コード）	（順位）

4．入力データが終了したら，次の処理を行う。
　　・配列 Uriage を売上金額の降順に並べ替える。
　　・配列 Uriage の順位に，売上金額の降順に順位をつける。
　　・売上金額上位10位以内の備考コードに2を加算する。
　　・第2図のように月間売上順位を表示する。
5．データにエラーはないものとする。

解答群

ア． Uriage(k, 2)

イ． Biko(Uriage(k, 2))

ウ． n は2から1ずつ増やして n ≦ Ken の間

エ． Uriage(k − 1, 3) → Uriage(k, 3)

オ． k → Uriage(k, 3)

カ． Uriage(f, 1) < Buf1

キ． Uriage(k, 3) ≦ 10

ク． k ≦ 10

ケ． Uriage(f, 1) < Buf2

コ． n は Ken から1ずつ減らして n ≧ 2 の間

<流れ図>

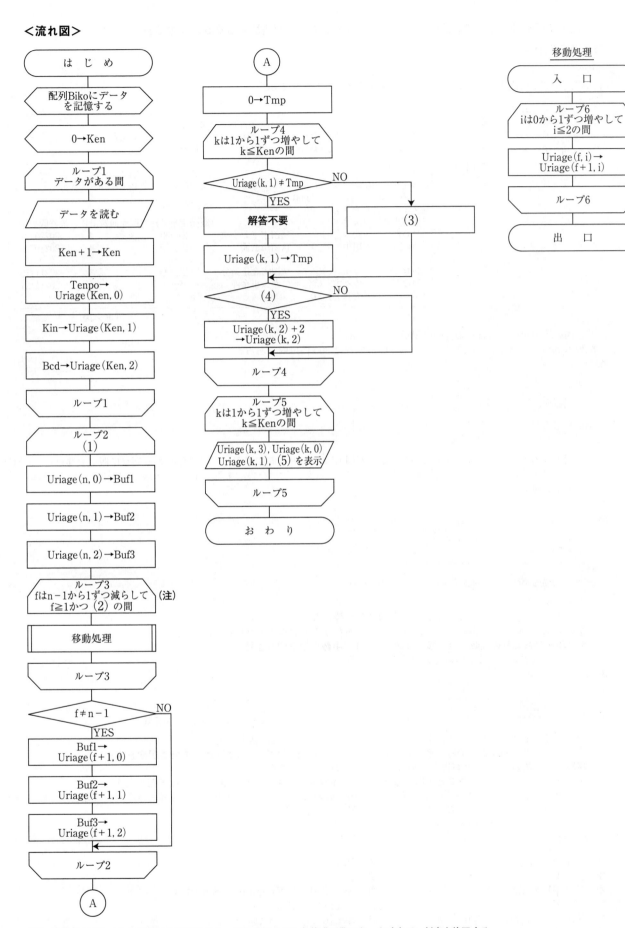

（注）条件式が「かつ」で複合されている場合，先に記述された条件式が偽になった時点で，判定を終了する。

(1)		(2)		(3)		(4)		(5)	

【7】 流れ図の説明を読んで，流れ図の(1)～(5)にあてはまる答えを解答群から選び，記号で答えなさい。

<流れ図の説明>

処理内容

本日の店舗ごとの売上データを読み，集計結果をディスプレイに表示する。

入力データ

日付 (Hiduke) ×～×	顧客番号 (Bango) ×～×	販売金額 (Kingaku) ×～×

(第1図)

実行結果

		集計結果(296 人)		
(グループ番号)	(販売金額計)	(比率)	(累計)	(一人あたり)
グループ 1	2,295,780	18.1%	18.1%	76,526
～				
グループ 9	727,220	5.7%	97.4%	24,241
グループ 10	331,640	2.6%	100.0%	12,755
総　計	12,701,600			

(グループ番号を入力) **9**

(顧客番号)	(顧客名)	(住所)	(販売金額計)	(販売回数計)	(最終販売日)
P00002	辻　○○	秋田市下北手桜	27,990	4	20220227
P00129	田中 ○○	秋田市広面	27,820	4	20210709
～					
P00215	鎌田 ○○	秋田市金足追分	20,590	3	20211118
P00097	佐々木 ○○	にかほ市金浦	19,510	4	20211121

(グループ番号を入力) **0**

(第2図)

処理条件

1．第1図の入力データは日付の昇順に記録されている。
2．配列 Kjoho に顧客情報を記憶する。なお，顧客情報は 300 件以内である。

配列

Kjoho	(0)	(1)	(2)
(0)			
(1)	P00001	蛭子 ○○	にかほ市象潟
～	～	～	～
(300)			
	(顧客番号)	(顧客名)	(住所)

3．第1図の入力データを読み，顧客番号をもとに配列 Kjoho の列方向に探索し，配列 Syu の 0 列目に販売金額計を，1 列目に販売回数計を求め，2 列目には最終販売日を記憶する。なお，総計を集計する。また，Syu の行方向の添字は Kjoho の行方向の添字と対応している。

配列

Syu	(0)	(1)	(2)
(0)			
(1)			
～	～	～	～
(300)			
	(販売金額計)	(販売回数計)	(最終販売日)

4．入力データが終了したら，次の処理を行う。
・　配列 Kjoho，配列 Syu を販売金額計の降順に並べ替える。
・　全体を 10 グループに編成するため，1 グループあたりの人数を次の計算式で求める。
　　1 グループあたりの人数　＝　顧客件数　÷　10（小数点以下切り上げ）
・　配列 Gro にグループごとの販売金額計を集計する。

配列

Gro	(0)	(1)	(2)	～	(9)	(10)
(例)顧客人数が 296 人の場合		(1～30 人目)	(31～60 人目)	～	(241～270 人目)	(271～296 人目)

・　次の計算式で比率，累計，一人あたりを求め，第2図のように集計結果を表示する。
　　比率　＝　グループごとの販売金額計　×　100　÷　販売金額の総計（小数第一位未満四捨五入）
　　累計　＝　累計　＋　比率（累計が 100.0％にならないこともある）
　　一人あたり　＝　グループごとの販売金額計　÷　1 グループあたりの人数（小数点以下四捨五入）
・　キーボードからグループ番号が入力されたら，第2図のように該当するグループの顧客一覧を販売金額計の降順に表示する。なお，キーボードから 0 が入力されたら処理を終了する。
5．データにエラーはないものとする。

解答群

ア．1 ずつ減らして　　　　　　　　　イ．Rui
ウ．i ≦ 1　　　　　　　　　　　　　エ．r
オ．Gro(p) × 100 ÷ Sok　　　　　　　カ．Syu(0, 0) ＋ Kingaku → Syu(0, 0)
キ．i ≧ 1　　　　　　　　　　　　　ク．Gken × GpNo ＋ 1 → r
ケ．Syu(k + 1, m) → Syu(0, m)　　　　コ．Syu(0, m) → Syu(k + 1, m)
サ．Syu(k, m) → Syu(k + 1, m)　　　　シ．i ≦ Ken
ス．Gken × (GpNo − 1) ＋ 1 → r　　　セ．Syu(h, 0) ＋ Kingaku → Syu(h, 0)
ソ．Ken　　　　　　　　　　　　　　タ．Sok × 100 ÷ Gro(p)
チ．1 ずつ増やして　　　　　　　　　ツ．Ritu
テ．Syu(h, 0) ＋ 1 → Syu(h, 0)　　　　ト．Syu(k + 1, m) → Syu(k, m)

<流れ図>

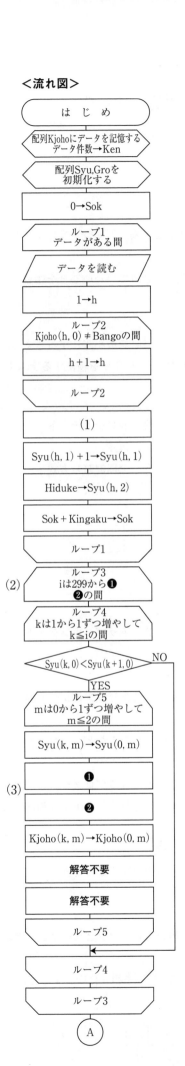

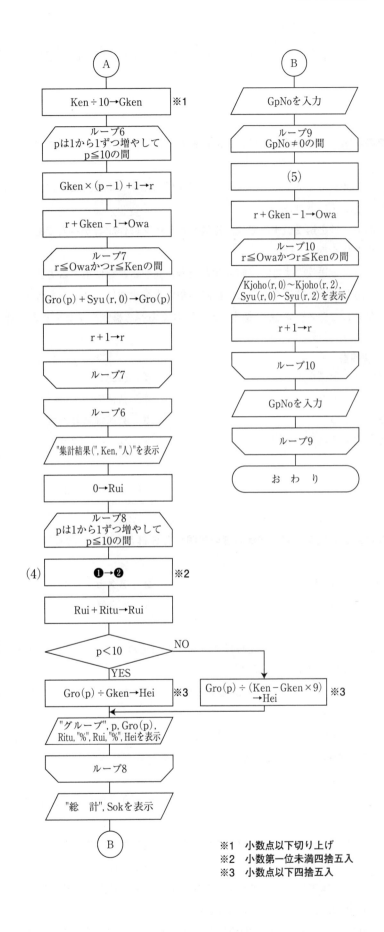

※1　小数点以下切り上げ
※2　小数第一位未満四捨五入
※3　小数点以下四捨五入

(1)	(2)		(3)		(4)		(5)
	❶	❷	❶	❷	❶	❷	

主催 公益財団法人 全国商業高等学校協会
情報処理検定模擬試験問題　第1級 （第11回）

制限時間60分

【1】 次の説明文に最も適した答えを解答群から選び，記号で答えなさい。

1．インターネット上のメールサーバで受信したメールを，端末にダウンロードすることなく，閲覧・操作することのできるプロトコル。

2．電子文書を送受信する際に，送信したデータの作成者が本人であることや，改ざんされていないことを確認するためのしくみ。

3．データを送受信する際，暗号化と復号に異なる鍵を使用する方式。

4．利用者の安全確保を優先し，故障時や異常発生時にシステムを停止させることで，被害を最小限にする考え方。

5．開発したシステムが，仕様書どおりの備えるべき機能や求められる性能要件を満たしているかを検証するテスト。

―― 解答群 ――
ア．フールプルーフ　　　イ．IMAP　　　　　　　ウ．システムテスト
エ．フェールセーフ　　　オ．結合テスト　　　　　カ．POP
キ．認証局　　　　　　　ク．共通鍵暗号方式　　　ケ．公開鍵暗号方式
コ．電子署名　　　　　　サ．フェールソフト　　　シ．単体テスト

1		2		3		4		5	

【2】 次のA群の語句に最も関係の深い説明文をB群から選び，記号で答えなさい。

＜A群＞　1．NAT　　　　　　2．アクセスログ　　　　3．トップダウンテスト
　　　　　4．リロケータブル　　5．安全性

＜B群＞
ア．サーバなどに接続された日付と時刻，接続元のIPアドレスやドメイン名，ファイル名などコンピュータの接続履歴を時系列で記録したもの。

イ．コンピュータシステムを評価する指標の一つで，障害が発生した際に速やかに復旧できるなど，メンテナンスのしやすさを表したもの。

ウ．一度実行した後，再ロードすることなく実行(再使用)しても，正しく実行することができるプログラムの性質。

エ．0番地から始まるように作成された機械語プログラムが，8000番地にコピーして実行されるとき正常に動作するプログラム呼び出し法。

オ．ファイルサーバの機能を持ち，直接ネットワークに接続して使用する補助記憶装置。

カ．コンピュータシステムを評価する指標の一つで，システムの機密性が高く，情報流出を防ぐことを表したもの。

キ．上位のモジュールから，順次結合しながら検証を行うテスト。

ク．下位のモジュールから，順次結合しながら検証を行うテスト。

ケ．ハードウェアやアプリケーションソフトウェアの動作障害時の原因究明などに用いられ，コンピュータシステム内で起きた動作履歴をOSが記録したもの。

コ．LANとインターネットの境界で，プライベートIPアドレスとグローバルIPアドレスを相互に変換する技術。

1		2		3		4		5	

【3】　次の説明文に最も適した答えをア，イ，ウの中から選び，記号で答えなさい。なお，5については数値を答えなさい。

1．8ビットの2進数 01101111 と 00101001 がある。この2つの数値の和を16進数で表したもの。

　　ア．29　　　　　　　　　イ．46　　　　　　　　　ウ．98

2．外部設計をもとに，システムに搭載される機能をモジュールごとに分割したり，処理されるデータの受け渡し方法などを設計したりする開発工程。

　　ア．要件定義　　　　　　イ．内部設計　　　　　　ウ．テスト

3．上位ビットから符号部分，整数部分，小数部分の順に並べ，小数点の位置をあらかじめ定めて表現する形式。

　　ア．固定小数点形式　　　イ．浮動小数点形式　　　ウ．2進化10進数

4．電源装置や，ハードディスクなどを多重化することにより，コンピュータシステムに障害が発生した際においても，システム全体の機能を保ち，稼働し続けることができるしくみや考え方。

　　ア．フォールトトレラント　　　イ．シンクライアント　　　ウ．フォールトアボイダンス

5．Aさん一人では20日間かかる仕事がある。この仕事を初日から5日目までAさんのみで行い，6日目からAさん，Bさんが共同で行った場合，仕事の完成までに15日間を要した。この仕事を初日から6日目までBさんのみで行い，7日目からAさん，Bさんが共同で行った場合，この仕事の完成までに要する日数は何日間か。

1		2		3		4		5		日間

【4】　次の各問いに答えなさい。

問1．プログラムの説明を読んで，プログラムの(1)～(3)にあてはまる答えを解答群から選び，記号で答えなさい。

＜プログラムの説明＞

処理内容

　引数で渡された配列に記憶されている文字列を並べ替えてディスプレイに表示する。

処理条件

1．配列 Key には文字列が記憶されている。なお，データの件数は n に記憶されている。

配列

Key

	(0)	(1)	～	(n－1)
	CRM	SFA	～	PCI

2．配列 Key の文字列を昇順に並べ替える。

3．並べ替えが終わったら，配列 Key の内容を表示する。

＜プログラム＞

```
Sub Program1(Key() As String, n As Long)
  Dim i As Long
  Dim Idx As Long
  Dim j As Long
  Dim Tmp As String
  Dim k As Long
  For i = 0 To n - 2
    Idx = i
    For j = i + 1 To n - 1
      If [    (1)    ] Then
        Idx = j
      End If
    Next j
    If [   (2)   ] Then
      Tmp = Key(i)
      Key(i) = Key(Idx)
      Key(Idx) = Tmp
    End If
  Next i
  For k = 0 To n - 1
    MsgBox ([    (3)    ])
  Next k
End Sub
```

―― 解答群 ――――――――――――――

ア．Key(j) < Key(Idx)

イ．i = Idx

ウ．Key(j) > Key(Idx)

エ．Key(i)

オ．i <> Idx

カ．Key(k)

問２．プログラムの説明を読んで，プログラムの(4)～(5)にあてはまる答えを解答群から選び，記号で答えなさい。

＜プログラムの説明＞

処理内容

　引数で渡された配列に記憶されている数値を昇順で順位を付けディスプレイに表示する。

処理条件

１．配列 Rec にはデータが記憶されている。なお，データの件数はｎに記憶されている。

　配列

Rec	(0)	(1)	～	(n)
		10.2	～	11.8

２．配列 Rec の数値の昇順に順位をつけ，配列 Rank に求める。なお，Rec と Rank は添字で対応している。

　配列

Rank	(0)	(1)	～	(n)
			～	

３．順位付けが終わったら，配列 Rec と配列 Rank の内容を表示する。

＜プログラム＞

```
Sub Program2(Rec() As Double, Rank() As Long, n As Long)
  Dim i As Long
  Dim j As Long
  Dim k As Long
  For i = 1 To n
    Rank(i) = 1
  Next i
  For i = 1 To n - 1
    For j = i + 1 To n
      If Rec(i) > Rec(j) Then
        |   (4)   |
      Else
        If Rec(i) < Rec(j) Then
          | 解答不要 |
        End If
      End If
    Next j
  Next i
  For | (5) |
    MsgBox (Format(Rec(k),"##0.0") & " " & Rank(k) & "位")
  Next k
End Sub
```

解答群

　ア．Rank(j) = Rank(j) + 1

　イ．Rank(i) = Rank(i) + 1

　ウ．k = 1 To n

　エ．k = 1 To n - 1

---

(1)		(2)		(3)		(4)		(5)	

【5】 流れ図の説明を読んで，流れ図の(1)～(5)にあてはまる答えを解答群から選び，記号で答えなさい。

＜流れ図の説明＞

処理内容

　ある大会の得点データを読み，成績一覧表をディスプレイに表示する。

入力データ

都道府県名 （Tdmei） ××××	競技番号 （Kban） ××	得点 （Ten） ×××

(第1図)

実行結果

```
(成績一覧表)
(順位)        (都道府県名)
第1位          東京都
(競技名)       陸上競技     水泳      サッカー      ～        ボウリング    ゴルフ    トライアスロン
(得点)         91          55       94                      13          34        21
(合計得点)     2436

                                              ～

(順位)        (都道府県名)
第47位         愛知県
(競技名)       陸上競技     水泳      サッカー      ～        ボウリング    ゴルフ    トライアスロン
(得点)         54          103      10                      38          10        11
(合計得点)     1027
```

(第2図)

処理条件

1. 第1図のデータは競技番号の昇順に記録されている。なお，競技番号は1(陸上競技)～37(トライアスロン)である。
2. 配列 Kmei に競技名を記憶する。なお，Kmei の添字は競技番号と対応している。

   配列

Kmei	(0)	(1)	(2)	～	(37)
		陸上競技	水泳	～	トライアスロン

3. 第1図の入力データを読み，次の処理を行う。
   - 都道府県名を Tdmei をもとに配列 Tsyu から探索し，競技番号ごとに得点を集計する。また38列目には合計得点を求める。なお，都道府県名は Tsyu の0列目に記憶されており列方向の添字は競技番号と対応している。

   配列

Tsyu	(0)	(1)	～	(37)	(38)
(0)			～		
(1)	北海道		～		
(2)	青森県		～		
～	～		～		
(47)	沖縄県		～		
	(都道府県名)				(合計得点)

4. 入力データが終了したら，次の処理を行う。
   - 配列 Tsyu を合計得点の降順に並べ替え，合計得点の降順に順位をつけ，第2図のように表示する。なお，合計得点が同点の場合は，記憶されている都道府県名の順とする。
5. データにエラーはないものとする。

解答群

- **ア**．Tsyu(k, Kban) + Ten → Tsyu(k, Kban)
- **イ**．m は 47 から 1 ずつ減らして m ＞ 0
- **ウ**．m は 46 から 1 ずつ減らして m ＞ 0
- **エ**．Tsyu(i, 1)～ Tsyu(i, 37)を表示
- **オ**．Tsyu(0, n) → Tsyu(h + 1, n)
- **カ**．Tsyu(k, 0) = Tdmei
- **キ**．Kmei(1)～ Kmei(37)を表示
- **ク**．Tsyu(h + 1, n) → Tsyu(h, n)
- **ケ**．Tsyu(k, 0) ≠ Tdmei
- **コ**．Tsyu(Kban, k) + Ten → Tsyu(Kban, k)

＜流れ図＞

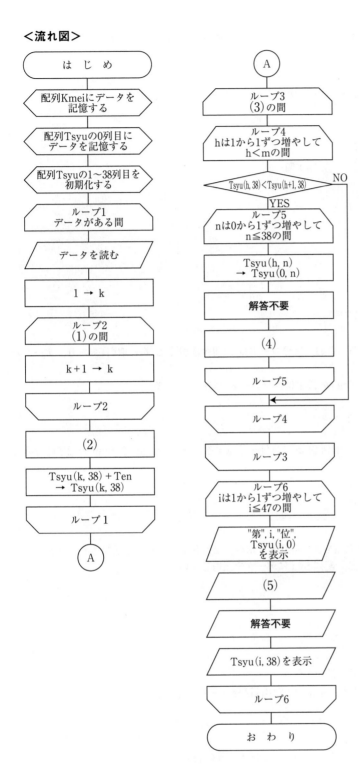

はじめ

配列Kmeiにデータを
記憶する

配列Tsyuの0列目に
データを記憶する

配列Tsyuの1～38列目を
初期化する

ループ1
データがある間

データを読む

1 → k

ループ2
(1)の間

k＋1 → k

ループ2

(2)

Tsyu(k, 38) + Ten
→ Tsyu(k, 38)

ループ1

A

A

ループ3
(3)の間

ループ4
hは1から1ずつ増やして
h＜mの間

Tsyu(h, 38)＜Tsyu(h+1, 38)　NO

YES

ループ5
nは0から1ずつ増やして
n≦38の間

Tsyu(h, n)
→ Tsyu(0, n)

解答不要

(4)

ループ5

ループ4

ループ3

ループ6
iは1から1ずつ増やして
i≦47の間

"第", i, "位",
Tsyu(i, 0)
を表示

(5)

解答不要

Tsyu(i, 38)を表示

ループ6

おわり

(1)		(2)		(3)		(4)		(5)	

【6】 流れ図の説明を読んで，流れ図の(1)～(5)にあてはまる答えを解答群から選び，記号で答えなさい。

＜流れ図の説明＞

処理内容

　卸売業者の1か月分の売上データを読み，売上一覧表をディスプレイに表示する。

入力データ

伝票No (Dno)	取引先名 (Tmei)	商品コード (Scd)	数量 (Su)	区分コード (Ku)
×××	×～×	×××	×××	×

(第1図)

処理結果

```
(売上一覧表)
　(現金取引)　×，×××，×××
　(掛け取引)　×，×××，×××
(取引一覧)
(伝票No)　(取引先名)　　(売上金額)　(区分)
×××　　×～×　　×××，×××　　現金
×××　　×～×　　×××，×××　　掛け
　〜　　　　〜　　　　　〜　　　　　〜
```

(第2図)

処理条件

1．第1図のデータは伝票Noの昇順に記録されている。なお，区分コードは1(現金取引)，2(掛け取引)であり，データの件数は100件以下である。

2．配列Kmeiに区分表示用の値を記憶する。なお，Kmeiの添字は区分コードと対応している。

配列

Kmei	(0)	(1)	(2)
		現金	掛け

3．配列Scodeに商品コードを昇順に記憶する。また，配列Stanに単価を記憶する。なお，ScodeとStanの添字は対応している。

配列

Scode	(0)	～	(199)
	101	～	372

Stan	(0)	～	(199)
	100	～	520

4．第1図の入力データを読み，次の処理を行う。

・　商品コードをもとに配列Scodeを探索し，売上金額を次の計算式で求め，配列Syuにデータを記憶する。なお，商品コードが見つからなかった場合は，エラーデータとし，配列Syuにデータを記憶しない。

**　売上金額　＝　数量　×　単価**

配列

Syu	(0)	(1)	(2)	(3)
(0)				
(1)				
～	〜	〜	〜	〜
(99)				
	(伝票No)	(取引先名)	(売上金額)	(区分コード)

・　区分ごとの売上金額を配列Ksyuに集計する。なお，Ksyuの添字は区分コードと対応している。

配列

Ksyu	(0)	(1)	(2)

5．入力データが終了したら，区分ごとの売上金額および取引一覧を第2図のように表示する。

＜流れ図＞

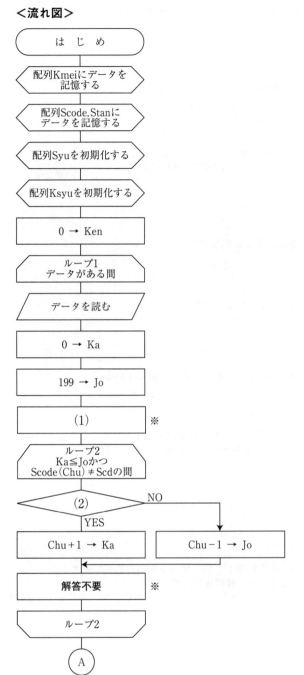

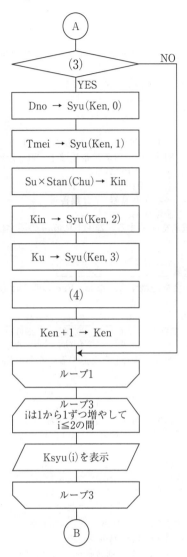

※ 小数点以下切り捨て

解答群

ア. Ka ≦ Jo
イ. (Ka + Jo) ÷ 2 → Jo
ウ. (Ka + Jo) ÷ 2 → Chu
エ. Ka > Jo
オ. Scode(Chu) < Scd
カ. Ksyu(Ku) + Kin → Ksyu(Ku)
キ. Scode(Chu) > Scd
ク. Syu(k, 0)〜Syu(k, 2), Kmei(Syu(k, 3))
ケ. Ksyu(Dno) + Kin → Ksyu(Dno)
コ. Syu(k, 0)〜Syu(k, 2), Kmei(ku)

(1)		(2)	A	(3)		(4)		(5)	

【7】 流れ図の説明を読んで，流れ図の(1)～(5)にあてはまる答えを解答群から選び，記号で答えなさい。

＜流れ図の説明＞

処理内容

　あるホテルチェーンの売上データを読み，地域別宿泊代金集計をディスプレイに表示する。

入力データ

宿泊年月日 (Snen)	顧客番号 (Kban)	宿泊コード (Scode)	部屋数 (Hsu)	宿泊日数 (Ssu)
××××××××	××××	××××	××	××

(第1図)

実行結果

```
(地域別宿泊代金集計)
(地域名)          (宿泊代金計)
 中 国         22,962,865
  ～              ～
 中 部         18,685,655
(宿泊代金合計)  168,672,110
```
(第2図)

処理条件

1．第1図の宿泊コードは，次の例のように構成されており，地域番号は1(北海道)～8(九州)，ホテル番号は1～30，分類番号は1(シングル)～4(トリプル)である。

　例　1011　→　　**1**　　　　　**01**　　　　　**1**
　　　　　　　　　　地域番号　　ホテル番号　　分類番号

2．次の各配列にデータを記憶する。
　・配列 Remei に地域名を記憶する。なお，Remei の添字は地域番号と対応している。

配列

Remei	(0)	(1)	～	(8)
		北海道	～	九州

　・配列 Fee に宿泊料金を記憶する。なお，Fee の添字は分類番号と対応している。

配列

Fee	(0)	(1)	(2)	(3)	(4)
		7500	15000	20000	28000
		(シングル)	(ダブル)	(ツイン)	(トリプル)

　・配列 Rawari に顧客種別別割引率を記憶する。なお，Rawari の添字は，顧客種別と対応している。

配列

Rawari	(0)	(1)	(2)	(3)	(4)
		0.15	0.08	0.03	0

　・配列 Cio の0列目に顧客番号を，1列目に顧客名を，2列目に住所を，3列目に顧客種別を記憶する。なお，Cio の行の添字は顧客番号と対応しており，顧客は5000件以下である。また，顧客種別は1(最優良)～4(一般)である。

配列

Cio	(0)	(1)	(2)	(3)
(0)				
(1)	1	○○　△△	×○×～	2
～	～	～	～	～
(5000)	5000	□□　◇◇	×△○～	3
	(顧客番号)	(顧客名)	(住所)	(顧客種別)

3．第1図の入力データを読み，次の処理を行う。
　・分類番号をもとに配列 Fee を，顧客種別をもとに配列 Rawari を探索し，宿泊代金を次の計算式で求める。

　宿泊代金　＝　部屋数　×　宿泊日数　×　宿泊料金　×　（1　－　顧客種別別割引率）

　・地域番号ごとに配列 Rekin に宿泊代金計を集計する。なお，Rekin の添字は地域番号と対応している。また，0列目には合計を求める。

配列

Rekin	(0)	(1)	～	(8)
			～	
	(合計)			

4．入力データが終了したら，次の処理を行う。
　・配列 Wk を利用して，地域番号ごとの宿泊代金計の降順に並べ替える。

配列

Wk	(0)	(1)	～	(8)
			～	

　・地域名と宿泊代金計を第2図のように降順に表示する。
　・最後に宿泊代金合計を第2図のように表示する。

5．データにエラーはないものとする。

解答群

ア．t ≧ 1
イ．1 → Wk(s)
ウ．Rekin(Hban) + Kin → Rekin(Hban)
エ．Fee(Bban)
オ．Rekin(work) < Rekin(Wk(t))
カ．work → Wk(t + 1)
キ．Rawari(Kban)
ク．t ≦ 1
ケ．Rawari(Cio(Kban, 3))
コ．Rekin(Wk(t)) < Rekin(work)
サ．Fee(Hban)
シ．Rawari(Bban)
ス．s → Wk(s)
セ．Rekin(Tban) + Kin → Rekin(Tban)
ソ．work → Wk(t)
タ．Rawari(Cio(3, Kban))

＜流れ図＞

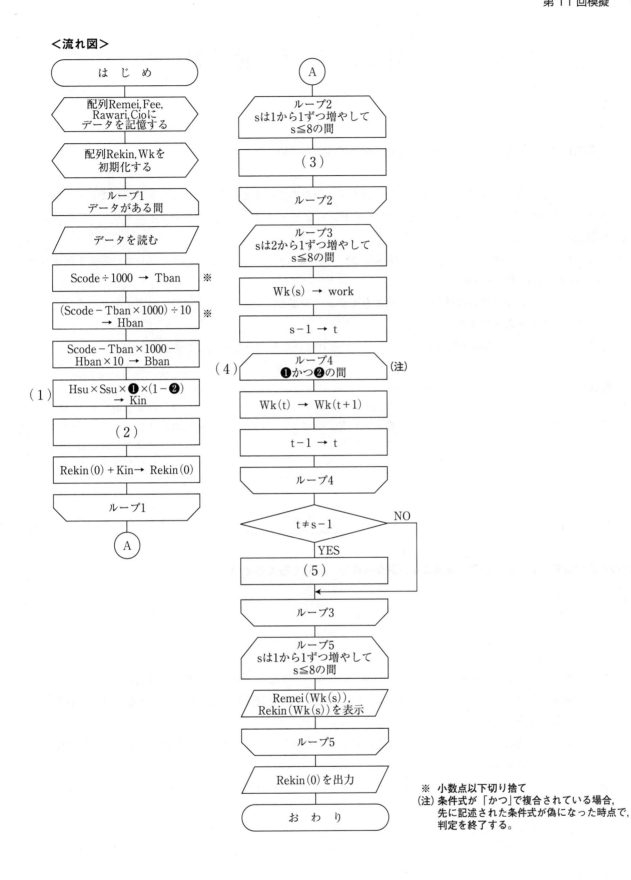

はじめ

配列Remei,Fee,
Rawari,Cioに
データを記憶する

配列Rekin,Wkを
初期化する

ループ1
データがある間

データを読む

Scode÷1000 → Tban　※

(Scode−Tban×1000)÷10
→ Hban　※

Scode−Tban×1000−
Hban×10 → Bban

（1）Hsu×Ssu×❶×(1−❷)
→ Kin

（2）

Rekin(0) + Kin→ Rekin(0)

ループ1

A

A

ループ2
sは1から1ずつ増やして
s≦8の間

（3）

ループ2

ループ3
sは2から1ずつ増やして
s≦8の間

Wk(s) → work

s−1 → t

（4）ループ4
❶かつ❷の間　(注)

Wk(t) → Wk(t+1)

t−1 → t

ループ4

t≠s−1 —NO→

YES

（5）

ループ3

ループ5
sは1から1ずつ増やして
s≦8の間

Remei(Wk(s)),
Rekin(Wk(s))を表示

ループ5

Rekin(0)を出力

お　わ　り

※　小数点以下切り捨て
(注) 条件式が「かつ」で複合されている場合,
　　先に記述された条件式が偽になった時点で,
　　判定を終了する。

	(1)		(2)	(3)	(4)		(5)
❶	❷				❶	❷	

主催 公益財団法人 全国商業高等学校協会

情報処理検定模擬試験問題 第1級 （第12回）

制限時間60分

【1】 次の説明文に最も適した答えを解答群から選び，記号で答えなさい。

1．結合テストを行う際，呼び出し元の未完成な上位モジュールの代わりとなる簡易的なテスト用のモジュール。

2．ネットワーク通信において，送信元や宛先のIPアドレスなどを判別して経路選択やフィルタリングする機能を持つ中継機器。

3．ネットワークをいくつかのネットワークに区切る際，コンピュータに割り当てるIPアドレスの範囲を限定させるための32ビットのビットパターン。

4．外部設計をもとに，システムに搭載される機能をモジュールごとに分割したり，処理されるデータの受け渡し方法などを設計したりする開発工程。

5．1台のコンピュータに複数の記憶装置を接続し，それぞれに異なる内容を分散して書き込む技術。

```
─ 解答群 ─
ア．ストライピング        イ．アクセスログ        ウ．内部設計
エ．ゲートウェイ          オ．ルータ              カ．スタブ
キ．サブネットマスク      ク．シンクライアント    ケ．プログラム設計
コ．ミラーリング          サ．ドライバ            シ．プログラミング
```

1	2	3	4	5

【2】 次のA群の語句に最も関係の深い説明文をB群から選び，記号で答えなさい。

＜A群＞ 1．桁落ち　　　　　　　2．CA　　　　　　　　3．TCP/IP
　　　　 4．ウォータフォールモデル　　　5．ターンアラウンドタイム

＜B群＞

ア．インターネットで標準的に利用され，OSなどの環境が異なるコンピュータ間でも通信を可能とするプロトコル。

イ．システム開発において，初期段階から試作品を作成し，システムを発注した顧客からの評価を受け，確認をしながら改良を重ね，開発を進める手法。

ウ．公開鍵暗号方式を利用した暗号化通信を行う際に必要となるデジタル証明書を発行したり，失効の依頼を受けた証明書を失効させたりする機関。

エ．浮動小数点演算において，加減算をした結果が0に非常に近くなったときに，有効数字の桁数が極端に少なくなる現象。

オ．システムに処理の要求や入力の命令を与えてから，応答や出力が開始されるまでの時間。

カ．システム開発において，要件定義からテストまでの各工程を順に進め，前の工程に戻らないことを前提として開発を進める手法。

キ．公開鍵暗号方式などを利用し送信されるデータに，なりすましや改ざんがされていないことを証明できるしくみ。

ク．極端に絶対値の差が大きい数値同士の加減算を行った結果，絶対値の小さい数値が無視されてしまう現象。

ケ．システムに処理の要求を開始してから，すべての結果が出力されるまでの時間。

コ．ネットワークに接続されたコンピュータのドメイン名とIPアドレスを互いに変換するしくみ。

1	2	3	4	5

【3】　次の説明文に最も適した答えをア，イ，ウの中から選び，記号で答えなさい。なお，5については数値を答えなさい。

1．8ビットの処理装置で，16進数の72を右に2ビット論理シフトした値を16進数で表したもの。

　　ア．1C　　　　　　　　　　　　　**イ**．C7　　　　　　　　　　　　　**ウ**．DC

2．先に入力されたデータが，後に入力されたデータよりも先に取り出されるデータ構造。

　　ア．スタック　　　　　　　　　　**イ**．キュー　　　　　　　　　　**ウ**．リスト

3．稼働率の高さやメンテナンスの容易さなど，五つの特性により判断するコンピュータシステムの総合的な評価指標。

　　ア．NAS　　　　　　　　　　　　**イ**．RAID　　　　　　　　　　　**ウ**．RASIS

4．コンピュータシステムや，ソフトウェアがユーザから要求された仕様を満たしているかを検証するテスト。

　　ア．負荷テスト　　　　　　　　　**イ**．機能テスト　　　　　　　　**ウ**．性能テスト

5．1.75 GB のデータを転送するのに必要な時間が，2.45 GB のデータを転送するのに必要な時間より 80 秒短い場合，3.15 GB のデータを転送するのに必要な時間は何秒か。ただし，1 GB = 10^9 B とする。なお，その他の外部要因は考えないものとする。

1		2		3		4		5		秒

【4】　次の各問いに答えなさい。

　問1．プログラムの説明を読んで，プログラムの(1)～(3)にあてはまる答えを解答群から選び，記号で答えなさい。

　　　＜プログラムの説明＞

　　　　処理内容
　　　　　引数で渡された配列に記憶されている数値を探索してメッセージをディスプレイに表示する。
　　　　処理条件
　　　　1．配列 Ban にはデータが昇順に記憶されている。なお，データ件数は n に記憶されており，同じ数値はないものとする。
　　　　　配列

Ban	(0)	(1)	～	(n - 2)	(n - 1)
	60	65	～	261	291

　　　　2．キーボードから入力した数値をもとに配列 Ban を探索し，見つかった場合は 該当データあり を，見つからなかった場合は 該当データなし を表示する。

　　　＜プログラム＞

```
Sub Program1(Ban() As Long, n As Long)
  Dim Atai As Long
  Dim k As Long
  Dim j As Long
  Dim t As Long
  Atai = Val(InputBox("値を入力してください"))
  k = 0
  j = n - 1
  t = Int((k + j) / 2)
  Do While [    (1)    ]
    If Ban(t) > Atai Then
      [ 解答不要 ]
    Else
      [    (2)    ]
    End If
    If [    (3)    ] Then
      Exit Do
    End If
    t = Int((k + j) / 2)
  Loop
  If Ban(t) = Atai Then
    MsgBox ("該当データあり")
  Else
    MsgBox ("該当データなし")
  End If
End Sub
```

　　　　解答群

　　　　　ア．k > j

　　　　　イ．Ban(t) <> Atai

　　　　　ウ．j = t - 1

　　　　　エ．Ban(t) = Atai

　　　　　オ．k < j

　　　　　カ．k = t + 1

問2. プログラムの説明を読んで，プログラムの(4)〜(5)にあてはまる答えを解答群から選び，記号で答えなさい。

＜プログラムの説明＞

処理内容

　引数で渡された配列に記憶されている数値を並べ替えてディスプレイに表示する。

処理条件

1．配列 Kei には数値が記憶されている。なお，データの件数は n に記憶されている。

　配列

Kei	(0)	(1)	〜	(n − 1)
	9.7	8.2	〜	10.9

2．配列 Kei の数値を降順に並べ替える。

3．並べ替えが終わったら，配列 Kei の内容を表示する。

＜プログラム＞

```
Sub Program2(Kei() As Double, n As Long)
  Dim i As Long
  Dim Hoz As Long
  Dim j As Long
  Dim Taihi As Double
  Dim k As Long
  For i = 0 To n - 2
    Hoz = i
    For j = i + 1 To n - 1
      If Kei(j) > Kei(Hoz) Then
           (4)
      End If
    Next j
    If      (5)      Then
      Taihi = Kei(i)
      Kei(i) = Kei(Hoz)
      Kei(Hoz) = Taihi
    End If
  Next i
  For k = 0 To n - 1
    MsgBox (Kei(k))
  Next k
End Sub
```

解答群

ア．Hoz <> j

イ．Hoz = j

ウ．Hoz = i

エ．Hoz <> i

---

(1)		(2)		(3)		(4)		(5)	

【5】　流れ図の説明を読んで，流れ図の(1)～(5)にあてはまる答えを解答群から選び，記号で答えなさい。

＜流れ図の説明＞

処理内容

　コーヒーショップチェーンのアンケート回答データを読み，アンケート集計結果をディスプレイに表示する。

入力データ

店舗番号 （Tban） ××	評価項目番号 （Hban） ×	評価点数 （Hten） ×

（第1図）

実行結果

```
（アンケートの平均評価）
（店舗名）　（合計）　（立地）　（接客）　（清掃）　（装飾）　（音楽）
広面店　　　3.6　　　2.5　　　3.5　　　4.5　　　4.0　　　3.5
手形店　　　3.7　　　3.0　　　4.0　　　5.0　　　3.0　　　3.5
　〜　　　　〜　　　　〜　　　　〜　　　　〜　　　　〜　　　　〜
（項目番号(1〜5)または合計(0)を入力）0
項目名：合計
（店舗名）　（平均評価）
能代店　　　3.9
手形店　　　3.7
　〜　　　　〜
```

（第2図）

処理条件

1．第1図の店舗番号は1（広面店）～10（新国店），評価項目番号は1（立地）～5（音楽），評価点数は1～5である。また，すべての店舗のすべての項目について1件以上の評価が行われている。

2．配列 Tmei に店舗名を，配列 Hmei に評価項目名を記憶する。なお，Hmei(0) には 合計 を記憶する。また，Tmei の添字は店舗番号と，Hmei の添字は評価項目番号と対応している。

配列

Hmei	(0)	(1)	(2)	〜	(5)
	合計	立地	接客	〜	音楽

3．第1図の入力データを読み，配列 Ten に評価点数を集計し，配列 Ken に件数を求める。なお，Ten と Ken の0列目には合計を求める。また，Ten と Ken の行方向の添字は店舗番号と，列方向の添字は評価項目番号と対応している。

配列

Ten	(0)	(1)	(2)	〜	(5)
(0)					
(1)				〜	
(2)				〜	
〜	〜	〜	〜	〜	〜
(10)				〜	

（合計）

Ken	(0)	(1)	(2)	〜	(5)
(0)					
(1)				〜	
(2)				〜	
〜	〜	〜	〜	〜	〜
(10)				〜	

（合計）

4．入力データが終了したら次の処理を行う。

・　配列 Ten を利用し，店舗番号ごとの平均評価を次の計算式で求め，店舗名から音楽までを第2図のように表示する。

平均評価　＝　評価点数計　÷　評価件数

・　評価項目番号(1〜5)または合計(0)を入力し，評価項目名を第2図のように表示する。なお，−1が入力されたら処理を終了する。

・　配列 Tmp を利用し，入力された評価項目番号または合計をもとに，店舗番号を平均評価の降順に並べ替える。なお，平均評価が同じ場合は店舗番号の昇順とする。

配列

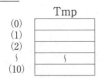

・　店舗名と入力された評価項目番号または合計の平均評価を第2図のように表示する。

5．キーボードから評価項目番号として−1が入力されたら処理を終了する。

6．データにエラーはないものとする。

＜流れ図＞

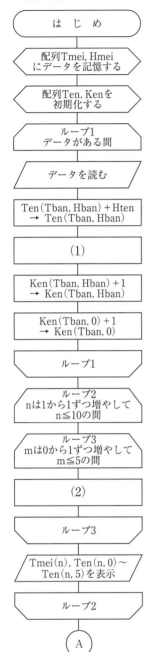

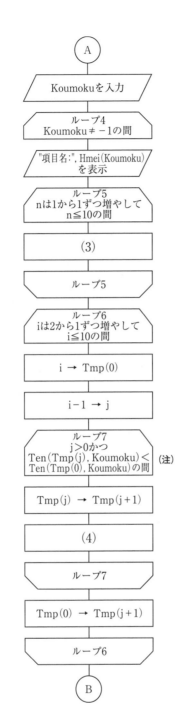

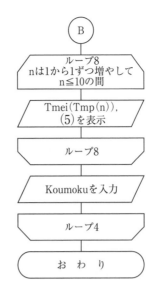

(注) 条件式が「かつ」で複合されている場合，
　　 先に記述された条件式が偽になった時点で，
　　 判定を終了する。

解答群

ア. j + 1 → j
イ. n → Tmp(n)
ウ. Ten(n, m) ÷ Ken(n, m) → Ten(n, m)
エ. Ten(n, Koumoku)
オ. 1 → Tmp(n)
カ. j − 1 → j
キ. Ten(Tban, 0) + 1 → Ten(Tban, 0)
ク. Ken(n, m) ÷ Ten(n, m) → Ken(n, m)
ケ. Ten(Tmp(n), Koumoku)
コ. Ten(Tban, 0) + Hten → Ten(Tban, 0)

(1)		(2)		(3)		(4)		(5)	

【6】 流れ図の説明を読んで，流れ図の(1)～(5)にあてはまる答えを解答群から選び，記号で答えなさい。

＜流れ図の説明＞

処理内容

　ある温泉の売上データを読み，売上集計表をディスプレイに表示する。

入力データ

日付 (Hiduke)	時刻 (Jikoku)	種別 (Tsyu)	券種 (Ksyu)	人数 (Nin)
××××	××××	×	×	×

(第1図)

実行結果

```
(売上集計表)
5月1日
(時間帯)  (合計)   (1時間券)  (3時間券)  (1日券)
11時台    6700     2100        0         4600
12時台    2950        0         0         2950
  〜        〜        〜         〜         〜
                                        (売上高順券種)
日計      48800    10800     17050     20950   1日券　3時間券　1時間券
5月2日
11時台    5400      900      4500          0
  〜        〜        〜         〜         〜
```

(第2図)

処理条件

1. 第1図のデータは，日付，時刻の昇順に記録されている。なお，日付，時刻は次の例のように構成されており，時は11～19，分は0～59である。また，種別は1(町民)，2(町民外)，券種は1(1時間券)，2(3時間券)，3(1日券)である。

　　例　0501 → 5 1　　1105 → 11 5
　　　　日付　　月 日　　時刻　　時 分

2. 次の各配列にデータを記憶する。

　　・配列 Kmei に券種名を配列 Tanka に入浴料を記憶する。なお，Kmei と Tanka の添字は券種と対応している。

配列

Kmei	(0)	(1)	(2)	(3)
		1時間券	3時間券	1日券

Tanka	(0)	(1)	(2)	(3)
		350	800	1200

3. 第1図の入力データを読み，次の処理を行う。

　　・日がかわるごとに，月日を第2図のように表示する。

　　・種別ごとに，次の計算式で入浴料金を求める。なお，町民は入浴料から50円引きである。

　　入浴料金　＝　人数　×　（入浴料　－　値引額）

　　・配列 Rkei の 0 行目に時間帯ごとの入浴料金を，1 行目に日ごとの入浴料金を集計する。なお Rkei の 0 列目には入浴料金の合計を求める。また，列方向の添字は券種と対応している。

配列

Rkei
	(0)	(1)	(2)	(3)	
(0)					(時間帯計)
(1)					(日計)
	(合計)				

　　・時がかわるごとに，時間帯から1日券までを第2図のように表示する。

　　・日がかわるごとに日計および売上高順券種を第2図のように表示する。なお，売上高順券種は配列 Tmp を利用し，日計の降順に並べ替える。また日計が同じ場合は券種の昇順とする。

配列

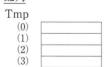

Tmp
(0)	
(1)	
(2)	
(3)	

4. データの最後には日付に 9999 が記憶されている。

5. データにエラーはないものとする。

＜流れ図＞

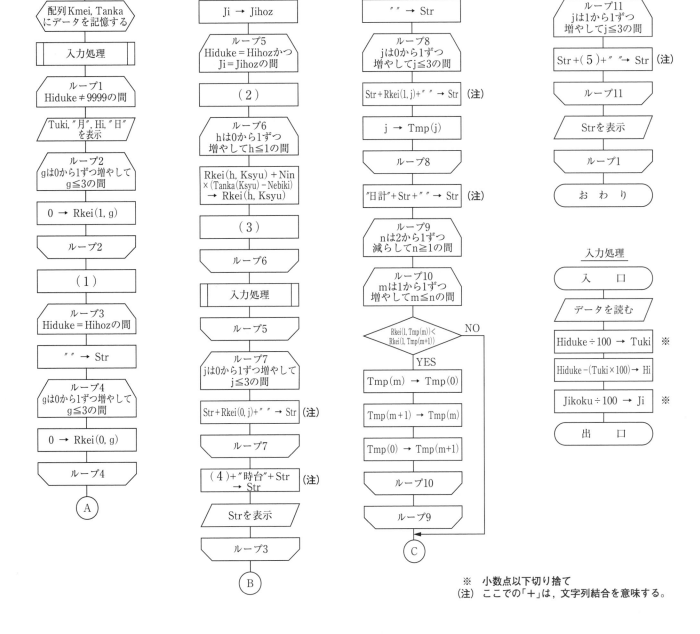

※　小数点以下切り捨て
(注)　ここでの「＋」は，文字列結合を意味する。

解答群

ア．Jihoz

ウ．Rkei(Ksyu, 0) ＋ Nin × (Tanka(Ksyu) － Nebiki) → Rkei(Ksyu, 0)

オ．Kmei(Tmp(j))

キ．Hiduke → Hihoz

ケ．Hihoz

イ．(2 － Tsyu) × 50 → Nebiki

エ．Kmei(j)

カ．Jikoku → Hihoz

ク．Tsyu × 50 → Nebiki

コ．Rkei(h, 0) ＋ Nin × (Tanka(Ksyu) － Nebiki) → Rkei(h, 0)

(1)		(2)		(3)		(4)		(5)	

【7】　流れ図の説明を読んで，流れ図の(1)～(5)にあてはまる答えを解答群から選び，記号で答えなさい。

＜流れ図の説明＞

処理内容

　ある外食チェーンの1日の売上データを読み，売上一覧をディスプレイに表示する。

入力データ

店No (Mno) ×	商品コード (Sc) ×××	売上数 (Usu) ×××

（第1図）

実行結果

（売上一覧）				
（店名）	（売上合計）	（割合累計）	（区分）	（グラフ）
中崎	816200	26	A	**
横橋	647500	47	A	****
館森	396800	59	A	*****
小田	352200	72	B	*******
	～			
富丸	114600	95	C	*********
統合予定富丸				

（第2図）

処理条件

1．第1図の店Noは1（小田）～8（安岡）である。商品コードは101～115，201～215番となっており，すべての店ですべての商品について1件以上の売上データがある。

2．次の各配列にデータを記憶する。

　・配列 Ttbl に店名を記憶する。なお，Ttbl の添字は店Noと対応している。

配列

Ttbl	(0)	(1)	～	(8)
		小田	～	安岡

　・配列 Ntbl に商品コード，商品名，単価を商品コードの昇順に記録する。なお，商品数は30種類である。

配列

Ntbl	(0)	(1)	(2)
(0)			
(1)	101	朝セット	500
～	～	～	～
(30)	215	スタミナ定食	900
	（商品コード）	（商品名）	（単価）

3．第1図の入力データを読み，商品コードをもとに配列 Ntbl より単価を探索し，売上金額を次の式で計算して配列 Work に集計する。なお，Work の行方向の添字は店Noと対応している。また，次の式で売上合計，総売上合計を計算する。

　　売上金額　＝　売上数　×　単価

　　売上合計　＝　売上合計　＋　売上金額

　　総売上合計　＝　総売上合計　＋　売上金額

配列

Work	(0)	(1)	(2)	(3)
(0)				
(1)				
～	～	～	～	
(8)				
	（店No）	（売上合計）	（割合）	（割合累計）

4．入力データが終了したら，次の処理を行う。

　・配列 Work を売上合計の降順に並べ替える。

　・次の式で総売上合計に対する店舗ごとの割合と割合累計を計算し，配列 Work に記憶する。

　　割合　＝　売上合計　×　100　÷　総売上合計

　　割合累計　＝　ひとつ前の行の割合累計　＋　割合

　・店Noごとに売上合計の降順に店名からグラフまでを第2図のように表示する。なお，割合累計10ごとに＊を1つ表示する。また，区分は割合累計70以下をA，70より大きく90以下はB，それ以外をCとする。

　・最後に　統合予定　と売上合計の最下位の店名を表示する。

5．データにエラーはないものとする。

<流れ図>

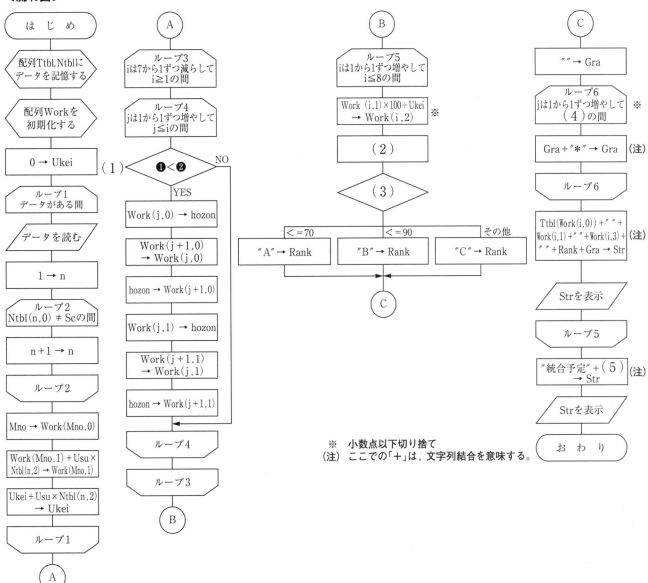

※　小数点以下切り捨て
(注)　ここでの「＋」は，文字列結合を意味する。

解答群

ア． Work(i, 1)

イ． Work(j+1, 1)

ウ． Work(i-1, 3) + Work(i, 2) → Work(i, 3)

エ． Ttbl(Work(j, 0))

オ． j ≦ (Work(i, 3) ÷ 10)

カ． Work(i, 3)

キ． j ≦ (Work(j, 3) ÷ 10)

ク． Work(i+1, 1)

ケ． Ttbl(Work(i, 0))

コ． Work(i, 3) + Work(i-1, 2) → Work(i, 3)

サ． Work(j, 1)

シ． Work(j, 2)

ス． Ttbl(Work(i-1, 0))

セ． Ttbl(i)

ソ． Work(j, 3)

タ． j < (Work(i, 3) ÷ 10)

(1)		(2)	(3)	(4)	(5)
❶	❷				

「問題を読みやすくするために，
このページは空白にしてあります。」

2023年9月24日実施

令和5年度（第69回）

情報処理検定試験

〈プログラミング部門〉

第1級　試験問題

─── **注　意　事　項** ───

1．監督者の指示があるまで，試験問題に手を触れないでください。

2．試験問題は10ページあります。

3．解答はすべて解答用紙に記入してください。

4．電卓などの計算用具は使用できません。

5．筆記用具などの物品の貸借はできません。

6．問題用紙の回収については監督者の指示にしたがってください。

7．制限時間は60分です。

主催　公益財団法人　全国商業高等学校協会

受　験　番　号

【1】 次の説明文に最も適した答えを解答群から選び，記号で答えなさい。

1．システムの不具合の修正や機能追加などのために，一部のプログラムを修正したことにより，正常に稼働していたその他のプログラムに意図しない影響が起きていないかを確認するためのテスト。

2．インターネット上のメールサーバで受信したメールを，端末にダウンロードすることなく，閲覧・操作することのできるプロトコル。

3．ネットワークに接続された機器へのクラスを使わないIPアドレスの柔軟な割り当てや，階層的なアドレス管理に基づく効率的な経路情報によるルーティングを実現するしくみ。

4．公開鍵暗号方式を採用した電子商取引において，公開鍵の所有者の正当性を証明するために，公開鍵とその対となる秘密鍵の所有者などの情報が記載された電子証明書の発行などを行う第三者機関。

5．おもに節と枝から構成される階層的な関係を表現する際に用いられ，親の節から子の節をたどることによってデータを取り出すことができるデータ構造。

```
─── 解答群 ───
ア．MACアドレス        イ．FTP              ウ．木構造
エ．認証局            オ．リグレッションテスト  カ．リスト
キ．IMAP             ク．性能テスト         ケ．TLS
コ．TCP/IP           サ．POP              シ．CIDR
```

【2】 次のA群の語句に最も関係の深い説明文をB群から選び，記号で答えなさい。

＜A群＞　1．クロック周波数　　　　2．VPN　　　　　　　3．SQLインジェクション
　　　　　4．プログラム設計　　　　5．インスタンス

＜B群＞

ア．物理的な専用回線を用いることなく，共用回線を仮想的に独立した専用回線のように扱うことにより構築されるネットワーク。

イ．セキュリティを確保するために設けられる，ファイアウォールなどによって外部ネットワークや内部ネットワークから隔離されているネットワーク上の領域。

ウ．オブジェクト指向において，データとメソッドをオブジェクトとして一つの単位にまとめて秘匿し，外部に対しては必要な情報や手続きのみを提供すること。

エ．Webサイトのぜい弱性を突いて，入力フォームからデータベースを操作する命令文を入力し，不正に情報を入手したり，データベースの破壊やWebページの改ざんを行ったりする攻撃手法。

オ．システム開発において，前工程で作成された操作画面や帳票等の定義に基づき具体的な処理手順などを設計する開発工程。

カ．オブジェクト指向において，オブジェクトが持つ性質を定義したクラスに対して具体的な属性値を与えることにより，メモリ上に実体として生成されるもの。

キ．コンピュータシステムの処理速度を表す単位の一つで，1秒間に実行できる命令数を百万単位で表したもの。

ク．システム開発において，前工程で作成された入出力データの定義や処理手順などに基づき構造設計を行う開発工程。

ケ．Webサイトのぜい弱性を突いて不正に侵入し，別のWebサイトへと誘導する命令を埋め込み，情報を盗み取ったり，マルウェアに感染させたりする攻撃手法。

コ．コンピュータ内部において，各装置同士の処理のタイミングを同期するために発せられる信号が，1秒間に何回繰り返されるかを表す値。

【3】　次の説明文に最も適した答えをア，イ，ウの中から選び，記号で答えなさい。なお，5. については数値を答えなさい。

1．8ビットの2進数 10100100 を右に2ビット算術シフトした値を10進数で表したもの。なお，負の数は2の補数表現によるものとする。

　　　　ア．-23　　　　　　　　　　イ．-9　　　　　　　　　　ウ．9

2．電源装置やハードディスクなどを多重化することにより，コンピュータシステムに障害が発生した際においても，システム全体の機能を保ち，稼働し続けることができるしくみや考え方。

　　　　ア．フォールトアボイダンス　　イ．フェールセーフ　　　　ウ．フォールトトレラント

3．音声データをパケット化し，インターネット回線を利用して音声データを送受信する技術。

　　　　ア．MIME　　　　　　　　　　イ．VoIP　　　　　　　　　ウ．HTTP

4．二つの入力のうちどちらか一方が「 1 」のときのみ，「 1 」を出力する論理回路。

　　　　ア．AND回路　　　　　　　　イ．OR回路　　　　　　　　ウ．XOR回路

5．あるシステムはこれまでの運用期間において，故障回数が4回，修理時間の合計が760時間，稼働率が0.9であった。今後のシステム運用において，MTBFは変わらないものとすると，このシステムの稼働率を0.95に向上させるためには，MTTRを何時間減少させればよいか。

【4】 次の各問いに答えなさい。

問1．プログラムの説明を読んで，プログラムの(1)～(2)にあてはまる答えを解答群から選び，記号で答えなさい。

<プログラムの説明>

処理内容

　引数で渡された配列に記憶されている文字列を並べ替えてディスプレイに表示する。

処理条件

1．配列 Cod にはデータが記憶されている。なお，データ件数は n に記憶されている。

配列

Cod	(0)	(1)	～	(n - 1)	(n)
		K98	～	B65	H21

2．配列 Cod の文字列を昇順に並べ替える。

3．並べ替えが終わったら，配列 Cod の内容を表示する。

<プログラム>

```
Sub Program1(Cod() As String, n As Long)
    Dim r As Long
    Dim s As Long
    Dim t As Long
    ┌─────(1)─────┐
        For s = 1 To r - 1
            If ┌─────(2)─────┐ Then
                Cod(0) = Cod(s)
                Cod(s) = Cod(s + 1)
                Cod(s + 1) = Cod(0)
            End If
        Next s
    Next r
    For t = 1 To n
        MsgBox(Cod(t))
    Next t
End Sub
```

解答群

　ア．For r = 1 To n

　イ．Cod(s) > Cod(s + 1)

　ウ．For r = n To 2 Step -1

　エ．Cod(s) < Cod(s + 1)

問2. プログラムの説明を読んで, プログラムの(3)〜(5)にあてはまる答えを解答群から選び, 記号で答えなさい。

＜プログラムの説明＞

処理内容

　引数で渡された配列に記憶されている数値を探索してメッセージをディスプレイに表示する。

処理条件

1. 配列 Nen にはデータが昇順に記憶されている。なお, データ件数は n に記憶されており, 同じ数値はないものとする。

　　配列

Nen	(0)	(1)	〜	(n − 1)	(n)
		781	〜	2008	2011

2. キーボードから入力した数値をもとに配列 Nen を探索し, 見つかった場合は 該当データあり を, 見つからなかった場合は 該当データなし を表示する。

＜プログラム＞

```
Sub Program2(Nen() As Long, n As Long)
    Dim Atai As Long
    Dim Lo As Long
    Dim Hi As Long
    Dim Mid As Long
    Atai = InputBox("値を入力してください")
    Lo = 0
    [    (3)    ]
    Mid = Int((Lo + Hi) / 2)
    Do While Nen(Mid) <> Atai
        If [    (4)    ] Then
            Lo = Mid
        Else
            Hi = Mid
        End If
        If Lo + 1 >= Hi Then
            Exit Do
        End If
        Mid = Int((Lo + Hi) / 2)
    Loop
    If [    (5)    ] Then
        MsgBox ("該当データあり")
    Else
        MsgBox ("該当データなし")
    End If
End Sub
```

```
── 解答群 ──────────
ア. Hi = n + 1
イ. Nen(Mid) > Atai
ウ. Hi = n
エ. Lo + 1 < Hi
オ. Nen(Mid) < Atai
カ. Lo + 1 > Hi
```

【5】 流れ図の説明を読んで，流れ図の(1)～(5)にあてはまる答えを解答群から選び，記号で答えなさい。

<流れ図の説明>

処理内容

　人口統計データを読み，集計結果をディスプレイに表示する。

入力データ

調査回 (Kai) ×	大州番号 (Ban) ×	小地域コード (Cod) ×××	国名 (Mei) ×～×	人口(千人) (Jin) ×～×

(第1図)

実行結果

```
(集計結果)
(調査年)  (大州名)    (小地域名)   (人口計：千人)   (1980年比)
1980年
       アフリカ
                 東アフリカ        146,704
                    〜
                 大州合計         481,573
          〜
                 世界合計        4,444,124
   〜                              〜
2020年
          〜
                    〜            〜         〜
       オセアニア
                    〜            〜
                 ポリネシア         716
                 大州合計         43,946       191.6%
                 世界合計       7,841,069      176.4%
```

(第2図)

処理条件

1．第1図のデータは調査回，大州番号，小地域コードの昇順に記録されている。なお，調査回は 1 (1980年) ～3 (2020年)，大州番号は 1 (アフリカ) ～6 (オセアニア)，小地域コードは EAF (東アフリカ) ～POL (ポリネシア) の22種類である。

2．次の各配列にデータを記憶する。
　・　配列 Tnen に調査年を記憶する。なお，Tnen の添字は調査回と対応している。

配列

	Tnen
(0)	
(1)	1980年
(2)	2000年
(3)	2020年

　・　配列 Tmei に大州名を記憶する。なお，Tmei の添字は大州番号と対応している。

配列

Tmei

(0)	(1)	(2)	〜	(6)
	アフリカ	アジア	〜	オセアニア

　・　配列 Scode に小地域コードを，配列 Smei に小地域名を記憶する。なお，Scode と Smei の添字は対応している。

配列

Scode

(0)	(1)	(2)	〜	(22)
	EAF	CAF	〜	POL

Smei

(0)	(1)	(2)	〜	(22)
	東アフリカ	中央アフリカ	〜	ポリネシア

3．第1図の入力データを読み，次の処理を行う。
　・　調査年を第2図のように表示する。
　・　小地域コードごとに人口(千人)を集計する。
　・　小地域コードがかわるごとに，小地域コードをもとに配列 Scode を探索し，小地域名と人口計：千人を第2図のように表示する。
　・　配列 Jsyu に大州番号ごとに人口(千人)を集計する。なお，Jsyu の0列目には世界合計を求める。また，Jsyu の行方向の添字は調査回と，列方向の添字は大州番号と対応している。

配列

Jsyu

	(0)	(1)	(2)	〜	(6)
(0)				〜	
(1)				〜	
(2)				〜	
(3)				〜	

　　　(世界合計)

　・　大州番号がかわるごとに，大州合計を第2図のように表示する。なお，調査回が 2 と 3 については，1980年比を次の計算式で求め，第2図のように表示する。
　　　1980年比 ＝ 大州合計 × 100 ÷ 1980年の大州合計
　・　調査回がかわるごとに，世界合計を第2図のように表示する。なお，調査回が 2 と 3 については，1980年比を次の計算式で求め，第2図のように表示する。
　　　1980年比 ＝ 世界合計 × 100 ÷ 1980年の世界合計

4．データにエラーはないものとする。

解答群

- ア．Tnen(Kai) → Kaihoz
- イ．Jsyu(Kaihoz, Banhoz) × 100 ÷ Jsyu(1, Banhoz) → Nhi
- ウ．Scode(i) ≠ Cod
- エ．Scode(i) ≠ Codhoz
- オ．Smei(Banhoz), Jkei
- カ．Jsyu(Kaihoz, 0) + Jsyu(Kaihoz, Banhoz) → Jsyu(Kaihoz, 0)
- キ．Smei(i), Jkei
- ク．Jsyu(Kaihoz, Banhoz) → Jsyu(Kaihoz, 0)
- ケ．Kai → Kaihoz
- コ．Jsyu(Kaihoz, Ban) × 100 ÷ Jsyu(1, Ban) → Nhi

<流れ図>

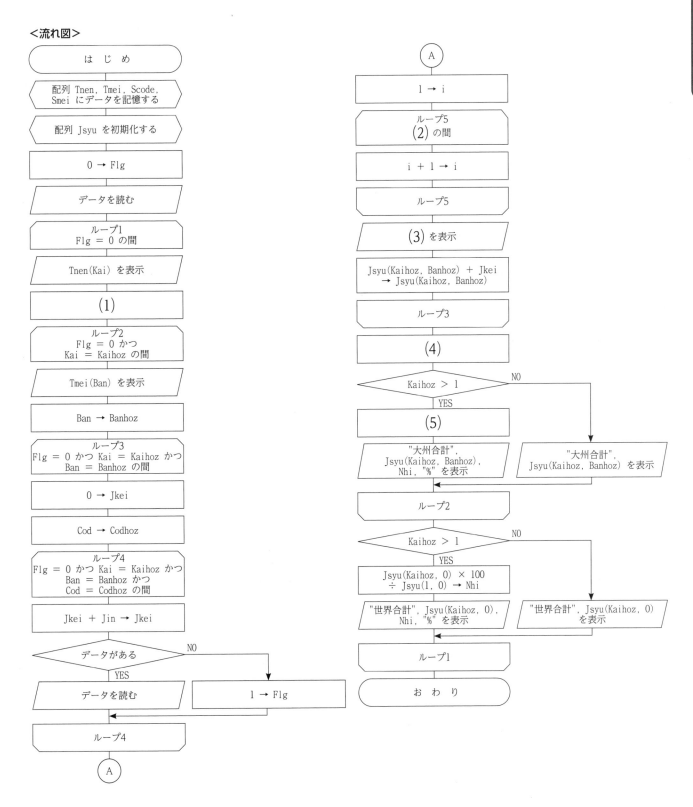

はじめ

配列 Tnen, Tmei, Scode, Smei にデータを記憶する

配列 Jsyu を初期化する

0 → Flg

データを読む

ループ1
Flg = 0 の間

Tnen(Kai) を表示

(1)

ループ2
Flg = 0 かつ
Kai = Kaihoz の間

Tmei(Ban) を表示

Ban → Banhoz

ループ3
Flg = 0 かつ Kai = Kaihoz かつ
Ban = Banhoz の間

0 → Jkei

Cod → Codhoz

ループ4
Flg = 0 かつ Kai = Kaihoz かつ
Ban = Banhoz かつ
Cod = Codhoz の間

Jkei + Jin → Jkei

データがある　NO
YES

データを読む　　　1 → Flg

ループ4

A

A

1 → i

ループ5
(2) の間

i + 1 → i

ループ5

(3) を表示

Jsyu(Kaihoz, Banhoz) + Jkei
→ Jsyu(Kaihoz, Banhoz)

ループ3

(4)

Kaihoz > 1　NO
YES

(5)

"大州合計",
Jsyu(Kaihoz, Banhoz),
Nhi, "%" を表示

"大州合計",
Jsyu(Kaihoz, Banhoz) を表示

ループ2

Kaihoz > 1　NO
YES

Jsyu(Kaihoz, 0) × 100
÷ Jsyu(1, 0) → Nhi

"世界合計", Jsyu(Kaihoz, 0),
Nhi, "%" を表示

"世界合計", Jsyu(Kaihoz, 0)
を表示

ループ1

おわり

【6】　流れ図の説明を読んで，流れ図の(1)～(5)にあてはまる答えを解答群から選び，記号で答えなさい。

<流れ図の説明>

処理内容

あるクイズ大会のデータを読み，正答数集計表をディスプレイに表示する。

入力データ

区分番号 (Kban)	問題番号 (Mban)	解答結果 (Kaito)
×	××	×

(第1図)

実行結果

```
(正答数集計表)
(区分番号)(区分名)　(解答者数)(問題番号1)　(問題番号2)　(問題番号3)　　～
    1      中学生      288        47          110          53         ～
    ≀        ≀          ≀          ≀            ≀           ≀          ≀
    6      社会人      108        62           68          62         ～
            (合計)     910       237          449         276         ～
          (正答率)              26.0%        49.3%       30.3%        ～
(分析したい区分番号(1～6)を入力) 2
(区分名) (問題番号)　(正答率)
高校生
              1         33.8%
             19         40.7%
              ≀           ≀
             13         49.0%
(分析したい区分番号(1～6)を入力) 0
```

(第2図)

処理条件

1．第1図のデータは区分番号，問題番号の昇順に記録されている。なお，区分番号は 1（中学生）～6（社会人），解答結果は 0（誤答），または 1（正答）である。また，すべての区分番号，問題番号について1件以上のデータがあり，問題数は10問以上30問以下とする。

2．配列 Kubun に区分名を記憶する。なお，Kubun の添字は区分番号と対応している。

配列

	Kubun
(0)	
(1)	中学生
≀	≀
(6)	社会人

3．第1図の入力データを読み，次の処理を行う。

・　配列 Syukei に正答数を集計する。なお，Syukei の0行目には各問題番号の正答数の合計を，0列目には区分ごとの解答者数の合計を，Syukei(0, 0) には全体の解答者数を求める。また，行方向の添字は区分番号と，列方向の添字は問題番号と対応している。

配列

Syukei	(0)	(1)	(2)	～	(29)	(30)	
(0)				～			(合計)
(1)				～			
≀	≀	≀	≀	≀	≀	≀	
(6)				～			
	(合計)						

4．入力データが終了したら，次の処理を行う。

・　区分番号ごとに，区分番号から問題数に応じた問題番号の正答数までを第2図のように表示する。

・　解答者数の合計と問題番号ごとの正答数の合計を第2図のように表示する。

・　問題番号ごとの正答率を次の計算式で求め，第2図のように表示する。

問題番号ごとの正答率 ＝ 問題番号ごとの正答数 × 100 ÷ 解答者数の合計

・　分析したい区分番号(1～6)を入力し，区分名を第2図のように表示する。

・　配列 Wkban に問題番号を記憶し，配列 Wkritu に分析したい区分の問題番号ごとの正答率を次の計算式で求める。なお，Wkban と Wkritu の添字は問題番号と対応している。

各区分の問題番号ごとの正答率 ＝ 正答数 × 100 ÷ 解答者数

配列

Wkban	(0)	(1)	(2)	～	(29)	(30)
				～		

Wkritu	(0)	(1)	(2)	～	(29)	(30)
				～		

・　配列 Wkban と配列 Wkritu を利用して，分析したい区分における問題番号ごとの正答率の昇順に並べ替え，正答率の低い10問分の問題番号と正答率を第2図のように表示する。なお，正答率が同じ場合は，問題番号の昇順とする。

・　分析したい区分番号として 0 が入力されたら処理を終了する。

5．データにエラーはないものとする。

解答群

ア．Wkritu(s) ＞ Wkritu(0)
イ．Syukei(Kban, Mban) ＋ Kaito → Syukei(Kban, Mban)
ウ．Syukei(Bban, s) ＜ Syukei(Bban, 0)
エ．Wkban(0) → Wkban(s)
オ．Mban ＝ g
カ．Syukei(Bban, 0) × 100 ÷ Syukei(Bban, i) → Wkritu(i)
キ．Kban ＝ g
ク．Wkban(0) → Wkban(s ＋ 1)
ケ．Syukei(Mban, Kban) ＋ Kaito → Syukei(Mban, Kban)
コ．Syukei(Bban, i) × 100 ÷ Syukei(Bban, 0) → Wkritu(i)

<流れ図>

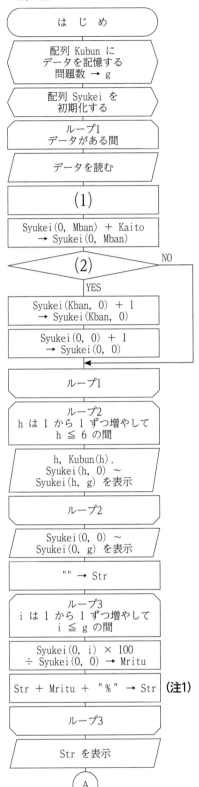

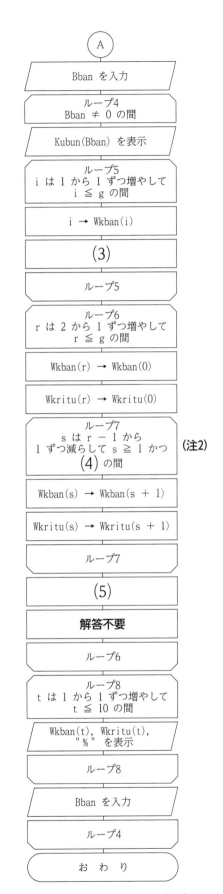

(注1)　ここでの「＋」は，文字列結合を意味する。

(注2)　条件式が「かつ」で複合されている場合，
　　　　先に記述された条件式が偽になった時点で，
　　　　判定を終了する。

【7】 流れ図の説明を読んで，流れ図の(1)～(5)にあてはまる答えを解答群から選び，記号で答えなさい。

＜流れ図の説明＞

処理内容

　ある家電量販店の1か月分のエアコン売上データを読み，売上集計表をディスプレイに表示する。

入力データ

月日 (Tukihi) ××××	商品コード (Sco) ××	売上金額 (Kin) ×～×

(第1図)

実行結果

```
(売上集計表)
(順位) (メーカ名)  (売上金額計)
 1位     C社      23,622,750円
 2位     A社      20,698,140円
  〜       〜         〜
(並べ替えコードを入力) 1
(サイズコードを入力) 3
(サイズ)10畳用
(メーカ名)   (販売台数計)
  A社          12台
  〜           〜
(並べ替えコードを入力) 2
(メーカコードを入力) 2
(メーカ名)B社
(サイズ)      (販売台数計)
 6畳用         13台
  〜           〜
```
(第2図)

処理条件

1．第1図の商品コードは，次の例のように構成されており，メーカコードは 1 (A社)～5 (E社)，サイズコードは 1 (6畳用)～7(20畳用)である。

　　例　23 → <u>2</u> <u>3</u>
　　　　　　　メーカコード　サイズコード

2．次の各配列にデータを記憶する。
　・ 配列 Mmei にメーカ名を，配列 Size にサイズを記憶する。なお，Mmei の添字はメーカコードと，Size の添字はサイズコードと対応している。

配列

Mmei
(0)	(1)	(2)	～	(5)
	A社	B社	～	E社

Size
(0)	
(1)	6畳用
(2)	8畳用
〜	〜
(7)	20畳用

3．第1図の入力データを読み，次の処理を行う。
　・ 配列 Kkei にメーカごとの売上金額を集計する。なお，Kkei の添字はメーカコードと対応している。

配列

Kkei
(0)	(1)	(2)	～	(5)
			～	

　・ 配列 Dkei に売上台数を求める。なお，Dkei の0行目にはメーカごとの合計を，0列目にはサイズごとの合計を求める。また，行方向の添字はサイズコードと，列方向の添字はメーカコードと対応している。

配列

Dkei
	(0)	(1)	(2)	～	(5)	
(0)				～		(合計)
(1)				～		
(2)				～		
〜	〜	〜	〜	〜	〜	
(7)				～		
	(合計)					

4．入力データが終了したら，次の処理を行う。
　・ 配列 Jun を利用し，売上金額計の降順に順位をつけ，順位から売上金額計までを第2図のように表示する。

配列

Jun
(0)	(1)	(2)	～	(5)
			～	

　・ 並べ替えコード（1:サイズごとにメーカ名を並べ替え，2:メーカごとにサイズを並べ替え，3:終了）を入力する。
　・ 並べ替えコードが 1 の場合，サイズコードを入力し，2 の場合，メーカコードを入力し，配列 Tmp を利用して，販売台数計の降順に並べ替え，第2図のように表示する。

配列

Tmp
(0)	(1)	(2)	～	(7)
			～	

5．データにエラーはないものとする。

解答群

ア．0 → Tmp(h)
イ．r → Max
ウ．Dkei(Sc, s)
エ．Scod(Tmp(s))
オ．Kkei(k)
カ．Jun(n) = m
キ．Mmei(s)
ク．1 → Tmp(h)
ケ．Mmei(Tmp(s))
コ．Kkei(h)
サ．Kkei(j)
シ．Dkei(Tmp(s), Sc)
ス．h → Tmp(h)
セ．Tmp(r) → Tmp(Max)
ソ．Jun(m) = n
タ．Dkei(Sc, Tmp(s))

<流れ図>

```
        はじめ

   配列 Mmei, Size に
   データを記憶する

   配列 Kkei, Dkei を
   初期化する

      ループ1
    データがある間

     データを読む

   Sco ÷ 10 → Mcod      ※

   Sco − Mcod × 10 → Scod

   Kkei(Mcod) + Kin → Kkei(Mcod)

   Dkei(Scod, Mcod) + 1
   → Dkei(Scod, Mcod)

   Dkei(Scod, 0) + 1
   → Dkei(Scod, 0)

   Dkei(0, Mcod) + 1
   → Dkei(0, Mcod)

      ループ1

      ループ2
   h は 1 から 1 ずつ増やして
     h ≦ 5 の間

     1 → Jun(h)

      ループ2

      ループ3
   j は 1 から 1 ずつ増やして
     j ≦ 5 の間

      ループ4
   k は 1 から 1 ずつ増やして
     k ≦ 5 の間
```

(1) ❶ < ❷ ── NO
YES

```
   Jun(j) + 1 → Jun(j)

      ループ4

      ループ3

      ループ5
   m は 1 から 1 ずつ増やして
     m ≦ 5 の間

      ループ6
   n は 1 から 1 ずつ増やして
     n ≦ 5 の間
```

(2) ── NO
YES

```
   Jun(n), "位", Mmei(n),
   Kkei(n), "円" を表示

     5 → n

      ループ6

      ループ5

        A
```

右カラム:

```
        A

     Nc を入力

      ループ7
    Nc ≠ 3 の間
```

Nc = 1 ── NO
YES

```
    Sc を入力            Mc を入力

   Size(Sc) を表示       Mmei(Mc) を表示

    5 → Owari           7 → Owari

      ループ8
   h は 1 から 1 ずつ増やして
     h ≦ Owari の間

        (3)

      ループ8

      ループ9
   p は 1 から 1 ずつ増やして
    p ≦ Owari − 1 の間

     p → Max

      ループ10
   r は p + 1 から 1 ずつ増やして
     r ≦ Owari の間
```

Nc = 1 ── NO
YES

```
   Dkei(Sc, Tmp(r)) >        Dkei(Tmp(r), Mc) >
   Dkei(Sc, Tmp(Max))        Dkei(Tmp(Max), Mc)
```
── NO ── NO
YES   YES

```
        (4)                  解答不要

      ループ10

     p ≠ Max ── NO
YES

   Tmp(p) → Tmp(0)

   Tmp(Max) → Tmp(p)

   Tmp(0) → Tmp(Max)

      ループ9

      ループ11
   s は 1 から 1 ずつ増やして
     s ≦ Owari の間
```

Nc = 1 ── NO
YES

(5) ❶, ❷, "台" を表示　　　Size(Tmp(s)), Dkei(Tmp(s), Mc),
"台" を表示

```
      ループ11

     Nc を入力

      ループ7

        おわり
```

※ 小数点以下切り捨て

「問題を読みやすくするために，
このページは空白にしてあります。」

プログラミング部門1級

2024年1月21日実施

第70回検定

令和5年度（第70回）

情 報 処 理 検 定 試 験

〈プログラミング部門〉

第1級　試験問題

───── **注 意 事 項** ─────

1．監督者の指示があるまで，試験問題に手を触れないでください。

2．試験問題は10ページあります。

3．解答はすべて解答用紙に記入してください。

4．電卓などの計算用具は使用できません。

5．筆記用具などの物品の貸借はできません。

6．問題用紙の回収については監督者の指示にしたがってください。

7．制限時間は60分です。

主催　公益財団法人 全国商業高等学校協会

受 験 番 号

【1】 次の説明文に最も適した答えを解答群から選び，記号で答えなさい。

1．試作品を早い段階でユーザに提供し，ユーザの評価をもとに修正しながら開発を進めていく手法。小規模システムの開発に適している。

2．コンピュータシステムに障害が発生してから，再び正常な状態に戻るまでの平均時間。障害発生時の保守のしやすさの指標となり，この平均時間が短いほど保守性は高くなる。

3．一つのデータを2台以上のハードディスクに分散させて書き込みを行うことで，データの読み書きの速度を向上させるための技術。

4．インターネット上で通信を行う際，コンピュータ機器などを識別するために一意に割り当てられたIPアドレス。

5．広く一般に公開され，暗号化することができる公開鍵と，受信者のみが管理する秘密鍵を使用した暗号方式。受信者は，送信者が増えても一つの秘密鍵を管理すればよいので負担を軽減することができる。

```
─── 解答群 ───
ア．ブロードキャストアドレス    イ．ストライピング        ウ．ウォータフォールモデル
エ．グローバルIPアドレス       オ．スパイラルモデル       カ．MTTR
キ．ミラーリング              ク．公開鍵暗号方式         ケ．プライベートIPアドレス
コ．プロトタイピングモデル      サ．MTBF                シ．共通鍵暗号方式
```

【2】 次のA群の語句に最も関係の深い説明文をB群から選び，記号で答えなさい。

＜A群＞　1．ブラックボックステスト　　2．レスポンスタイム　　3．スタック
　　　　　4．リカーシブ　　　　　　　5．ドライバ

＜B群＞
　ア．コンピュータシステムに対して処理の実行を指示してから，すべての結果が返ってくるまでの時間。

　イ．プログラムの処理手順ではなく，入力と出力だけに着目し，さまざまな入力に対して期待どおりの出力が得られるかを確認するテスト。

　ウ．複数のタスクが同時に共有して実行しても，正しく実行することができるプログラムの性質。

　エ．上位から下位へと順にモジュールを結合しながらテストをする際，未完成の下位モジュールの代わりに必要となるテスト用モジュール。

　オ．実行中に自分自身を呼び出しても，正しく実行することができるプログラムの性質。

　カ．プログラムの処理手順が，論理的に正しく構成されているか内部の流れを確認するテスト。

　キ．コンピュータシステムに対して処理の実行を指示してから，最初の出力が開始されるまでの時間。

　ク．先に格納されたデータが，後に格納されたデータよりも先に取り出される先入先出方式のデータ構造。

　ケ．下位から上位へと順にモジュールを結合しながらテストをする際，未完成の上位モジュールの代わりに必要となるテスト用モジュール。

　コ．後に格納されたデータが，先に格納されたデータよりも先に取り出される後入先出方式のデータ構造。

【3】　次の説明文に最も適した答えをア，イ，ウの中から選び，記号で答えなさい。なお，5. については数値を答えなさい。

1．10進数の −102 を8ビットの2進数に変換したもの。ただし，負数は2の補数表現によるものとする。

　　ア．10011000　　　　　　　　イ．10011001　　　　　　　　ウ．10011010

2．浮動小数点演算で絶対値がほぼ等しい二つの数の差を求めた際，有効数字の桁数が極端に少なくなる現象。

　　ア．情報落ち　　　　　　　　イ．桁落ち　　　　　　　　ウ．丸め誤差

3．ASCIIコード以外の画像や音声などのデータを，電子メールで送受信するための規格。

　　ア．MIME　　　　　　　　イ．Cookie　　　　　　　　ウ．VoIP

4．予期せぬ中断や品質の低下，Webサイトの改ざんによるマルウェアの感染など，サービスを低下させるさまざまな事象のこと。

　　ア．リスクアセスメント　　　　イ．インシデント　　　　ウ．ソーシャルエンジニアリング

5．100Mbpsの通信回線を使用して，300MBのデータを転送するのに昨日は32秒要した。しかし，本日使用すると，40秒要した。本日の伝送効率は，昨日よりも何%低下したか。ただし，1MB＝10^6Bとし，通信回線，データは両日とも変わらないものとする。

【4】　次の各問いに答えなさい。

問1．プログラムの説明を読んで，プログラムの(1)～(2)にあてはまる答えを解答群から選び，記号で答えなさい。

＜プログラムの説明＞

処理内容

　引数で渡された配列に記憶されている数値に順位をつけてディスプレイに表示する。

処理条件

1．配列 Kin にはデータが記憶されている。なお，データ件数は n に記憶されている。

配列

Kin	(0)	(1)	～	(n－1)	(n)
		34000	～	23000	70000

2．配列 Jun を利用し，配列 Kin の数値の降順に順位をつける。なお，数値が同じ場合は同順位とする。

配列

Jun	(0)	(1)	～	(n－1)	(n)
			～		

3．順位をつけ終わったら，配列 Kin と配列 Jun の内容を表示する。

＜プログラム＞

```
Sub Program1(Kin() As Long, Jun() As Long, n As Long)
    Dim i As Long
    Dim k As Long
    Dim m As Long
    For i = 1 To n
        Jun(i) = 1
    Next i
    For      (1)
        For m = k + 1 To n
            If Kin(k) < Kin(m) Then
                  解答不要
            ElseIf Kin(k) > Kin(m) Then
                     (2)
            End If
        Next m
    Next k
    For i = 1 To n
        MsgBox (Kin(i) & " " & Jun(i) & "位")
    Next i
End Sub
```

解答群

　ア．k = 1 To n － 1

　イ．Jun(k) = Jun(k) + 1

　ウ．Jun(m) = Jun(m) + 1

　エ．k = i To n － 1

問2．プログラムの説明を読んで，プログラムの⑶〜⑸にあてはまる答えを解答群から選び，記号で答えなさい。

＜プログラムの説明＞

処理内容

　引数で渡された配列に記憶されている数値を並べ替えてディスプレイに表示する。

処理条件

1．配列 Sec にはデータが記憶されている。なお，データ件数は n に記憶されている。

　　配列

Sec	(0)	(1)	～	(n - 2)	(n - 1)
	26.04	22.89	～	19.63	21.19

2．配列 Sec の数値を昇順に並べ替える。

3．並べ替えが終わったら，配列 Sec の内容を表示する。

＜プログラム＞

```
Sub Program2(Sec() As Double, n As Long)
    Dim g As Long
    Dim Tmp As Double
    Dim j As Long
    For  [    (3)    ]
        Tmp = Sec(g)
        For j = g - 1 To 0 Step -1
            If [    (4)    ] Then
                Sec(j + 1) = Sec(j)
            Else
                Exit For
            End If
        Next j
        [    (5)    ]
    Next g
    For g = 0 To n - 1
        MsgBox (Sec(g))
    Next g
End Sub
```

解答群

ア．Sec(j + 1) = Sec(j)

イ．Sec(j + 1) = Tmp

ウ．Sec(j) > Tmp

エ．g = n - 1 To 0 Step -1

オ．Sec(j) < Tmp

カ．g = 1 To n - 1

第70回検定

【5】　流れ図の説明を読んで，流れ図の(1)～(5)にあてはまる答えを解答群から選び，記号で答えなさい。

＜流れ図の説明＞

処理内容

　ある百貨店における贈答品の1週間の売上データを読み，売上集計表をディスプレイに表示する。

入力データ

日付 (Hiduke) ××××	店舗番号 (Tban) ××	商品番号 (Sban) ××	数量 (Suryo) ××

（第1図）

実行結果

```
(店舗別売上集計表)
(店舗名)              (売上金額合計)
日本橋店               7,637,600
横浜店                 7,653,200
    〜                    〜
堺店                   7,274,400
(売上金額総計)       107,757,600
(商品別売上集計表)
(商品名)          (店舗名)      (売上金額計)
生ウインナー3点セット
                  米子店        309,600
                  大宮店        304,800
                    〜            〜
              (売上金額合計)   3,184,800
生ウインナー5点セット
                  京都店        432,000
                    〜            〜
```

（第2図）

処理条件

1．第1図の店舗番号は 1（日本橋店）～14（堺店）であり，商品番号は 1（生ウインナー3点セット）～21（放牧豚のハム8種詰め合わせ）である。

2．次の各配列にデータを記憶する。

　・　配列 Tmei に店舗名を，配列 Smei に商品名を，配列 Tanka に単価を記憶する。なお，Tmei の添字は店舗番号と，Smei と Tanka の添字は商品番号と対応している。

配列

Tmei

(0)	(1)	(2)	〜	(14)
	日本橋店	横浜店	〜	堺店

Smei

(0)	
(1)	生ウインナー3点セット
(2)	生ウインナー5点セット
〜	〜
(21)	放牧豚のハム8種詰め合わせ

Tanka

(0)	
(1)	2400
(2)	3600
〜	〜
(21)	4800

3．第1図の入力データを読み，次の処理を行う。

　・　売上金額を次の計算式で求め，配列 Skei に集計する。なお，Skei の0行目には店舗名ごとの売上金額合計を，0列目には商品名ごとの売上金額合計を求める。また，Skei の行方向の添字は商品番号と，列方向の添字は店舗番号と対応している。

　　　売上金額 ＝ 数量 × 単価

配列

Skei

	(0)	(1)	(2)	〜	(14)	
(0)				〜		(合計)
(1)				〜		
(2)				〜		
〜	〜	〜	〜	〜	〜	
(21)				〜		
	(合計)					

4．入力データが終了したら次の処理を行う。

　・　店舗名と売上金額合計を第2図のように表示する。

　・　Skei(0, 0)に売上金額総計を求め，第2図のように表示する。

　・　配列 Work を利用して，商品名ごとに売上金額計の降順に並べ替える。なお，売上金額計が同じ場合は，店舗番号の昇順とする。

配列

Work

(0)	(1)	(2)	〜	(14)
			〜	

　・　商品名を第2図のように表示する。

　・　商品ごとに店舗名と店舗名ごとの売上金額計を第2図のように表示する。

　・　売上金額合計を第2図のように表示する。

5．データにエラーはないものとする。

解答群

ア．Tmei(Work(r)), Skei(i, Work(r))
イ．i → Work(i)
ウ．Suryo × Tanka(Tban) → Ukin
エ．Skei(i, Work(p)) ＞ Skei(i, Work(Max))
オ．Suryo × Tanka(Sban) → Ukin
カ．Skei(i, Work(p)) ＜ Skei(i, Work(Max))
キ．Work(Max) → Work(m)
ク．Tmei(r), Skei(i, r)
ケ．Work(m) → Work(Max)
コ．k → Work(k)

<流れ図>

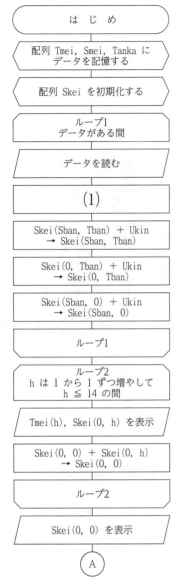

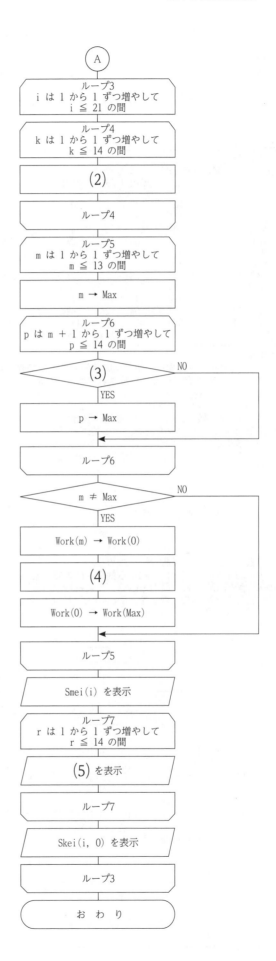

【6】　流れ図の説明を読んで，流れ図の(1)〜(5)にあてはまる答えを解答群から選び，記号で答えなさい。

<流れ図の説明>

処理内容
　ある高等学校の進路希望調査データを読み，集計結果表をディスプレイに表示する。

入力データ

学年 (Gaku) ×	組 (Kumi) ×	出席番号 (Syutu) ××	進路希望コード (Sin) ××

(第1図)

実行結果

(集計結果表)

(学年)	(組)	(組人数)	(大学)(県内)	(県外)	(短大)(県内)	(県外)	(専門学校)(県内)	(県外)	(民間就職)(県内)	(県外)	(公務員)	(未定)	(進学合計)	(就職合計)
1学年														
	1組	40	1	7	0	2	6	5	14	1	4	0	21	19
	〜		〜		〜		〜		〜		〜		〜	
(学年人数計)		200	12	32	4	10	26	42	54	6	10	4	126	70
(学年割合)			6%	16%	2%	5%	13%	21%	27%	3%	5%	2%	63%	35%
2学年														
	〜	〜	〜	〜	〜	〜	〜	〜	〜	〜	〜	〜	〜	〜
(学年割合)			6%	17%	3%	5%	12%	13%	24%	4%	12%	4%	56%	40%
3学年														
	〜	〜	〜	〜	〜	〜	〜	〜	〜	〜	〜	〜	〜	〜
(学年割合)			9%	12%	4%	5%	14%	14%	27%	5%	7%	3%	58%	39%
(学校人数計)		600	42	90	18	30	78	96	156	24	48	18	354	228
(学校割合)			7%	15%	3%	5%	13%	16%	26%	4%	8%	3%	59%	38%

(第2図)

処理条件
1．第1図のデータは学年，組，出席番号の昇順に記録されている。なお，学年は 1〜3，組は 1〜5 である。また，進路希望コードは，次の例のように構成されており，種別は 1（大学）〜6（未定），区分は 1（県内）と 2（県外）である。ただし，種別が 5（公務員）と 6（未定）の場合，区分は 1 と入力されている。

```
例      12      →      1      2
進路希望コード         種別     区分
```

2．第1図の入力データを読み，次の処理を行う。
　・　学年がかわるごとに，学年を第2図のように表示する。
　・　組ごとに，配列 Kkei に種別・区分ごとの人数を求める。なお，Kkei(0) には組人数を求める。

配列

Kkei	(0)	(1)	(2)	〜	(9)	(10)	(11)	(12)
	(組人数)	(県内)	(県外)	〜	(公務員)	(未定)	(進学合計)	(就職合計)
		(大学)						

　・　組がかわるごとに，Kkei(11) に大学から専門学校までの人数を集計した進学合計を，Kkei(12) に民間就職と公務員の人数を集計した就職合計を求める。
　・　組がかわるごとに，組から就職合計までを第2図のように表示する。
　・　配列 Gkei に，種別・区分ごとに各学年の人数を集計する。なお，0列目には各学年の学年人数計を，0行目には種別・区分ごとの学校人数計を，Gkei(0,0) には学校人数計を求める。また，Gkei の行方向の添字は学年と対応し，列方向の添字は配列 Kkei の添字と対応している。

配列

Gkei	(0)	(1)	(2)	〜	(9)	(10)	(11)	(12)	
(0)				〜					(人数計)
(1)				〜					
(2)				〜					
(3)				〜					
	(人数計)	(県内)	(県外)	〜	(公務員)	(未定)	(進学合計)	(就職合計)	
		(大学)							

　・　学年がかわるごとに，学年人数計を第2図のように表示する。
　・　種別・区分ごとの学年割合を次の計算式で求め，第2図のように表示する。
　　学年割合 ＝ 種別・区分ごとの学年人数計 × 100 ÷ 学年人数計
3．入力データが終了したら，次の処理を行う。
　・　学校人数計を第2図のように表示する。
　・　種別・区分ごとの学校割合を次の計算式で求め，第2図のように表示する。
　　学校割合 ＝ 種別・区分ごとの学校人数計 × 100 ÷ 学校人数計
4．データにエラーはないものとする。

― 解答群 ―

ア．j は 1 から 1 ずつ増やして j ≦ 12
ウ．j は 0 から 1 ずつ増やして j ≦ 12
オ．Ku → Khoz
キ．Kkei(Kumi) ＋ 1 → Kkei(Kumi)
ケ．Kumi → Khoz

イ．Gkei(k, 0) × 100 ÷ Gkei(0, 0) → Wari
エ．Sin < 61
カ．Gkei(0, k) × 100 ÷ Gkei(0, 0) → Wari
ク．Kkei(0) ＋ 1 → Kkei(0)
コ．Sin > 61

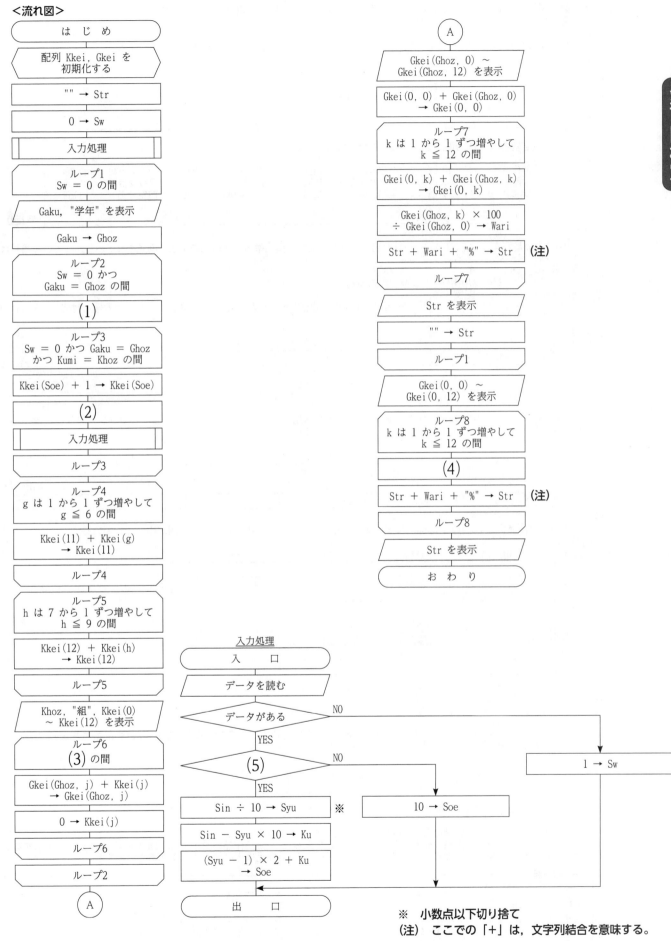

<流れ図>

はじめ

配列 Kkei, Gkei を
初期化する

"" → Str

0 → Sw

入力処理

ループ1
Sw = 0 の間

Gaku, "学年" を表示

Gaku → Ghoz

ループ2
Sw = 0 かつ
Gaku = Ghoz の間

(1)

ループ3
Sw = 0 かつ Gaku = Ghoz
かつ Kumi = Khoz の間

Kkei(Soe) + 1 → Kkei(Soe)

(2)

入力処理

ループ3

ループ4
g は 1 から 1 ずつ増やして
g ≦ 6 の間

Kkei(11) + Kkei(g)
→ Kkei(11)

ループ4

ループ5
h は 7 から 1 ずつ増やして
h ≦ 9 の間

Kkei(12) + Kkei(h)
→ Kkei(12)

ループ5

Khoz, "組", Kkei(0)
～ Kkei(12) を表示

ループ6
(3) の間

Gkei(Ghoz, j) + Kkei(j)
→ Gkei(Ghoz, j)

0 → Kkei(j)

ループ6

ループ2

A

A

Gkei(Ghoz, 0) ～
Gkei(Ghoz, 12) を表示

Gkei(0, 0) + Gkei(Ghoz, 0)
→ Gkei(0, 0)

ループ7
k は 1 から 1 ずつ増やして
k ≦ 12 の間

Gkei(0, k) + Gkei(Ghoz, k)
→ Gkei(0, k)

Gkei(Ghoz, k) × 100
÷ Gkei(Ghoz, 0) → Wari

Str + Wari + "%" → Str　(注)

ループ7

Str を表示

"" → Str

ループ1

Gkei(0, 0) ～
Gkei(0, 12) を表示

ループ8
k は 1 から 1 ずつ増やして
k ≦ 12 の間

(4)

Str + Wari + "%" → Str　(注)

ループ8

Str を表示

おわり

入力処理

入　口

データを読む

データがある　→NO

YES

(5)　→NO

YES

Sin ÷ 10 → Syu　※

10 → Soe

Sin － Syu × 10 → Ku

(Syu － 1) × 2 + Ku
→ Soe

1 → Sw

出　口

※　小数点以下切り捨て
(注)　ここでの「+」は，文字列結合を意味する。

【7】 流れ図の説明を読んで，流れ図の(1)～(5)にあてはまる答えを解答群から選び，記号で答えなさい。

＜流れ図の説明＞

処理内容

あるレンタルDVDショップにおける1週間の貸出データを読み，集計結果をディスプレイに表示する。

入力データ

日付 (Hi) ××××	店舗番号 (Ten) ×	作品番号 (Saku) ×××××

(第1図)

実行結果

```
(貸出集計表)
(ジャンル) (店舗名)   (貸出回数合計) (上位3作品のタイトル:回数)
SF

        能代店      101回    時空の影    :14回    ネクサスの謎  :13回    次元の神秘   :12回
        大館店       72回    ネクサスの謎 :10回    時空の影    :10回    星間交信    : 8回
     ～  仙北店       91回    星間交信    :12回    次元の神秘   :12回    時空の影    :11回

               ～
```
(第2図)

処理条件

1. 第1図の店舗番号は 1 （能代店）～3 （仙北店）である。なお，作品番号は次の例のように構成されており，ジャンル番号は 1 （SF）～4 （ドラマ）である。

   例　47362 → 　　　4　　　　7362
   　　　　　　　ジャンル番号　ジャンル内番号

2. 次の各配列にデータを記憶する。
   ・ 配列 Genre にジャンルを，配列 Shop に店舗名を記憶する。なお，Genre の添字はジャンル番号と対応し，Shop の添字は店舗番号と対応している。

配列

Genre	(0)	(1)	(2)	(3)	(4)
		SF	アニメーション	ドキュメンタリー	ドラマ

Shop	
(0)	
(1)	能代店
(2)	大館店
(3)	仙北店

   ・ 配列 Sban に作品番号を，配列 Title にタイトルを作品番号の昇順に記憶する。なお，各ジャンルの作品数は10,000作品未満である。また，Sban と Title の添字は対応している。

配列

Sban	(0)	(1)	(2)	～	(39995)	(39996)
		10001	10002	～		

Title	(0)	(1)	(2)	～	(39995)	(39996)
		未来への扉	月空セダン	～		

3. 第1図の入力データを読み，次の処理を行う。
   ・ 入力した作品番号を，配列 Ksban に記憶する。なお，Ksban は，集計に十分な範囲が用意されている。

配列

Ksban	(0)	(1)	(2)	～
				～

   ・ 作品番号をもとに配列 Ksban を探索し，配列 Kskei に貸出回数計を求める。なお，Kskei の行方向の添字は店舗番号と対応し，列方向の添字は Ksban の添字と対応している。

配列

Kskei	(0)	(1)	(2)	～
(0)				～
(1)				～
(2)				～
(3)				～

4. 入力データが終了したら，次の処理を行う。
   ・ 配列 Ksban と配列 Kskei を作品番号の昇順に並べ替える。
   ・ ジャンルがかわるごとに，ジャンルを第2図のように表示する。
   ・ ジャンル番号・店舗番号ごとに最大の貸出回数から3番目の貸出回数までを配列 Mkai に，作品番号を配列 Mban に求める。なお，貸出回数が同じ場合は，作品番号の昇順とする。

配列

Mkai	(0)	(1)	(2)	(3)

Mban	(0)	(1)	(2)	(3)

   ・ 貸出回数合計を求め，店舗名と貸出回数合計を第2図のように表示する。
   ・ 配列 Mban に記憶した作品番号をもとに配列 Sban を探索し，上位3作品のタイトル:回数を第2図のように表示する。
5. データにエラーはないものとする。なお，すべてのジャンルに3作品以上の貸し出しがあるものとする。

―― 解答群 ――

ア．j は h から 1 ずつ減らして j ≧ 2
イ．n → Low
ウ．n → High
エ．i ＝ h
オ．g → High
カ．Kskei(m, r) → Mkai(0)
キ．Mkai(s － 1) ≦ Kskei(m, r) かつ Mkai(s) ＜ Kskei(m, r)
ク．Mkai(s － 1) ≧ Kskei(m, r) かつ Mkai(s) ＜ Kskei(m, r)
ケ．i ≠ h
コ．Hani → High
サ．j は h から 1 ずつ減らして j ≧ i
シ．Ksban(r) → Mban(s)
ス．Kskei(m, r) → Mkai(s)
セ．Mkai(s － 1) ≦ Kskei(m, r) かつ Mkai(s) ＞ Kskei(m, r)
ソ．1 → Low
タ．Ksban(s) → Mban(s)

<流れ図>

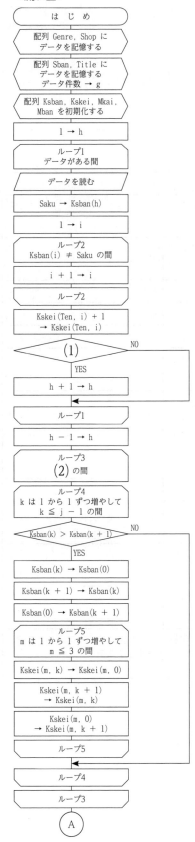

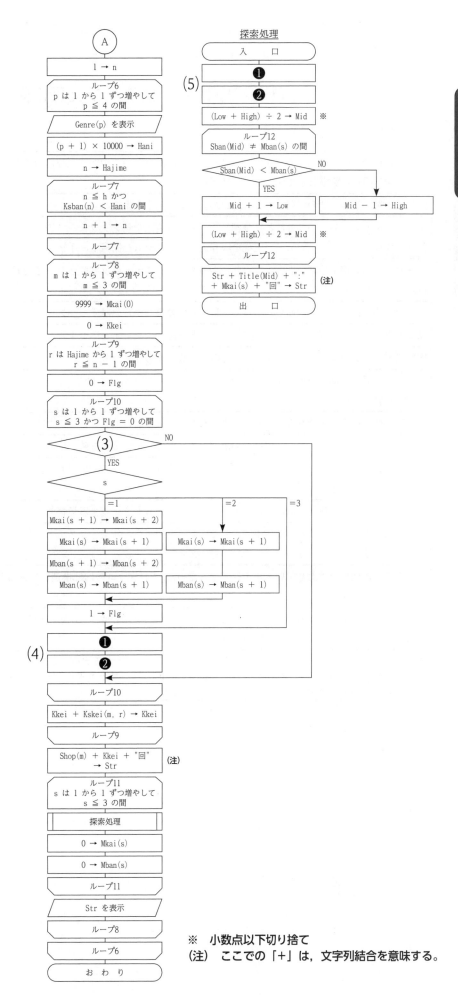

第70回検定

※　小数点以下切り捨て
(注)　ここでの「+」は，文字列結合を意味する。

直前 check

ハードウェア・ソフトウェアに関する知識

【システムの開発と運用】

比較的大規模な開発に向いており，基本設計，外部設計などいくつかの工程に分割してシステムを開発する手法。原則として前の工程には戻らない。	①
試作品に対するユーザの評価をもとに，システムを開発する手法。	②
システムを独立性の高い部分ごとに分割し，ユーザの要求やインタフェースの検討などを経て，設計・プログラミング・テストの工程を繰り返してシステムを開発する手法。	③
ユーザと開発者が十分話し合い，ユーザからの要件をシステムに反映できるかを判断して決定する。	④
システム開発において，画面や帳票などを利用者側の視点から設計するシステム開発工程。	⑤
ソフトウェアのアルゴリズムや入出力データなどを詳細に設計する開発工程。	⑥
内部設計に基づいて，各プログラムの内部構造を設計する開発工程。	⑦
プログラム設計の結果を受けて，プログラム言語を用いて実際にプログラムを作成(コーディング)する開発工程。	⑧
開発者だけでなくユーザも参加して，完成されたプログラムの検証を行うこと。	⑨
個々のプログラム(部品)が，仕様書の要求どおりに機能しているかを確認するテスト。	⑩
複数のモジュール(部品)を組み合わせて，モジュール間でデータの受け渡しが設計どおりに行われているかなどを確認するテスト。	⑪
開発したシステム全体が，設計どおりの機能を備えているかを確認する最終テスト。	⑫
開発したシステムで，実際の業務中で生じた問題点を修正する作業，システムを効率的に稼働させるための業務。	⑬
プログラムが仕様を満たしているかを確認するために，プログラムの内部構造には着目しないで，データ入力に対する出力結果に注目して実施するテスト。	⑭
プログラムの内部構造や処理の流れに着目し，プログラムが設計通りに動いているかを確認するテスト。	⑮

①ウォータフォールモデル　②プロトタイピングモデル　③スパイラルモデル　④要件定義　⑤外部設計　⑥内部設計　⑦プログラム設計　⑧プログラミング　⑨テスト　⑩単体テスト　⑪結合テスト　⑫システムテスト　⑬運用・保守　⑭ブラックボックステスト　⑮ホワイトボックステスト

【性能・障害管理】

コンピュータシステムに関する評価指標で，信頼性，可用性，保守性，完全性，安全性の5項目の英文字の頭文字を組み合わせた用語。	①
システムの故障発生が少ないこと。	②
一定期間にシステムが正常に使える時間の割合が長いこと。	③
故障の際の修復時間が短いこと。	④
データの矛盾が起きないように，その整合性を維持すること。	⑤
不正に情報を持ち出したりすることから守ること。	⑥
コンピュータシステムが，一定時間内で正常に動作している時間の割合(確率)。	⑦
コンピュータシステムが故障してから復旧し，次に故障するまでの平均時間。	⑧
コンピュータシステムが故障してから，完全に復旧するまでの平均時間。	⑨
コンピュータシステムや通信回線などが，一定の時間内に処理できる仕事量や伝送できる情報量。	⑩
コンピュータシステムに処理を要求してから，最初の応答が得られるまでの時間。	⑪
コンピュータに処理実行の指示を出してから，すべての実行結果が得られるまでの時間。	⑫
事前に予備のシステムを準備しておき，障害が発生しても対応できるようにするシステム。	⑬
信頼性の高い部品の採用や利用者の教育など，コンピュータシステムに可能な限り故障や障害が起きないようにすること。	⑭
障害が発生しても，被害や障害を最小限に止め，安全性を保つしくみ。	⑮
障害が発生した場合でも，システムの一部を停止して，他のシステムは継続して全体のシステムには支障をきたさないようにするしくみ。	⑯
誤った操作をしても，システムの安全性と信頼性を保つしくみ。	⑰
TCP／IPのコンピュータネットワークに直接接続して使用する外部記憶装置のこと。	⑱
信頼性や処理速度を向上させるために，複数のハードディスク装置を並列に組み合わせて一体化し，全体を一つのディスク装置のように扱う方式。	⑲
RAID1に相当し，複数のハードディスクに同じデータを書き込む方式。	⑳
RAID0に相当し，複数のハードディスクに分散して書き込む方式。	㉑

①RASIS　②信頼性　③可用性　④保守性　⑤完全性　⑥安全性　⑦稼働率　⑧平均故障間隔(MTBF)　⑨平均修復時間(MTTR)
⑩スループット　⑪レスポンスタイム　⑫ターンアラウンドタイム　⑬フォールトトレラント　⑭フォールトアボイダンス
⑮フェールセーフ　⑯フェールソフト　⑰フールプルーフ　⑱NAS　⑲RAID　⑳ミラーリング　㉑ストライピング

直前チェック

通信ネットワークに関する知識

【ネットワークの構成】

国際標準化機構（ＩＳＯ）で制定された，ネットワークで使用する機器や，データを送受信する手順など7つの階層に定義したもの。	①
ＬＡＮケーブルの中継や分岐に用いられる集線装置。	②
ネットワーク間の接続を行う中継機器の一つで，ＩＰアドレスをもとにデータの行き先を認識して転送し，パケットの経路選択機能などを持つ装置。	③
ルータが持つ機能の一つで，パケットの通過可否を判断する機能のこと。	④
プロトコルが異なるネットワーク間において，プロトコルを変換することでデータの送受信を可能にするための装置。	⑤
ネットワークを通して，コンピュータどうしが通信を行うために決められた手順で，通信規約ともいう。	⑥
インターネットやイントラネットで標準的に使用され，ＯＳなどの環境が異なるコンピュータ間でも通信を可能にする通信規約。	⑦
ＷｅｂサーバとＷｅｂブラウザとの間で，ＨＴＭＬ文書や関連した画像などのデータを送受信するための通信規約。	⑧
ＨＴＭＬファイルをＷｅｂサーバへアップロードするときなど，ネットワークを介してファイルを転送するための通信規約。	⑨
メールサーバのメールボックスに保存されたメールを，受信するために用いる通信規約。	⑩
メールサーバの電子メールを管理する通信規約。	⑪
電子メールをユーザのコンピュータからメールサーバへ送信するときや，メールサーバ間でメールを転送するときに用いる通信規約。	⑫
コンピュータをネットワークに接続する際に，ＩＰアドレスなどを自動的に割り当てる規約。	⑬
ルータなどのネットワーク機器に割り当てられているハードウェア固有の番号。	⑭
ＴＣＰ／ＩＰプロトコルを用いたネットワーク上で，コンピュータを識別するための番号。	⑮
会社や家庭のＬＡＮ内部でコンピュータ機器を識別するために，ネットワークアドレス部とホストアドレス部で構成された番号。	⑯
インターネットに接続されたコンピュータを識別するため，一意となるように割り当てられた番号。	⑰
ＩＰアドレスから，特定のグループを示すネットワークアドレスを取り出すための値。	⑱
ＩＰアドレスを構成する32ビットのビット列のうち，個々の組織が管理するネットワーク（サブネット）を識別するのに使われる部分。	⑲
コンピュータネットワークに接続されているすべての機器にデータを送信する特別なアドレス。	⑳
同一のネットワークグループ内で接続された個々のコンピュータ機器を識別するためのアドレス。	㉑
ＴＣＰ／ＩＰプロトコルを用いたネットワーク上で，ＩＰアドレスに設けられている補助アドレスであり，アプリケーションの識別をするための番号。	㉒
インターネットのグローバルＩＰアドレスとプライベートＩＰアドレスを1対1で結びつけて相互に変換し，ＬＡＮ内のコンピュータがインターネットを利用できるようにするためのアドレス変換の技術。	㉓
"非武装地帯"と呼ばれ，インターネットや内部ネットワークからも隔離された区域（セグメント）のこと。	㉔
インターネット上で使用するドメイン名とＩＰアドレスを互いに変換するためのしくみ。	㉕
インターネット上に構築される仮想的な専用回線。	㉖

ネットワーク上でデータを送受信するときに，1秒間に転送できるデータのビット数。	㉗
データをインターネット上のサーバなどから送信・転送するときの所要時間。	㉘
データ通信において，実質的にデータを送ることができる回線の割合。	㉙

①ＯＳＩ参照モデル　②ハブ　③ルータ　④パケットフィルタリング　⑤ゲートウェイ　⑥プロトコル　⑦ＴＣＰ／ＩＰ　⑧ＨＴＴＰ
⑨ＦＴＰ　⑩ＰＯＰ　⑪ＩＭＡＰ　⑫ＳＭＴＰ　⑬ＤＨＣＰ　⑭ＭＡＣアドレス　⑮ＩＰアドレス　⑯プライベートＩＰアドレス
⑰グローバルＩＰアドレス　⑱サブネットマスク　⑲ネットワークアドレス　⑳ブロードキャストアドレス　㉑ホストアドレス
㉒ポート番号　㉓ＮＡＴ　㉔ＤＭＺ　㉕ＤＮＳ　㉖ＶＰＮ　㉗通信速度（ｂｐｓ）　㉘転送時間　㉙伝送効率

【ネットワークの活用】

クライアントサーバシステムで，クライアントには必要最小限の機能だけを持たせ，サーバでアプリケーションなどの管理を行うシステム構成で，情報漏えい対策としても注目されている。	①
Ｗｅｂサイトの訪問日時や回数などの情報を，利用者のコンピュータに保存するしくみ。	②
各国の言葉や画像，動画など，形式の異なるさまざまなデータを電子メールで扱うための規格。	③
インターネットやイントラネットなどの情報通信ネットワークを使って，音声データを送受信する技術。	④
①シンクライアント　②Ｃｏｏｋｉｅ　③ＭＩＭＥ　④ＶｏＩＰ	

直前チェック

情報モラルとセキュリティに関する知識

【セキュリティ】

インターネットでデータを送受信する際に，第三者に内容が知られないようにデータを変換する場合，同一の鍵を用いて暗号化と復号を行う方法。	①
インターネットでデータを送受信する際に，第三者に内容が知られないようにデータを変換する場合，異なる鍵を用いて暗号化と復号を行う方法。	②
公開鍵暗号方式を応用して，文書の作成者が本人であることと，その文書が改ざんされていないことを確認する技術。電子商取引でよく利用される。	③
電子商取引で利用される暗号化通信などで必要となる，デジタル証明書を発行する機関。	④
オンラインショッピングなど，インターネット上で個人情報などのデータを暗号化して，安全にやり取りするために広く普及している通信規約。ブラウザのＵＲＬを示す部分は「https://」で始まる。	⑤
ＨＴＴＰに，ＳＳＬによるデータ暗号化機能を付加した通信規約。	⑥
コンピュータの運用状況やデータ通信の状況を記録したファイル。	⑦
ＯＳやアプリケーションソフトなど，コンピュータシステムの動作状態を記録したもの。何らかのトラブルなどの情報も記録される。	⑧
Ｗｅｂサーバにアクセスした人物が，いつ，どのコンピュータからどのサイトを閲覧したのかなどの記録。	⑨
コンピュータシステムやネットワークの運用時に，セキュリティ上の問題として発生した事故や事例のこと。	⑩
リスクが発生する前に，そのリスクを組織的に管理し，リスクの発生による損失を回避，または不利益を最小限に抑えるためのプロセス。	⑪
リスクマネジメントに対する一連の取組として，リスク特定，リスク分析，リスク評価，リスク対応を行う。	⑫
ＳＮＳや掲示板などユーザが入力した内容を表示するＷｅｂページの脆弱性を利用した罠を仕掛け，偽サイトに誘導してさまざまな被害を引き起こす攻撃のこと。	⑬
心理的な隙や行動のミスにつけ込むなど，情報通信技術を使用せず，情報資産を不正に収集する手口の総称。のぞき見やなりすましなどがある。	⑭
データベースと連携したＷｅｂアプリケーションの脆弱性を利用して不当なＳＱＬ文を実行させることにより，データベースの不正な閲覧や改ざんをする攻撃のこと。	⑮

①共通鍵暗号方式　②公開鍵暗号方式　③電子署名(デジタル署名)　④認証局(ＣＡ)　⑤ＳＳＬ(ＴＬＳ)　⑥ＨＴＴＰＳ　⑦ログファイル　⑧システムログ　⑨アクセスログ　⑩インシデント　⑪リスクマネジメント　⑫リスクアセスメント　⑬クロスサイトスクリプティング　⑭ソーシャルエンジニアリング　⑮ＳＱＬインジェクション

プログラミング部門関連知識

10進数から2進数へ変換することや，2進数から10進数へ変換することなどのこと。	①
「0」から「9」の10種類の数字と，「A」から「F」までの6種類の文字を使用して，数値を表現するもの。	②
10進数の各桁をそれぞれ4ビットの2進数で表現したもの。	③
小数点の位置を固定して，2進数の並びで数値を表現したもの。	④
正負の符号を表す符号部，小数点の位置を表す指数部，有効数字を表す仮数部により数値を表現したもの。	⑤
ある数から別の数を引いた結果得られる数のこと。コンピュータが減算処理をしやすくするために利用する。	⑥
CPUやメモリの動作の基準となる信号を1秒間に発生させる回数で，Hz（ヘルツ）で表す。	⑦
コンピュータの処理速度を測るために，1秒間に実行できる命令を100万回単位で表したもの。	⑧
絶対値の大きさが極端に異なる数の加算や減算を行ったとき，絶対値の小さい数の全てまたは一部が無視されてしまう現象。	⑨
計算結果が0に極端に近くなるような浮動小数点演算を行ったときに，有効数字の桁数が少なくなること。	⑩
数値表現の桁数に限度があるとき，四捨五入，切り上げまたは切り捨てにより，最小の桁より小さい部分について生じる誤差。	⑪
論理演算を行う電子回路。	⑫
二つの入力がともに「1」の場合のみ，「1」を出力する回路。	⑬
二つの入力のうち少なくともどちらかが「1」の場合のとき，「1」を出力する回路。	⑭
一つの入力に対し一つの出力を持つ論理回路。入力が「0」のとき「1」を出力し，入力が「1」のとき「0」を出力する回路。	⑮
二つの入力のうちどちらか一方のみが「1」の場合のとき，「1」を出力する回路。	⑯
論理演算を視覚的にわかりやすく表現する手法。	⑰
「1」または「0」の入力値に対して，一つの演算結果を出力する演算。	⑱
階層構造のモジュール群からなるソフトウェアのテストの進め方の一つで，最上位モジュールから順次下位へとテストを進めていく方法。	⑲
トップダウンテスト方式でプログラムを開発するときのテスト用のモジュール。	⑳
階層構造のモジュール群からなるソフトウェアのテストの進め方の一つで，最下位モジュールから順次上位へとテストを進めていく方法。	㉑
ボトムアップテスト方式でプログラムを開発するときのテスト用のモジュール。	㉒
システムの修正により，修正していない他の機能に影響を与えるかどうかを検証するテスト。	㉓
ハードウェアやソフトウェアに短時間に大量のデータを与えるなどしても正常に機能するかを調べるテスト。	㉔
システムやソフトウェアが要求された役割を満たしているかどうかを検証するテスト。	㉕
システムの応答時間や処理速度が設計したときの基準を満たしているかを検証するテスト。	㉖
2進数のあるビット数分を左もしくは右にシフトしたのち，空いたビットを「0」で埋めること。	㉗
2進数の符号を表すビットは固定し，あるビット数分を左にシフトしたときは空いたビットを「0」で埋め，右にシフトしたときは空いたビットに符号と同じ値で埋めること。	㉘
データ構造について，最初に追加されたデータが最初に取り出される方式。	㉙
データ構造について，最後に追加されたデータが最初に取り出される方式。	㉚

直前チェック

データの位置を示す値によってつなげられたデータ構造。	㉛
次のデータの格納場所を示す値。	㉜
階層の上位から下位に節点をたどることによって，データを取り出すことができる構造。	㉝
システムの設計で，システムを処理や操作の対象となるもの(オブジェクト)同士のやり取りの関係として設計する考え方。	㉞
システムの設計で，処理や操作の対象となるもの。	㉟
オブジェクト指向で，いくつかのオブジェクトに共通する性質を抜き出して，属性・手続きを一般化(抽象化)して新しく定義したもの。またはプログラムの単位。	㊱
オブジェクト指向で，クラスの定義情報から生成された，具体的なデータをもつ実体のこと。	㊲
オブジェクト指向で，データ(属性)とそのデータに対する手続きをひとつにまとめること。	㊳
実行中に自分自身を呼び出し(再帰呼出し)しても，正しく実行することができるプログラムの性質。	㊴
主記憶上のどのアドレスに配置(再配置)しても，正しく実行することができるプログラムの性質。	㊵
複数のタスクが同時に共有して実行(再入)しても，正しく実行することができるプログラムの性質。	㊶
一度実行した後，再ロードし直さずに実行(再使用)しても，正しく実行することができるプログラムの性質。	㊷

①基数変換　②16進数　③2進化10進数　④固定小数点形式　⑤浮動小数点形式　⑥補数　⑦クロック周波数　⑧MIPS　⑨情報落ち　⑩桁落ち　⑪丸め誤差　⑫論理回路　⑬AND回路　⑭OR回路　⑮NOT回路　⑯XOR回路　⑰ベン図　⑱論理演算　⑲トップダウンテスト　⑳スタブ　㉑ボトムアップテスト　㉒ドライバ　㉓回帰(リグレッション)テスト　㉔負荷テスト　㉕機能テスト　㉖性能テスト　㉗論理シフト　㉘算術シフト　㉙キュー　㉚スタック　㉛リスト　㉜ポインタ　㉝木構造　㉞オブジェクト指向　㉟オブジェクト　㊱クラス　㊲インスタンス　㊳カプセル化　㊴リカーシブ(再帰)　㊵リロケータブル(再配置)　㊶リエントラント(再入)　㊷リユーザブル(再使用)

直前チェック

令和6年度版　全国商業高等学校協会主催

情報処理検定模擬試験問題集

プログラミング　1級　解答編

年　　　組　　　番

実教出版

※ 検定試験問題の解説と本冊に掲載しているソースコードのデータは，弊社 Web サイトからダウンロードできます。

用語解説

【ハードウェア・ソフトウェアに関する知識】

p.6

【1】

1	イ	2	エ	3	ウ	4	オ	5	カ	6	ア

【2】

1	ウ	2	イ	3	カ	4	ア	5	エ	6	オ

【3】

1	カ	2	オ	3	ウ	4	イ	5	ア	6	エ

【4】

1	オ	2	ア	3	ウ	4	エ	5	イ	6	カ

【5】

1	ア	2	エ	3	イ	4	ウ	5	オ	6	カ

【6】

1	エ	2	カ	3	ウ	4	ア	5	オ	6	イ

【通信ネットワークに関する知識】

p.11

【1】

1	ア	2	オ	3	イ	4	エ	5	ウ

【2】

1	エ	2	ア	3	オ	4	ウ	5	イ

【3】

1	イ	2	エ	3	ウ	4	ア	5	オ

【4】

1	ウ	2	イ	3	エ	4	オ	5	ア

【5】

1	オ	2	ウ	3	ア	4	イ	5	エ

【6】

1	ウ	2	ア	3	エ	4	オ	5	イ

【情報モラルとセキュリティに関する知識】

p.15

【1】

1	オ	2	カ	3	ア	4	イ	5	ウ	6	エ

【2】

1	ア	2	ウ	3	イ	4	エ	5	オ

【3】

1	イ	2	オ	3	エ	4	ウ	5	ア

【計算問題トレーニング】

p.16

【1】

1	20人日	2	4か月	3	4人	4	7日間	5	16日間	6	10日間

　　1．工数＝要員×期間
　　　　　＝ 5 × 4
　　　　　＝ 20（人日）
　　2．期間＝工数÷要員
　　　　　＝ 12 ÷ 3
　　　　　＝ 4（か月）
　　3．要員＝工数÷期間
　　　　　＝ 20 ÷ 5
　　　　　＝ 4（人）
　　4．Ａさんの1日の作業量
　　　　$1 ÷ 15 = \dfrac{1}{15}$
　　　　Ｂさんの1日の作業量

$$1 \div 12 = \frac{1}{12}$$

ＡさんとＢさんが共同した１日の作業量

$$\frac{1}{15} + \frac{1}{12} = \frac{4}{60} + \frac{5}{60} = \frac{9}{60}$$

ＡさんとＢさんが共同して作業を行った場合の期間

$$1 \div \frac{9}{60} = 6.6666\cdots（日間）$$

以上から作業の終了には７日間を要する。

5．Ｃさんの１日の作業量

$$1 \div 20 = \frac{1}{20}$$

Ｄさんの１日の作業量

$$1 \div 15 = \frac{1}{15}$$

ＣさんとＤさんが共同した１日の作業量

$$\frac{1}{20} + \frac{1}{15} = \frac{3}{60} + \frac{4}{60} = \frac{7}{60}$$

ＣさんとＤさんが共同して作業を行った３日間の作業量

$$\frac{7}{60} \times 3 = \frac{21}{60}$$

残りの作業量

$$1 - \frac{21}{60} = \frac{39}{60}$$

残りの作業量をＣさんのみで実施した場合の期間

期間＝工数÷要員

$$\frac{39}{60} \div \frac{1}{20} = \frac{39}{60} \times 20 = 13$$

作業期間の合計

$$3 + 13 = 16（日間）$$

6．Ｆさんの１日の作業量

$$1 \div 15 = \frac{1}{15}$$

ＥさんとＦさんが共同した１日の作業量

$$Ｅさんの作業量 + \frac{1}{15}$$

ＥさんとＦさんが共同して作業を行った場合の期間を求める式

$$1 \div \left(Ｅさんの作業量 + \frac{1}{15}\right) = 6$$

$$1 = 6\left(Ｅさんの作業量 + \frac{1}{15}\right)$$

$$1 = 6 \times Ｅさんの作業量 + \frac{6}{15}$$

$$\frac{9}{15} = 6 \times Ｅさんの作業量$$

$$\frac{1}{10} = Ｅさんの作業量$$

Ｅさんが一人で行った場合の期間

期間＝工数÷要員

$$1 \div \frac{1}{10} = 10（日間）$$

【2】

1	0.975	2	0.96	3	0.97	4	0.855	5	0.684	6	0.995

1．稼働率 = MTBF ÷ (MTBF + MTTR)
   = 195 ÷ (195 + 5)
   = 195 ÷ (200)
   = 0.975

2．1日の稼働時間が24時間のため，12日間を時間に直すと288時間となる。
   稼働率 = 平均故障間隔 ÷ (平均故障間隔 + 平均修復時間)
   = 288 ÷ (288 + 12)
   = 288 ÷ 300
   = 0.96

3．並列システムの稼働率 = 1 − (1 − Ａの稼働率) × (1 − Ｂの稼働率)

$$= 1 - (1 - 0.8) \times (1 - 0.85)$$
$$= 1 - 0.2 \times 0.15$$
$$= 1 - 0.03$$
$$= 0.97$$

4．直列システムの稼働率＝Ｃの稼働率×Ｄの稼働率
$$= 0.95 \times 0.9$$
$$= 0.855$$

5．直列システムの稼働率＝Ａの稼働率×Ｂの稼働率×Ｃの稼働率
$$= 0.8 \times 0.9 \times 0.95$$
$$= 0.684$$

6．並列システムの稼働率＝$1 - (1 - $Ｄの稼働率$) \times (1 - $Ｅの稼働率$) \times (1 - $Ｆの稼働率$)$
$$= 1 - (1 - 0.9) \times (1 - 0.75) \times (1 - 0.8)$$
$$= 0.995$$

【3】

1	16GB	2	16GB	3	5.76MB	4	105MB	5	326枚

1．記憶容量＝1セクタあたりの記憶容量×セクタ数×トラック数×総シリンダ数
1セクタあたりの記憶容量は400B，セクタ数は200，トラック数は100，総シリンダ数は2,000のため，
$$記憶容量 = 400 \times 200 \times 100 \times 2{,}000$$
$$= 16{,}000{,}000{,}000 (B)$$
となる。$1GB = 10^9 B (= 1{,}000{,}000{,}000)$のため，
$$16{,}000{,}000{,}000 \div 1{,}000{,}000{,}000 = 16 (GB)$$
となる。

2．記憶容量＝1シリンダあたりのトラック数×セクタ数×1セクタあたりの記憶容量
トラック番号は0から始まり，999までの1,000トラックはセクタ数が300のため，300,000セクタ（$= 300 \times 1{,}000$），1,000から1,499までの500トラックはセクタ数が200のため，100,000（$= 200 \times 500$）となり，トラック数×セクタ数は$300{,}000 + 100{,}000$となる。1シリンダあたりのトラック数が20，1セクタあたりの記憶容量が2,000Bのため，
$$記憶容量 = 20 \times (300{,}000 + 100{,}000) \times 2{,}000$$
$$= 20 \times 400{,}000 \times 2{,}000$$
$$= 16{,}000{,}000{,}000$$
となる。$1GB = 10^9 B (= 1{,}000{,}000{,}000)$のため，
$$16{,}000{,}000{,}000 \div 1{,}000{,}000{,}000 = 16 (GB)$$
となる。

3．記憶容量＝解像度×色情報×圧縮率
解像度は「$2{,}000 \times 1{,}600$」，色情報は「$24 \div 8$」，圧縮率は「60%」，
$$記憶容量 = 2{,}000 \times 1{,}600 \times 24 \div 8 \times 0.6$$
$$= 5{,}760{,}000 (B)$$
となる。$1MB = 10^6 B (= 1{,}000{,}000)$のため，
$$5{,}760{,}000 \div 1{,}000{,}000 = 5.76 (MB)$$
となる。

4．記憶容量＝解像度×横×解像度×縦×色情報×圧縮率
解像度は「600」，横は「$21 \div 2.5$」，縦は「$29 \div 2.5$」，色情報は「$24 \div 8$」，圧縮率は「1（圧縮を行わないため）」のため，
$$記憶容量 = 600 \times 21 \div 2.5 \times 600 \times 29 \div 2.5 \times 24 \div 8 \times 1$$
$$= 105{,}235{,}200 (B)$$
となる。$1MB = 10^6 B (= 1{,}000{,}000)$のため，
$$105{,}235{,}200 \div 1{,}000{,}000 = 105.2352 (MB)$$
MB未満を四捨五入のため，105MBとなる。

5．画像一枚あたりの記憶容量＝解像度×色情報×圧縮率
解像度は「$3{,}000 \times 2{,}000$」，色情報は「$24 \div 8$」，圧縮率は「80%」のため，
$$画像一枚あたりの記憶容量 = 3{,}000 \times 2{,}000 \times 24 \div 8 \times 0.8$$
$$= 14{,}400{,}000 (B)$$
$1GB = 10^9 B (1{,}000{,}000{,}000)$のため，DVDの4.7GBは
$$4.7 \times 1{,}000{,}000{,}000 = 4{,}700{,}000{,}000 (B)$$
となり，
$$4{,}700{,}000{,}000 \div 14{,}400{,}000 = 326.38 \cdots (326枚)$$

【4】

1	2秒	2	100Mbps	3	80%	4	1.35GB

1. データ量と通信速度の単位を統一するために，データ量に8を掛け（1B（バイト）＝ 8b（ビット）），

   20MB（メガバイト）×8 ＝ 160Mb（メガビット）

   転送時間＝データ量 ÷（通信速度 × 伝送効率）より

   転送時間＝ 160Mb ÷（100Mbps×0.8（80%））

   　　　　＝ 2秒

2. データ量と通信速度の単位を統一するために，データ量に8を掛け（1B（バイト）＝ 8b（ビット）），

   90MB（メガバイト）×8 ＝ 720Mb（メガビット）

   通信速度＝データ量 ÷（通信時間 × 伝送効率）より

   通信速度＝ 720Mb ÷（8秒 ×0.9（90%））

   　　　　＝ 100Mbps

3. データ量と通信速度の単位を統一するために，データ量に8を掛け（1B（バイト）＝ 8b（ビット）），

   45MB（メガバイト）×8 ＝ 360Mb（メガビット）

   伝送効率＝データ量 ÷（通信速度 × 通信時間）より

   伝送効率＝ 360Mb ÷（150Mbps×3秒）

   　　　　＝ 0.8（80%）

4. データ量＝通信速度 × 伝送効率 × 通信時間

   　　　　＝ 200Mbps×0.9（90%）×60秒

   　　　　＝ 10,800Mb

   単位を MB（メガバイト）にするために，データ量を8で割り（1B（バイト）＝ 8b（ビット）），

   10,800Mb ÷8 ＝ 1,350MB

   1GB ＝ 10^3MB（1,000）のため，

   1,350 ÷ 1,000 ＝ 1.35（GB）

【プログラミング部門関連知識】

p.23 **【1】**

1	4F	2	122	3	AB	4	11011
5	000100100011	6	01100111	7	01101000	8	11001110
9	0.625	10	101.01	11		C = 1，D = 0	

【2】

1	ウ	2	ア	3	イ

【3】

1	00000100	2	x の5倍	3	00FF

【4】

1	エ	2	サ	3	セ	4	オ	5	ウ	6	シ	7	イ
8	カ	9	ケ	10	ス	11	ク	12	コ	13	ア	14	キ
15	ト	16	ナ	17	タ	18	ノ	19	ネ	20	ソ	21	ニ
22	ヌ	23	ハ	24	テ	25	ヒ	26	ツ	27	チ		

流れ図とプログラム

【流れ図の確認】

p.26 **【1】** ①—ク ②—ウ ③—キ ④—カ ⑤—エ （①，②は順不同）

p.27 **【2】** ①—カ ②—オ ③—ケ ④—イ ⑤—ク （②，③は順不同）

p.28 **【3】** ①—コ ②—オ ③—ウ ④—キ ⑤—イ

p.29 **【4】** ①—オ ②—コ ③—エ ④—ク ⑤—ア

p.30 **【5】** ①—エ ②—ケ ③—ク ④—オ ⑤—カ ⑥—ア

p.32 **【6】** ①—オ ②—ス ③—チ ④—タ ⑤—ア ⑥—テ ⑦—ク ⑧—エ ⑨—シ
⑩—キ

【マクロ言語の確認】

p.34 【1】

(1)	(2)	(3)	(4)	(5)
ク	ケ	コ	キ	エ

(6)	(7)
ウ	ア

p.35 【2】

(1)	(2)	(3)	(4)	(5)
オ	イ	キ	カ	エ

p.36 【3】

(1)	(2)	(3)
ウ	エ	カ

p.37 【4】

(1)	(2)	(3)	(4)	(5)
エ	ア	イ	ケ	ウ

p.38 【5】

(1)	(2)	(3)	(4)	(5)
ク	エ	ア	ケ	オ

(6)	(7)	(8)	(9)
ウ	キ	イ	サ

p.40 【6】

(1)	(2)	(3)	(4)	(5)
シ	ウ	カ	イ	ケ

(6)
キ

p.42 【7】

(1)	(2)	(3)
ウ	ア	エ

審　査　基　準

【1】

	1	2	3	4	5
	イ	ア	シ	ウ	ク

【2】

	1	2	3	4	5
	カ	イ	キ	ケ	ウ

【3】

	1	2	3	4	5
	イ	ア	ア	ウ	イ

各2点
15問　　小計 **30**

【4】

	(1)	(2)	(3)	(4)	(5)
	ウ	イ	オ	エ	ア

【5】

	(1)	(2)	(3)	(4)	(5)
	キ	ウ	コ	ア	エ

【6】

	(1)	(2)	(3)	(4)	(5)
	キ	ウ	イ	カ	コ

各3点
15問　　小計 **45**

【7】

(1) ❶	(1) ❷	(2)	(3) ❶	(3) ❷	(4) ❶	(4) ❷	(5)
ス	シ	ソ	ウ	コ	キ	ツ	テ

※　複数解答問題は，問ごとにすべてができて正答とする。(1)順不同。

各5点
5問　　小計 **25**

得点合計
100

解説

【1】 解答以外の解答群の語句の説明は以下のとおりである。

エ. システムを独立性の高い機能単位に分割し，設計・プログラミング・テストの工程を繰り返す開発手法。

オ. オブジェクト指向で，クラスの定義情報から生成された，具体的なデータを持つ実体のこと。

カ. プログラムの入力と出力のみに着目し，設計したとおりの出力結果が得られるかを検証するテスト。

キ. システムに処理の要求を開始してから，すべての結果が出力されるまでの時間。

ケ. どのようなシステムなのか，何ができるシステムを作成するのかを定義すること。

コ. システム開発において，入出力のデータや処理の手順に基づき構造設計を行う開発工程。

サ. 試作品に対し，ユーザからの評価によって，改良を加えながら開発を行う手法。

【2】 解答以外のB群の説明文は，以下の語句についての説明である。

ア. ネットワークアドレス　　**エ.** SMTP　　**オ.** ゲートウェイ　　**ク.** リエントラント　　**コ.** Cookie

【3】

1. 16進数のC7を一桁ずつ10進数で示すと，

C   7
↓   ↓
12   7

となり，さらに10進数にするため，

12   7
×   ×
16^1 16^0
↓   ↓
192   7

となる。以上から，199（＝ 192 ＋ 7）となる。

2. **イ**．システムに障害が発生した際，安全にシステムを停止させ，障害の影響を最小限にとどめるようにする設計思想。

   ウ．耐障害性を向上させるためにシステムや電源の二重化などを行い，システムに障害が発生した際に正常な動作を継続できるようにする設計思想。

3. **イ**．二つの入力のうち，少なくとも一方が「1」のとき，「1」を出力する論理回路。

   ウ．二つの入力のうち，どちらか一方のみが「1」のとき，「1」を出力する論理回路。

4. **ア**．人の心理的な弱みにつけ込んで，パスワードなどの秘密情報を不正に取得する方法の総称。

   イ．Web ページの脆弱性を利用した罠を仕掛け，偽サイトに誘導してさまざまな被害を引き起こす攻撃のこと。

5. 伝送効率を x として式を立てる。

$$\frac{20\,\text{MB}}{100\,\text{Mbps} \times x} = 2.5\,秒$$

x = 0.64   答え **イ**．約 60%

point! 算数で覚えた道のり，速さ，時間のあの公式と同じです。

【4】 問1 二分探索

(1) 上限の設定

(2) 中央値の示す Sban(m) が su より大きいとき

問2 セレクションソート

(3) Temp の更新

(4) 交換

(5) 表示のための繰り返し

【5】 順位付け

(1) ループ2で初期化する S(L, M) の添字 L の行方向の動き

(2) 順位を記憶する S(L, 0) の初期値(1)を設定

(3) 順位付けの比較元 S(K, 4) の添字 K の動き

(4) 比較元 S(K, 4) が小さい場合

(5) K は順位を意味するため，「K 位が見つかれば」の意味

【6】 バブルソート

(1) 添字 Sco の作成

(2) 売上金額の集計

(3) 比較先 Ta(L, 11) の添字 L の作成(K の隣である K＋1)

(4) 都道府県名の交換

(5) 売上金額の交換

point! ループ2・ループ3がバブルソートの基本です。

※比較のイメージ

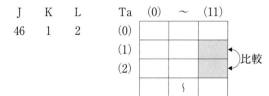 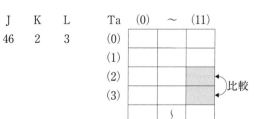

【7】 コントロールブレイク，多分岐，インサーションソート

処理の概要

1 データを読み，配列 Kashi に記憶する。（ループ１）
2 総貸出回数，１日平均貸出回数を計算し，表示する。
3 集計対象に応じて，配列 Work に値を記憶する。
4 配列 Work をインサーションソートで並べ替えを行う。（ループ２・３）
5 並べ替えた配列 Work を使用し，図書名と貸出回数を表示する。

変数，配列の概要

Hozon：集計日数のカウントに使用する，データの日付
Hikei：集計日数
KashiKei：学生利用と一般利用の貸出回数の合計
Heikin：１日平均貸出回数（総貸出回数合計 ÷ 集計日数）
m：インサーションソートで使用する，挿入位置を決定するための添字

流れ図の解説

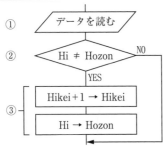
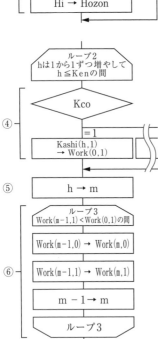

① Hi に日付，ToshoCo に図書コード，Kubun に利用区分を記憶する。

② Hi と Hozon が等しくない場合は日付が変わる。

③ Hikei に１を加算し，Hozon に新しい日付（Hi）を記憶しなおす。

④ 入力された Kco に応じて，作業用の配列 Work の０行目に値を記憶する。（挿入する値）

⑤ h の値をインサーションソートのために，m に値を転記する。

⑥ 挿入する値（Work の０行目）が，配列に記憶された値 Work(m-1) より大きければ，Work(m-1) の値をデータを配列の一つ下へ移動させる。

⑦ 挿入位置が決定したら，挿入する値（Work の０行目）を Work の m 行目に記憶させる。

⑧ h は図書コードとして Work(m, 0) に記憶する。

＜配列 Work の動き＞

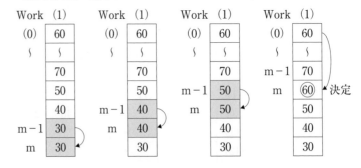

審　査　基　準

【1】

1	2	3	4	5
エ	ク	シ	ケ	サ

【2】

1	2	3	4	5
エ	キ	カ	ケ	ア

【3】

1	2	3	4	5
ア	ウ	ア	ウ	00100001

各2点 15問　小計 **30**

【4】

(1)	(2)	(3)	(4)	(5)
ア	イ	オ	カ	ア

【5】

(1)	(2)	(3)	(4)	(5)
カ	オ	ケ	イ	コ

【6】

(1)	(2)	(3)	(4)	(5)
キ	ケ	ア	カ	イ

各3点 15問　小計 **45**

【7】

(1)	(2) ❶	(2) ❷	(3) ❶	(3) ❷	(4)	(5) ❶	(5) ❷
ウ	キ	シ	セ	コ	タ	ト	ス

※　複数解答問題は，問ごとにすべてができて正答とする。

各5点 5問　小計 **25**

得点合計 **100**

解説

【1】 解答以外の解答群の語句の説明は以下のとおりである。

ア．システム開発において，要件定義に基づき，入出力画面や帳票などを設計する工程。

イ．基本設計からテストまでの各工程を順に進め，前の工程に戻らないことを前提として開発を行う手法。

ウ．コンピュータシステムに障害が発生してから，復旧するまでの平均時間。

オ．システム開発において，プログラム言語を用いてコーディングから翻訳，テストランまでを行う工程。

カ．プログラムの入力と出力のみに着目し，設計したとおりの出力結果が得られるかを検証するテスト。

キ．通信ネットワークを管理する際，個々のネットワークを識別するために利用するアドレス。

コ．コンピュータシステムなどに処理の要求や入力の命令を与えてから，応答や出力が開始されるまでの時間。

【2】 解答以外のB群の説明文は，以下の語句についての説明である。

イ．リカーシブ　　**ウ**．ＮＡＴ　　**オ**．ＦＴＰ　　**ク**．ＨＴＴＰ　　**コ**．内部設計

【3】
1．10進数の7.25を整数の7と小数の0.25に分け，それぞれを2進数に変換する。

整数7を2進数に変換した値は111となる。……①

小数0.25を2進数に変換するには，（2進数にするため）2で掛け算し，そのつど整数部分を取り出して2進数の小数第1位，第2位・・・の部分にし，小数点以下が0になるまで繰り返す。

1回目……0.25に2で掛け算し小数第1位が求められる。

$$
\begin{array}{r}
0.25 \\
\times \quad 2 \\
\hline
(0)50 \quad \quad 0.0
\end{array}
$$

2回目……1回目の積である0.5に2で掛け算し小数第2位が求められる。

$$
\begin{array}{r}
0.5 \\
\times \quad 2 \\
\hline
(1)0 \quad \quad 0.01
\end{array}
$$

小数点以下が0になったので終了する。

小数0.25を2進数に変換した値は0.01となる。……②

①と②を以下のように加算すると，111.01となる。

$$
\begin{array}{r}
1 \ 1 \ 1. \quad \quad \quad \\
+ \quad \quad \quad \ 0. \ 0 \ 1 \\
\hline
1 \ 1 \ 1. \ 0 \ 1
\end{array}
$$

2．**ア**．記憶領域に格納されているデータのうち，先に格納されたデータから取り出されるデータ構造。

イ．入力された順に列の末尾にデータが追加され，取り出すときは末尾にあるデータを列から取り出すデータ構造。

3．**イ**．存在するリスクを管理し，損失などの回避，または低減をはかるプロセス。

ウ．存在するリスクを認識し，リスクの大きさを評価すること。

4．**ア**．極端に絶対値の差が大きい数値同士の加減算を行った結果，絶対値の小さい数値が無視されてしまう現象。

イ．浮動小数点演算において，加減算をした結果が0に非常に近くなったときに，有効数字の桁数が極端に少なくなる現象。

5．
① 右に2ビット算術シフトする。

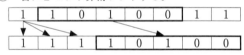

② 00010101から11110100を減ずる。

$$
\begin{array}{r}
0 \ 0 \ 0 \ 1 \ 0 \ 1 \ 0 \ 1 \\
- \ 1 \ 1 \ 1 \ 1 \ 0 \ 1 \ 0 \ 0 \\
\hline
0 \ 0 \ 1 \ 0 \ 0 \ 0 \ 0 \ 1
\end{array}
$$
答え　00100001

※2の補数で表された負の値を減算するときは，引かれる数の最上位の桁のさらに上位に1があるものとみなして筆算し，8ビットが計算結果になる。

point!　次のような方法で求めることもできます。

① 右に2ビット算術シフトした値11110100を10進数に変換すると……$(-12)_{10}$

② 00010101は10進数に変換すると……$(21)_{10}$

$21 - (-12) = 33$，33を2進数に変換すると<u>00100001</u>

【4】　問1　インサーションソート

(1) データの範囲内で$Ten(h) < Test$の間

(2) Testを現段階での正しい場所に挿入

　　問2　順位付けの応用……「<u>比較元の順位のみを決定する</u>」ことを繰り返す。

(3) 比較元の順位の初期値(1)を設定

(4) 比較先Uri(m)の動き

(5) 比較元の数値と順位を表示

【5】　グループトータル

(1) 対戦番号・対戦相手の表示

(2) 販売形態が同じグループの間

(3) 前売りの金額を計算(解答不要の答えはエ)

(4) 特別席〜小・中学校

(5) チケット販売数計の集計

【6】　順位付け

(1) 順位を記憶するJyun(i, j)の初期値(1)を設定

(2) Keiに1(一票)を加算

(3) 比較先Kei(n, k)の添字nの動き

(4) Jyun(m, k)に1を加算(解答不要の答えはコ)

(5) qは順位を意味するため，「q位が見つかれば」の意味

point!　ループ8の意味を理解しよう。

(3)のイメージ

(5)のイメージ

【7】線形探索，バブルソート（調査団体のアンケート集計）

処理の概要

1　入力データを配列 Bsyu と配列 Ksyu に集計する。配列 Ksyu に集計する際には，入力データの企業規模をもとに配列 Kijun を線形（区間）探索する（ループ１）。
2　配列 Ksyu に集計された回答数を，列（企業規模）ごとに割合を求める（ループ４）。
3　配列 Ksyu を企業規模ごとにバブルソートを用いて降順に並べ替えながら出力する（ループ５）。なお，配列 Po は課題名を表示するために利用している。

空欄の解説

(1)　配列 Ksyu の行方向の添字は課題番号（Kban）と，列方向の添字は配列 Kijun の添字（m）と対応しているため，Ksyu（Kban, m）に１を加算する。
(2)　変数 Sita は第２図の見出し【企業規模：１人〜99人の企業】の左側の数字部分である。（右側の数字部分は配列 Kijun の値）次の Sita は，直前で表示した Kijun（co）+1になる。
(3)　バブルソートを逆順に処理すると，大きい値から確定させることができる（10番地と９番地の比較，９番地と８番地の比較，８番地と７番地の比較…）。
(4)　上位５件までの表示を数えるため，表示した件数（変数 Cnt）に１を加算する。
(5)　バブルソートの３点交換。配列 Ksyu は退避用の変数として Taihi を利用している。

配列 Ksyu と配列 Po の並べ替えのイメージ

①　p−1 番地（9）と p 番地（10）を比較して「p−1 番地の方が小さければ入れ替え」を繰り返す。

Ksyu	(0)	(1)	〜		Po	
(0)	100	100	〜		(0)	←配列 Po の３点交換退避用
(1)	13	16	〜		(1)	1
(2)	9	18	〜		(2)	2
(3)	8	11	〜		(3)	3
(4)	10	10	〜		(4)	4
(5)	11	14	〜		(5)	5
(6)	16	6	〜		(6)	6
(7)	15	2	〜		(7)	7
(8)	8	8	〜		(8)	8
(9)	(p−1) 7	9	〜		(9)	9
(10)	(p) 3	6	〜		(10)	10
	（〜99人）	（100〜299人）	〜			

②　ループ６の１巡目を抜ける（p = 1になる → 「p が ro より大きい間」を満たさなくなる）。
・　一番大きな値が Ksyu（1, co）番地に移動する。同時に Po（1）には，最大の値（16）が格納されていた番地を示す６が格納される（配列 Po はポインタとして利用している）。

Ksyu	(0)	(1)	〜		Po		Kadai	
(0)	100	100	〜		(0)		(0)	
(1)	16	16	〜		(1)	6	(1)	情報漏えい対策
(2)	13	18	〜		(2)	1	(2)	不正アクセス対策
(3)	9	11	〜		(3)	2	(3)	生産性の低下
(4)	8	10	〜		(4)	3	(4)	人事評価
(5)	10	14	〜		(5)	4	(5)	テレワークに向かない
(6)	11	6	〜		(6)	5	(6)	システム導入費用
(7)	15	2	〜		(7)	7	(7)	機器導入費用
(8)	8	8	〜		(8)	8	(8)	コミュニケーション低下
(9)	7	9	〜		(9)	9	(9)	進捗管理
(10)	3	6	〜		(10)	10	(10)	その他

・　Kadai（Po（ro））と Ksyu（ro, co），"%"を表示する。
③　ループ５の条件を満たす間（上位５件を表示している間）処理を繰り返す。
④　上位５件までを表示した後，列を変えて（co に１を加算して）①〜③の処理を繰り返す。

審　査　基　準

【1】

1	2	3	4	5
シ	イ	サ	コ	ア

【2】

1	2	3	4	5
ウ	ク	イ	コ	オ

【3】

1	2	3	4	5
イ	ア	ウ	イ	ウ

各2点
15問　小計 **30**

【4】

(1)	(2)	(3)	(4)	(5)
エ	ウ	エ	ウ	イ

【5】

(1)	(2)	(3)	(4)	(5)
オ	ウ	カ	ク	ア

【6】

(1)	(2)	(3)	(4)	(5)
コ	エ	カ	ク	イ

各3点
15問　小計 **45**

【7】

(1) ❶	(1) ❷	(2)	(3) ❶	(3) ❷	(4)	(5) ❶	(5) ❷
セ	ト	コ	オ	カ	キ	サ	シ

※　複数解答問題は，問ごとにすべてができて正答とする。

各5点
5問　小計 **25**

得点合計
100

解説

【1】 解答以外の解答群の語句の説明は以下のとおりである。

ウ．故障率の低さやメンテナンスの容易さなど，五つの特性により判断するコンピュータシステムの総合的な評価指標。

エ．プログラムの内部構造に着目し，さまざまな入力データに対して，仕様書どおりにプログラムが正しく実行されるかを検証するテスト。

オ．コンピュータシステムやソフトウェアがユーザから要求された仕様を満たしているかどうかを検証するテスト。

カ．開発したシステム全体が，設計したとおりの機能を備えているかを確認する開発者側の最終テスト。

キ．結合テストを行う際，呼び出し先の未完成な下位モジュールの代わりとなる簡易的なテスト用モジュールのこと。

ク．オブジェクト指向で，データとそのデータに対する手続きを一つにまとめること。

ケ．コンピュータシステムに障害が発生してから，復旧するまでの平均時間。

【2】 解答以外のB群の説明文は，以下の語句についての説明である。

ア．トップダウンテスト　**エ**．ハブ　**カ**．DHCP　**キ**．浮動小数点形式　**ケ**．リロケータブル

【3】

1. はじめに，10進数の96を2進数に変換する。

整数96を2進数に変換するには，商が0になるまで2で割り続け，商と余りを求めればよいため，

```
2 ) 96        余り
2 ) 48    … 0
2 ) 24    … 0
2 ) 12    … 0
2 )  6    … 0
2 )  3    … 0
2 )  1    … 1
     0    … 1
```

となり，余りを下から上に読み取ると，整数96を2進数に変換した値は1100000となる。なお，8ビットの2進数のため，足りないビットには0を入れ，01100000となる。

次に，01100000の補数を表示する（0を1，1を0にする）。

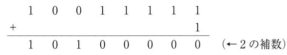

```
0  1  1  0  0  0  0  0
↓  ↓  ↓  ↓  ↓  ↓  ↓  ↓
1  0  0  1  1  1  1  1    （←1の補数）
```

得られた結果に1を加算する。

```
  1  0  0  1  1  1  1  1
+                      1
─────────────────────────
  1  0  1  0  0  0  0  0    （←2の補数）
```

以上から，10100000となる。

2. **イ**. コンピュータシステムやソフトウェアがユーザから要求された仕様を満たしているかどうかを検証するテスト。

　ウ. プログラムの一部を修正したことにより，修正していないほかの部分に影響がないかを検証するテスト。

3. **ア**. セキュリティ確保のため，組織の内部ネットワークと外部ネットワークの間に設けられる領域。

　イ. 電子商取引などでやり取りする情報を暗号化し，インターネット上で安全に送受信するためのプロトコル。

4. **ア**. データを送受信する際，暗号化と復号に異なる鍵を使用する方式。

　ウ. データ通信の際，送信したデータの作成者が本人であることや，改ざんされていないことを証明するためのしくみ。

5. $1 - \{(1 - 0.9) \times (1 - 0.9)\} = 0.99$　　答え　**ウ**. 0.99

point!　2台とも動かない確率を，1（100%）から減らす意味です。

【4】　問1　グループトータル

　(1) データの範囲内かつ同じグループ（数値）の間
　(2) 同じグループ（数値）の個数を加算

問2　二分探索

　(3) 商品コードが見つからない間
　(4) 商品コードが見つかった時
　(5) 上限の更新（解答不要の答えはカ）

【5】　グループトータル・バブルソート

　(1) 販売員番号が同じグループの間
　(2) 売上合計金額の集計
　(3) Mokuhyo(i)の添字iの動き
　(4) 比較元 Uriage(k, 6)の添字kの動き
　(5) 比較先 Uriage(j, 6)の値が比較元 Uriage(k, 6)の値以下なら交換しない

【6】　線形探索・インサーションソート

　(1) 探索先を次の Jkubun(h)へ
　(2) 時間区分ごとの合計に売上金額を集計
　(3) 店舗番号による分岐
　(4) 比較元として Uwork(0)に保存する Uwork(k)の添字kの動き
　(5) Cwork(0)を現段階での正しい場所に挿入
　　（解答不要の答えは Uwork(0)→Uwork(p + 1)）

point!　ループ5・ループ6がインサーションソートの基本です。

(4)の下の2つ
イメージ

Cwork・
Uwork

(0)	
(1)	
(2)	
～	

(5)とその下
（解答不要）のイメージ

Cwork・
Uwork

(0)	
(1)	
(2)	
～	

【7】 順位付け

処理の概要

1. 配列 Ten に入力データを記憶する（ループ1）。
2. それぞれの生徒の平均打数を計算する（平均打数計算）。
3. 平均打数をもとにした順位を計算する（順位算出）。
4. キーボードから入力された生徒番号を線形探索する（ループ3とその前）。
5. 見つかった値を表示する。
6. 追加・更新がある場合は，配列 Ten にデータを記憶，上書きする（追加更新処理）。
7. 値が更新されたので，平均打数と順位を再計算する。

変数，配列の概要

Ct：データ件数（配列 Ten は0行目から始まり，Ct－1行目まで値が記憶されている。）

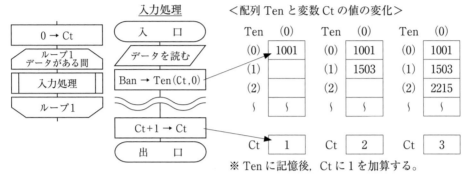

j：線形探索で使用する添字，探索された値の位置を記憶
m：平均打数算出のために使用する，打数合計を行う際の配列 Ten の1回目～3回目の添字
Kai：平均打数算出のために使用する，未計測以外の1回目～3回目のデータの件数

流れ図の解説

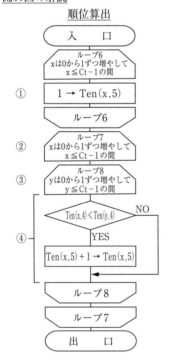

① 順位を記憶する配列 Ten の5列目の初期値を設定する。
　　※順位付けの初期値は1

② 基準となる x の添字を進めるためのループ。

③ 比較対象となる y の添字を進めるためのループ。

④ 平均打数が記憶されている配列 Ten の4列目を基準として比較対象と比較する。
　　基準の平均打数が低い場合は，基準の順位を1下げる（順位を1加算する）。

審 査 基 準

【1】

1	2	3	4	5
サ	エ	キ	イ	ウ

【2】

1	2	3	4	5
イ	ケ	ア	カ	ク

【3】

1	2	3	4	5
ウ	ア	ウ	ア	00111001

各2点 15問 | 小計 **30**

【4】

(1)	(2)	(3)	(4)	(5)
イ	ア	オ	ア	ウ

【5】

(1)	(2)	(3)	(4)	(5)
エ	コ	キ	ア	カ

【6】

(1)	(2)	(3)	(4)	(5)
カ	オ	イ	ケ	ク

各3点 15問 | 小計 **45**

【7】

(1)	(2)❶	(2)❷	(3)	(4)❶	(4)❷	(5)❶	(5)❷
テ	ト	セ	コ	ケ	ツ	キ	ソ

※ **複数解答問題は，問ごとにすべてができて正答とする。**

各5点 5問 | 小計 **25**

得点合計 **100**

解説

【1】 解答以外の解答群の語句の説明は以下のとおりである。

ア．システムの設計で，処理や操作の対象となるもの。

オ．複数の磁気ディスク装置などを一つの装置として管理し，アクセスの高速化や，信頼性の向上をはかる技術。

カ．システムを独立性の高い機能単位に分割し，設計・プログラミング・テストの工程を繰り返す開発手法。

ク．インターネットで標準的に利用され，OSなどの環境が異なるコンピュータ間でも通信を可能とするプロトコル。

ケ．ファイルサーバの機能を持ち，直接ネットワークに接続して使用する補助記憶装置。

コ．同一LAN内に接続されたコンピュータやネットワーク機器を識別するためのアドレス。

シ．コンピュータシステムやネットワーク機器などが，一定時間内に処理できる仕事量や情報量。

【2】 解答以外のB群の説明文は，以下の語句についての説明である。

ウ．フォールトトレラント　**エ**．システムログ　**オ**．FTP　**キ**．POP　**コ**．IMAP

【3】

1. はじめに，8ビットの2進数1110(00001110)と1001(00001001)の積をもとめるため，

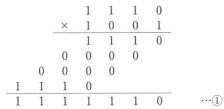

```
        1 1 1 0
    ×   1 0 0 1
        1 1 1 0
      0 0 0 0
    0 0 0 0
  1 1 1 0
  1 1 1 1 1 1 0   …①
```

となる。なお，8ビットの2進数とするため，足りないビットには0を入れ，01111110となる。

次に16進数で表すため，①を4桁ごとに区切って，それぞれ16進数とし，

```
0111    1110
 ↓       ↓
 7       E
```

となる。以上から，7Eとなる。

2. **イ**．浮動小数点数演算において，加減算をした結果が0に非常に近くなったときに，有効数字の桁数が極端に少なくなる現象。

   ウ．コンピュータで数値を扱う際，四捨五入などの端数処理を行った結果が，本来の計算結果とわずかに異なる現象。

3. **ア**．脆弱性のあるSNSやWebサイトの掲示板などに対して，罠を仕掛け，サイト利用者の個人情報をぬすむなどの被害をもたらす攻撃のこと。

   イ．不当なSQL文を実行させることにより，データベースの不正な閲覧や改ざんをする攻撃のこと。

4. **イ**．IPアドレスのネットワーク部を任意のビット数で区切る方法。

   ウ．HTMLで記述された文書などのデータを，ブラウザとWebサーバ間で送受信するためのプロトコル。

5.

   ① 46を2進数に変換した後，右に2ビット算術シフトする。

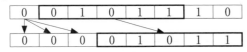

```
0 0 1 0 1 1 1 0
0 0 0 0 1 0 1 1
```

   ② 算術シフト前の値を加算する。

```
    0 0 0 0 1 0 1 1
  + 0 0 1 0 1 1 1 0
    0 0 1 1 1 0 0 1    答え  00111001
```

   point! 次のような方法で求めることもできます。

   ① 右に2ビット算術シフトした値00001011を10進数に変換すると……(11)₁₀
   ① 右に2ビット算術シフトした値00001011を10進数に変換すると……$(11)_{10}$

   ② 11＋46＝57，57を2進数に変換すると00111001

【4】 問1 バブルソート

   (1) 比較先 Ten(p) の値が大きいとき

   (2) 交換

   問2 順位付け

   (3) 順位の初期値(1)を設定

   (4) 比較先 Kiroku(p) の添字 p の動き

   (5) 比較先順位 Jun(p) に1を加算(解答不要の答えはイ)

【5】 グループトータル・線形探索

   (1) ループ1に入るため Flag に0を設定

   (2) ゲートコードを保存

   (3) 添字 k を時間帯に合わせて作成

   (4) ゲートコードの線形探索

   (5) 保存されていたゲートコード～出者数まで，ゲートコード別入出者数集計を表示

【6】 セレクションソート・順位付け

   (1) 比較先 K-Ritu(N) の添字 N の初期値 M を設定(L の隣である L+1 から)

   (2) 比較先が比較元より大きければ

   (3) 仮の最大の添字 Max が L と変更がなければ

   (4) カウンタ変数 X がデータ件数 Ken 以下の間

   (5) 順位 Jun をカウンタ変数 X で更新

   point! (4)と(5)がこの問題のポイントです。

(5)のイメージ

Jun		X	K-Ritu(x)		Ho
1		1	100	→	100
2	←	2	90	→	90
2		3	90		90
4	←	4	80	→	80

【7】 二分探索，セレクションソート

処理の概要

1	入力されたメニューコード(Cd)を配列Codeから二分探索する(ループ2とその前)。
2	メニューコードから，分類コードを求め，売上金額を計算し，分類ごとに集計する。
3	集計した売上金額を表示する(ループ3)。
4	セレクションソートで売上金額の降順に配列Code，Menu，Tanka，Kinを並べ替える(ループ4)。
5	入力された分類コードと同じ分類コードのデータを表示する(ループ6)。

変数，配列の概要

Ka：二分探索で使用する，検索範囲の下限

Jo：二分探索で使用する，検索範囲の上限

m：二分探索で使用する，検索範囲の中央値　※中央の添字であることに注意

Bunrui：分類コード(メニューコード ÷ 100)

Tmp：分類コード(メニューコード ÷ 100)

j：セレクションソートで使用する，交換対象の位置

k：セレクションソートで使用する，比較対象の位置

Max：セレクションソートで使用する，最大値の位置

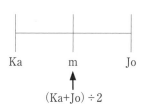

$(Ka+Jo) \div 2$

流れ図の解説

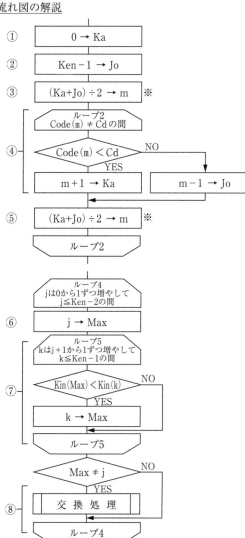

① 検索範囲の下限を設定する。

② 検索範囲の上限を設定する。

③ 検索範囲の中央値を求める。

④ 検索値が中央値と等しい場合→検索値が見つかる。
検索値が中央値と等しくない場合は
検索値と中央値を比較し，上限，下限を移動させる。

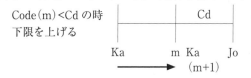

Code(m)<Cd の時
下限を上げる

⑤ 上限か下限の値がかわるので，中央値を再計算する。

⑥ セレクションソートを行うために，仮の最大値の添字Maxを設定する。

⑦ 最大値を探索し，その位置(配列の添字)をMaxに記憶する。
※⑥でjの値がMaxに入っているため，j+1から比較を行うことで無駄な処理を省く。

⑧ Maxの値が変化した場合は探索範囲内で最大値が見つかったので交換処理を行う。

審　査　基　準

【1】

	1	2	3	4	5
	ア	エ	ク	ウ	シ

【2】

	1	2	3	4	5
	イ	オ	コ	キ	エ

【3】

	1	2	3	4	5
	イ	ア	ウ	ウ	6名

各2点 15問　小計 30

【4】

	(1)	(2)	(3)	(4)	(5)
	イ	ア	エ	オ	ア

【5】

	(1)	(2)	(3)	(4)	(5)
	エ	キ	ア	コ	オ

【6】

	(1)	(2)	(3)	(4)	(5)
	ア	コ	カ	イ	ク

各3点 15問　小計 45

【7】

	(1) ❶	(1) ❷	(2) ❶	(2) ❷	(3) ❶	(3) ❷	(4)	(5) ❶	(5) ❷
	ス	オ	ツ	コ	ソ	チ	シ	サ	ウ

※　複数解答問題は，問ごとにすべてができて正答とする。(2)・(5)順不同。

各5点 5問　小計 25

得点合計 100

解説
【1】　解答以外の解答群の語句の説明は以下のとおりである。
　イ．システムを独立性の高い機能単位に分割し，設計・プログラミング・テストの工程を繰り返す開発手法。
　オ．セキュリティ確保のため，組織の内部ネットワークと外部ネットワークの間に設けられる領域。
　カ．LAN内のプライベートIPアドレスとインターネット上のグローバルIPアドレスを相互に変換する技術。
　キ．異なるプロトコルのネットワークどうしを接続するため，プロトコルの変換を行うLAN間接続装置。
　ケ．クライアントサーバシステムにおいて，クライアント側には必要最低限の機能だけを持たせ，サーバ側でソフトウェアなどの資源を集中管理するシステム。
　コ．インターネットにおいて，クライアントが電子メールを送信する際や，メールサーバ間でメールを転送する際に利用するプロトコル。
　サ．リスト構造などで，次の要素が格納されている位置を示す特別な変数。
【2】　解答以外のB群の説明文は，以下の語句についての説明である。
　ア．プライベートIPアドレス　ウ．ミラーリング　カ．リスクマネジメント　ク．ホストアドレス　ケ．フールプルーフ

【3】

1. はじめに，10 進数の 113 を 2 進数に変換する。

10 進数の 113 を 2 進数に変換するには，商が 0 になるまで 2 で割り続け，商と余りを求めればよいため，

```
2 ) 113        余り
2 )  56  … 1
2 )  28  … 0
2 )  14  … 0
2 )   7  … 0
2 )   3  … 1
2 )   1  … 1
      0  … 1
```

となり，余りを下から上に読み取ると，整数 113 を 2 進数に変換した値は 1110001 となる。なお，2 進数から 16 進数への変換には，8 ビットの 2 進数とするため，足りないビットには 0 を入れ，01110001 となる。

次に 16 進数で表すため，4 桁ごとに区切って，それぞれ 16 進数とし，下記のようになる。以上から，71 となる。

```
0111    0001
 ↓       ↓
 7       1
```

2. **イ**．下位モジュールから上位モジュールへと順に結合しながら，動作を検証するテスト方法。
   ウ．上位モジュールから下位モジュールへと順に結合しながら，動作を検証するテスト方法。

3. **ア**．極端に絶対値の差が大きい数値どうしの加減算を行った結果，絶対値の小さい数値が無視されてしまう現象。
   イ．「補う数」を意味し，2 進数では元の値に，その値の 2 の補数を加算すると桁上がりがおきる。

4. **ア**．送信者が暗号化に用いる鍵と受信者が復号に用いる鍵が，それぞれ異なる暗号方式。
   イ．電子商取引などでやり取りする情報を暗号化し，インターネット上で安全に送受信するためのプロトコル。

5. 考え方　予定……5 か月で 50 人月なので 10 人×5＝50
   　　　　実際……4 か月で 36 人月なので 10 人×4×x＝36
   　　　　x＝0.9　予定の 90% の作業効率で残り 14
   　　　　14÷0.9＝15.55……切り上げ 16
   　　　　16−10＝6　　　　　　　　　　　　　答え　6名

   point!　次のような方法で求めることもできる。

   $\left(\dfrac{1}{50}×0.9×10 人×5 か月\right)+\left(\dfrac{1}{50}×0.9×x 人×1 か月\right) ＞＝1$　　x＞＝5.5…切り上げ 6名

【4】

問1　**二分探索の応用**……降順に記憶されている。

(1) 中央値の算出

(2) 中央値の示す Kcod(Mi) が kazu より大きい時

問2　**バブルソートの応用**……うしろから前に比較を続ける。

(3) 配列の先頭にたどり着くまでか，Suion(i)＞Suion(i＋1) の間

(4) 交換

(5) 比較する範囲を広げる（うしろを広げる）　トレース表（一部）→

比較	j	i	i＋1
1 回目	1	0	1
2 回目	2	1	2
	2	0	1
3 回目	3	2	3
	3	1	2
	3	0	1

【5】セレクションソート

(1) 添字 j のもとになる値（1408 なら 14）を作成

(2) 比較先 Tsu(m, j) の添字 m の初期値 n を設定（k の隣から）

(3) 比較元 Tsu(Max, j) が比較先 Tsu(m, j) 以上ならば

(4) 仮の最大の添字 Max が k と変更がなければ

(5) 交換

比較	p	j	k	k＋1
1 回目	39	1	1	2
	39	1	2	3
	39	1	3	4
	�	〳	〳	〳
	39	1	39	40
2 回目	38	2	1	2
	38	2	2	3
	〳	〳	〳	〳
	38	2	38	39

【6】バブルソート・順位付け

(1) 1 回目の最後の比較元 Kiso(k, 5) の添字 k の値が 39 になるように p に設定

(2) 生徒が 40 人なので 39 回繰り返す　　　トレース表（一部）→

(3) 比較元 Kiso(k, 5) 値が比較先 Kiso(k＋1, 5) より小さければ

(4) 2 回目以降の最後の比較元の添字 p の値を下げる

(5) 前の順位を入れる（前と同順位になる）

point!　Kiso の 40 行目→39 行目→38 行目の順に下の行から合計の昇順に値が並べ替えられて決定される。
　　　　生徒は 40 人であるが，入力データは 40 人分とは限らないので，ループ 4 は Ken をつかう。

※ループ 4 に入るときのイメージ
Ken＝10 なら　　(0)　〜　(6)

(0)	
(1)	3
(2)	12
〜	
(10)	4
(11)	
〜	
(40)	

未受験者 { (11) 〜 (40)

【7】 インサーションソート，順位付け(整列済データ)

処理の概要

1	商品コードから分類番号と商品番号を求め，配列 Syu に数量，Gokei に売上金額を合計する(ループ1)。
2	配列 Gokei の値から，割合を求め，売上集計一覧を表示する(ループ2)。
3	キーボードから入力された結果をもとに，配列 SortMei，SortSu に並べ替え対象のデータを記憶する。
4	インサーションソートで，配列 SortMei，SortSu を，配列 SortSu の降順に並べ替える(ループ3)。
5	整列された値に順位付けを行いながら表示する(ループ5)。

変数，配列の概要

Bban：分類番号(商品コード ÷ 100)

Sban：商品番号(商品コード － 分類番号 × 100)

$$Code \div 100 \rightarrow Bban$$
$$Code - Bban \times 100 \rightarrow Sban$$

※ 切り捨てを利用して，100で割った余りを Sban に求める。

Ritu：分類ごとの割合

Flg：キーボードから1が入力されたかどうかの確認で使用するフラグ(0 または 1 を記憶する)

　　　※キーボードから1が入力されたとき(＝記憶処理を行った時)：1　　入力されないとき：0

Kai：配列 SortMei，SortSu の次のデータの追加位置を示す添字(データ追加開始位置)

Owa：配列 SortMei，SortSu の最後のデータが記憶された位置を示す添字(データ終了位置)

Soe：配列 Syu の値を配列 SortMei，SortSu へ記憶するときの配列 Syu の列方向の添字

s：配列 Syu の値を配列 SortMei，SortSu へ記憶するときの配列 Syu の行方向の添字

m：インサーションソートを行うときの，挿入対象の添字

n：インサーションソートを行うときの，挿入位置を示す添字

Hoz：順位付けを行うとき，同順位の場合を判断するために前のデータの数量を記憶している変数

流れ図の解説

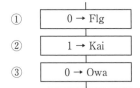

① Flg に初期値0を設定する。

② Kai に初期値1を設定する。

③ Owa に初期値0を設定する。

④配列 Syu の列方向の添字を変数 Soe に記憶する。

⑤10件のデータを記憶するため，Owa に10を加算する。

⑥配列 Mei，Syu の値を，配列 SortMei，SortSu に記憶する。

⑦ Owa の次の位置を開始位置として変数 Kai に記憶する。

⑧ Flg の値を1に変える。

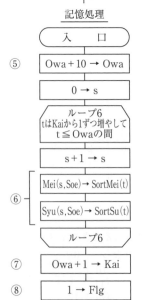

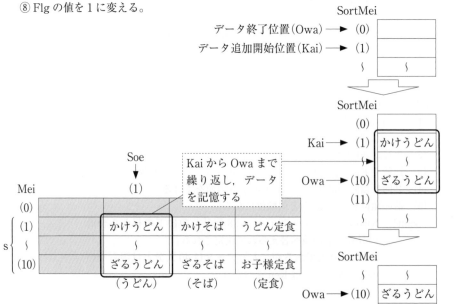

22

情報処理検定模擬試験プログラミング 第1級 （第6回）
審　査　基　準

【1】

1	2	3	4	5
ク	エ	ア	シ	コ

【2】

1	2	3	4	5
オ	エ	コ	キ	ク

【3】

1	2	3	4	5
ウ	ア	ア	ウ	右に4ビット論理シフト

各2点 15問　小計　**30**

【4】

(1)	(2)	(3)	(4)	(5)
イ	ウ	カ	ア	イ

【5】

(1)	(2)	(3)	(4)	(5)
キ	ア	ケ	エ	ク

【6】

(1)	(2)	(3)	(4)	(5)
ウ	オ	キ	ケ	ア

各3点 15問　小計　**45**

【7】

(1) ❶	(1) ❷	(2)	(3) ❶	(3) ❷	(4) ❶	(4) ❷	(5) ❶	(5) ❺
ケ	セ	チ	コ	カ	ソ	サ	オ	ス

※　複数解答問題は，問ごとにすべてができて正答とする。

各5点 5問　小計　**25**

得点合計　**100**

解説

【1】　解答以外の解答群の語句の説明は以下のとおりである。
　イ．クライアントと Web サーバ間で，HTML ファイルや画像などのデータを送受信するためのプロトコル。
　ウ．プログラムの内部構造に着目し，さまざまな入力データに対して，仕様書どおりにプログラムが正しく実行されるかを検証するテスト。
　オ．インターネットなどの外部ネットワークと内部ネットワークから隔離された区域。
　カ．TCP/IP プロトコルを用いたネットワーク上で，コンピュータを識別するための 128 ビットのアドレス。
　キ．インターネットにおいて，クライアントが電子メールを受信するために利用するしくみ。
　ケ．プログラムの入力と出力のみに着目し，設計したとおりの出力結果が得られるかを検証するテスト。
　サ．TCP/IP プロトコルを用いたネットワーク上で，コンピュータを識別するための 32 ビットのアドレス。
【2】　解答以外の B 群の説明文は，以下の語句についての説明である。
　ア．グローバル I P アドレス　　**イ**．スタック　　**ウ**．ホストアドレス　　**カ**．V o I P　　**ケ**．ドライバ

23

【3】

1. 10進数の58を2進化10進数に変換するには，10進数の各桁を4ビットの2進数で表現すればよいため，

```
    5        8
    ↓        ↓
  0101     1000
```

となる。以上から，01011000となる。

2. 回路で出力される値は以下のとおりである。

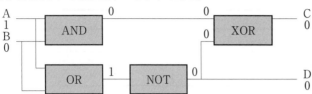

3. **イ**. 音声データをパケット化し，インターネット回線を利用して音声データを送受信する技術。

   ウ. インターネットで標準的に利用され，OSなどの環境が異なるコンピュータ間でも通信を可能とするプロトコル。

4. **ア**. 分子が稼働時間の合計ではなく，分母が故障回数ではなく，正しい結果が得られないため，不適切である。

   イ. 分子が稼働時間の合計ではなく，正しい結果が得られないため，不適切である。

5. 「下ごしらえ」として(値はなんでもよい)2進数のnを用意する。

① 000Fとの論理積(AND)をxに求める。

② (0001)₂つまり(1)₁₆をスタックに格納する。

③ 2進数のnを　右に4ビット論理シフト　する。

point! このような感じで取り出しています。

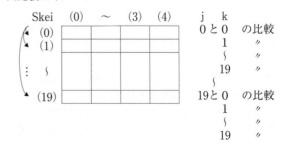

【4】 問1　セレクションソート

(1) 仮の最大値である Bsc(Max) より比較先 Bsc(j) の値が大きければ

(2) 交換

問2　順位付けの応用……自分の順位のみの決定を繰り返す。

(3) 自分の順位である Jhozon に1を設定

(4) 比較先 Suri(y) の添字 y の動き

(5) 自分の順位に1を加算

【5】 グループトータル

(1) エリア番号と同じグループの間

(2) 目的地番号を保存

(3) 予約者数が最少催行人員に足りないなら(解答不要の(3)の下の答えは「"人員不足" → Yjokyo」，左下の答えは「"満席" → Yjokyo」)

(4) 目的地ごとの予約者数を集計

(5) 目的地ごとの予約者数(合計)を表示

【6】 二分探索・順位付け

(1) 順位を記憶する Skei(j, 4) の初期値(1)を設定

(2) Sco が中央値の示す値 Skei(Mi, 0) より大きければ
(解答不要の答えはイ)

(3) 利益の計算

(4) 比較元 Skei(j, 3) の添字 j の動き

(5) 比較元 Skei(j, 3) の順位である Skei(j, 4) に1を加算
しているので，Skei(j, 3) < Skei(k, 3) となる

point! ループ3・ループ4も基本の問題です。
(4)比較のイメージ

Skei	(0)	~	(3)	(4)	j	k	
(0)					0と0		の比較
(1)					1		〃
:	~				~		
					19		〃
					~		
(19)					19と0		の比較
					1		〃
					~		
					19		

【7】 セレクションソート，順位付け

処理の概要

1 入力データの合格者番号を配列 Sban から線形探索する（ループ２とその前後）。
2 これまで検定未取得，または配列 Skyu に記憶された合格級より入力データの合格級の値が小さければ
  （※上位級合格であれば），配列 Skyu と配列 Snen に入力データの合格級と合格年月日を記憶する。
3 学科区分に０が入力されるまで処理を続ける（ループ３）。
  (1) 表示する学科区分の先頭の生徒番号を配列 Sban より線形探索で求める（ループ４とその前）。
  (2) 表示する学科区分と生徒番号の学科番号が等しい間，検定試験合格状況一覧を表示する（ループ５）。
4 行番号に０が入力されるまで処理を続ける（ループ６）。
  (1) 行番号の生徒の合格級と合格年月日の値を作業用の配列 R に記憶する（ループ７）。
  (2) 行番号の生徒の配列 R の値を合格年月日の昇順にセレクションソートで並べ替えを行う（ループ８）。
5 検定の合格年月日から合格年と合格月を求め，履歴書記載事項を表示する（ループ11）。

変数，配列の概要

j：線形探索で求めた，配列 Sban の行を示す添字
m：線形探索で求めた，表示する学科番号と一致した生徒の配列の行を示す添字（ループ３内）
Gak：学科番号（生徒番号を 10000000 で割った値）
StartBan：表示する学科番号と一致した生徒の最初の行を示す添字
LastBan：表示する学科番号と一致した生徒の最後の行を示す添字
m：入力された行番号から求めた，表示する生徒の行を示す添字（ループ６内）
s：セレクションソートで使用する，交換対象となる配列 R の列方向の添字
t：セレクションソートで使用する，比較対象となる配列 R の列方向の添字
min：セレクションソートで使用する，仮の最小値の添字
i：セレクションソートで使用する，並べ替え時に使用する配列 R の行方向の添字
p：配列 R を表示するために使用する列方向の添字
Nen：合格年
Tsuki：合格月

流れ図の解説

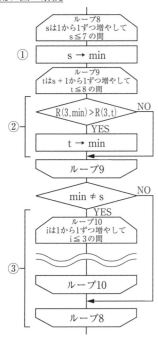

①仮の最小値の列の添字 min を設定する。

②最小値を探索し，その位置（配列の添字）を min に記憶する。

③min の値が変化した場合は探索範囲内で最小値が見つかったので交換処理を行う。

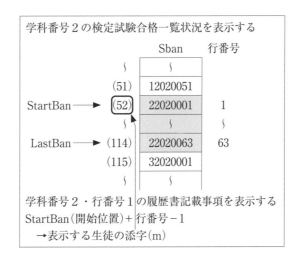

情報処理検定模擬試験プログラミング　第1級　（第7回）
審　査　基　準

【1】

	1	2	3	4	5
	カ	サ	ア	キ	オ

【2】

	1	2	3	4	5
	イ	ケ	ク	ア	オ

【3】

	1	2	3	4	5
	ア	ウ	イ	ア	0.995

各2点　小計 15問　30

【4】

	(1)	(2)	(3)	(4)	(5)
	ウ	イ	オ	エ	ア

【5】

	(1)	(2)	(3)	(4)	(5)
	キ	ア	エ	コ	オ

【6】

	(1)	(2)	(3)	(4)	(5)
	オ	ケ	イ	カ	コ

各3点　小計 15問　45

【7】

	(1) ❶	(1) ❷	(2)	(3) ❶	(3) ❷	(4) ❶	(4) ❷	(5)
	イ	ト	ウ	タ	カ	コ	ス	キ

※　複数解答問題は，問ごとにすべてができて正答とする。(4)順不同。

各5点　小計 5問　25

得点合計　100

解説

【1】　解答以外の解答群の語句の説明は以下のとおりである。

イ. 耐障害性を向上させるためにシステムや電源の二重化などを行い，システムに障害が発生した際に正常な動作を継続できるようにする設計思想。

ウ. システムに障害が発生した際，安全にシステムを停止させ，障害の影響を最小限にとどめるようにする設計思想。

エ. 電子メールにおいて，ブラウザなどを用いたメールの閲覧や管理を，サーバ上で行う際に用いるプロトコル。

ク. 要件定義からテストまでの各工程を順に進め，前の工程に戻らないことを前提として開発を行う手法。

ケ. 記憶領域に格納されているデータのうち，先に格納されたデータから取り出されるデータ構造。

コ. 上位モジュールから下位モジュールへの結合テストを行う際，下位モジュールの代替として使用するもの。

シ. データ要素に，次のデータ要素の位置情報を持たせることで，複数のデータを連結するデータ構造。

【2】　解答以外のB群の説明文は，以下の語句についての説明である。

ウ. 電子署名　**エ.** 情報落ち　**カ.** 性能テスト　**キ.** 要件定義　**コ.** ターンアラウンドタイム

【3】

1. 16進数の FF.7 を一桁ずつ 10 進数で示すと,

F	F.	7
↓	↓	↓
15	15	7

となり,さらに 10 進数にするため,

15	15	7
×	×	×
16^1	16^0	16^{-1}
↓	↓	↓
240	15	0.4375

となる。以上から,255.4375($= 240 + 15 + 0.4375$)となる。

2. **ア**.関数やメソッドなどの処理内容の記述の中に,その関数やメソッド自身の呼び出しを行うコードが含まれること。
   イ.複数のタスクが同時に共有して実行しても,正しく実行することができるプログラムの性質。

3. **ア**.上位ビットから符号部分,整数部分,小数部分の順に並べ,小数点の位置をあらかじめ定めて表現する形式。
   ウ.コンピュータにおいて,少ないビット数で広い範囲の数値を表現できる,符号部,指数部,仮数部で構成される実数の形式。

4. **イ**.電子メールに画像や音声などのデータを添付し,送受信することを可能とするための規格。
   ウ.Web サイトの閲覧日時やアクセス回数など,アクセスに関する履歴が,クライアントの端末に一時的に保存されるしくみ。

5. $1 - \{(1 - 0.9) \times (1 - 0.95)\} = 0.995$　　　答え　0.995

> point!　2台とも動かない確率を,1(100%)から減算する意味です。

【4】　問1　二分探索
(1)　入力した値(eki)より中央値の指す配列の値が文字コード順で後方ならば(アルファベット順です)
(2)　上限≧下限ならば(見つかったならば)

問2　グループトータルの応用
(3)　グループ数(grp)を初期化(この処理がなくても変数宣言時に初期化される)
(4)　同じグループかつ入力された1グループあたりの個数以下の間
(5)　グループ内の人数(ninc)に1人追加

【5】　セレクションソート
(1)　配列 Syu に集計(7時台が0列なので −7 すること)
(2)　列の要素数が10なので一つ手前の9まで動かす(k は比較元の動きです)
(3)　仮の最大値である Syu(j, Max)より比較先 Syu(j, m)の値が大きいので添字 m を Max に保存
(4)　比較はじめの仮の最大値である Syu の列の添字 k が Max と異なっていれば(Max に変化があったなら)
(5)　視聴率の計算(ループ5の添字は k)

【6】　線形探索
(1)　線形探索の実行(配列の商品コードと入力データの商品コードが異なる間探索する)
(2)　単価×購入数量で購入金額を算出し,配列 Shukei 集計する,なお単価の添字は線形探索に用いた k
(3)　後ほど表示する利用会員数 RiyoSuu に人数を加算(+1)
(4)　平均購入単価は下限以上であれば
(5)　平均購入単価は上限以下であれば

> point!　ループ2は線形探索の基本中の基本です。

【7】 線形探索，バブルソート(時刻表問題)

処理の概要

> 1 入力データ(時刻表)を Ttbl に記憶する。
>
> 2 キーボードより入力された現在時刻(genzai)以降の出発時刻のデータを1経路ずつ取り出し，Work に記憶する。
>
> 3 キーボードより入力された分析(bunseki)により Work をバブルソートを用いて昇順に整列する。
>
> 4 3で整列された Work に昇順に順位付けを行い，オススメとする。

空欄の解説

(1) m=1のとき4経路のうちの1の経路の中で，出発時刻(Ttbl(i, 1))が調べたい現在時刻(genzai)より前の時間の間繰り返す。このループを抜けるときは調べたい経路，かつ現在時刻以降に出発する出発時刻が見つかったときになる。

(2) bunseki=1のときは到着時刻順になるので Work の2列目を調べるようにする(このとき配列 Work には選ばれた4経路が記憶されている)。(解答不要の答えはサ)

(3) p=2の時，下の行に記憶されている経路(Work(j+1, p))の到着時刻が早いときに交換，p=3の時，下の行に記憶されている経路(Work(j+1, p))の運賃が安いときに交換する。

(4) p=2の時，保存していた値(hozon)と到着時刻(Work(i, p))が異なるとき順位(rank)を更新，p=3の時，保存していた値(hozon)と運賃(Work(i, p))が異なるとき順位(rank)を更新する。

(5) Work(i, 0)が示す経路の経路内容を結合する。

point! 時刻表をイメージしよう！

Ttbl のイメージ(4経路すべて記憶された時刻表)

(経路)	(発)	(着)	(円)
1	703	830	1340
1	806	929	1340
∫			
4	708	734	3210
∫			

Work のイメージ(選ばれた4経路)

(経路)	(発)	(着)	(円)
1	1040	1207	1340
2	1251	1713	1340
3	1007	1207	1400
4	1024	1046	3210

Work のイメージ(分析1で並べ替え後の4経路)

(経路)	(発)	(着)	(円)
4	1024	1046	3210
1	1040	1207	1340
3	1007	1207	1400
2	1251	1713	1340

審　査　基　準

【1】

1	2	3	4	5
ク	オ	ウ	コ	シ

【2】

1	2	3	4	5
ケ	イ	カ	ア	キ

【3】

1	2	3	4	5
イ	イ	ウ	ア	75%

各2点 15問　小計 **30**

【4】

(1)	(2)	(3)	(4)	(5)
イ	ウ	ウ	カ	ア

【5】

(1)	(2)	(3)	(4)	(5)
コ	オ	カ	ウ	ア

【6】

(1)	(2)	(3)	(4)	(5)
オ	カ	エ	ク	コ

各3点 15問　小計 **45**

【7】

(1)	(2) ❶	(2) ❷	(3)	(4)	(5)
ツ	キ	カ	ケ	ア	イ

※　**複数解答問題は，問ごとにすべてができて正答とする。**

各5点 5問　小計 **25**

得点合計 **100**

解説

【1】　解答以外の解答群の語句の説明は以下のとおりである。

ア．クライアントと Web サーバ間で，HTML ファイルや画像などのデータを送受信するためのプロトコル。

イ．データを送受信する際，暗号化と復号に同じ鍵を使用する方式。

エ．システムに障害が発生した際，障害の影響を最小限にとどめるため，正常に稼働する部分だけでシステムを運用し，システム全体を停止させないようにする設計思想。

カ．上位のモジュールから，順次結合しながら検証を行うテスト方法。

キ．システム開発において，実際にプログラムを作成することで機能を実装する開発工程。

ケ．インターネットにおいて，クライアントが電子メールを送信する際や，メールサーバ間でメールを転送する際に利用するしくみ。

サ．どのようなシステムなのか，何ができるシステムを作成するのかを定義すること。

【2】　解答以外の B 群の説明文は，以下の語句についての説明である。

ウ．可用性　　**エ**．シンクライアント　　**オ**．ブラックボックステスト　　**ク**．インスタンス　　**コ**．スタック

【3】

1. 10進数の12を2進化10進数に変換するには，10進数の各桁を4ビットの2進数で表現すればよいため，

$$
\begin{array}{ccc}
1 & & 2 \\
\downarrow & & \downarrow \\
0001 & & 0010
\end{array}
$$

となる。以上から，00010010となる。

2. **ア**．インターネットなどの外部ネットワークと内部ネットワークから隔離された区域。

　ウ．LAN内のプライベートIPアドレスとインターネット上のグローバルIPアドレスを相互に変換する技術。

3. **ア**．浮動小数点演算において，加減算をした結果が0に非常に近くなったときに，有効数字の桁数が極端に少なくなる現象。

　イ．コンピュータで数値を扱う際，四捨五入などの端数処理を行った結果が，本来の計算結果とわずかに異なる現象。

4. **イ**．モジュール単位で開発されたプログラムをつなぎ合わせ，モジュールどうしで正しくデータが受け渡され，機能するかを調べるテスト。

　ウ．コンピュータシステムやソフトウェアがユーザから要求された仕様を満たしているかどうかを検証するテスト。

5. 伝送効率をxとして式を立てる。

$$
\frac{900\,\mathrm{MB}}{200\,\mathrm{Mbps} \times x} = 48\,秒
$$

$x = 0.75$　　答え　75%

point! 算数で覚えた道のり，速さ，時間のあの公式と同じです。

【4】　**問1　順位付け**

(1) 比較先の添字の動き

(2) 比較元の値(Ten(i))が小さければ

　問2　バブルソートの超応用

(3) 比較するさいの最後の位置(en)を設定する(最初の位置はst)

(4) バブルソートの繰り返しの条件(ステップ数sが1の時は前から後ろへ，sが－1の時は後ろから前へ動くようにする)

(5) sを1，－1，1，－1……と交互に変更させる

【5】　**二分探索・セレクションソート**

(1) 上限jの設定(最後の要素番号の49)

(2) 上限を変更するときの条件

(3) 販売数量の集計

(4) 比較先の添字kの初期値に注意(ここでのMaxは添字でなく最大値)

(5) 2回目以降，最大値として選ばれないように今回の最大値Hanbai(Hoz, 1)を0で上書き

【6】**順位付け**

(1) 男子順位の初期値(1)を設定

(2) 集計(一票を加算)

(3) ループ4で用いるkの初期値sを作成する(jの下)

(4) 女子順位付け(解答不要の答えはTkei(j, 1)：Tkei(k, 1))

(5) jは順位を意味するため，「j位が見つかれば」の意味

point! ループ3・4は順位付けの基本です。ループ5・6は男子の表示処理です。

【7】 セレクションソート(売上集計問題)

処理の概要

1	入力データ(売上データ)を Ttbl に記憶する。
2	Ttbl のデータを，コードをもとに Work に売上金額を集計する。
3	Work を土産売上合計・食事売上合計ごとにセレクションソートを用いて降順に並べ替える。

空欄の解説

(1) Ntbl から単価を取り出す。コード 101 〜 115 は Ntbl の(1)〜(15)，201 〜 215 は Ntbl の(16)〜(30)に記憶されているので row と col を用いて Ntbl の行の添字を算出する。

(2) 保存されている売上合計(save1)より Work の比較先の列(売上合計)が大きいとき，save1(売上合計)，save2(コード)を更新する。

(3) hz は交換先の列の添字が記憶されており，コードが記憶されている Work(m+2, i)を交換先の Work(m+2, hz)に転記する。

(4) (5)の下の処理で Work(i−2, j)を用いていることから，i の初期値は 3 である必要がある。

(5) (5)の下の処理で syouhin を文字列結合していることから，syouhin は商品名であることに気付く。Ntbl から商品名を取り出す処理である。

point! hz は何のためにあるのか考えよう。

Work のイメージ(集計後の一部)

(0)	(1)	〜	(13)	〜	(15)
	30000		320000		
	101		113		

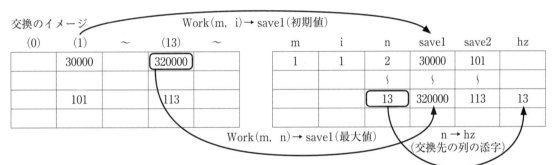

交換のイメージ

Work(m, i) → save1(初期値)

(0)	(1)	〜	(13)	〜		m	i	n	save1	save2	hz
	30000		320000			1	1	2	30000	101	
						〜	〜	〜			
	101		113					13	320000	113	13

Work(m, n) → save1(最大値) 　　 n → hz (交換先の列の添字)

交換のイメージ

Work(m, i) → Work(m, hz)

(0)	(1)	〜	(13)	〜		m	i	n	save1	save2	hz
	30000		320000			1	1	2	30000	101	
						〜	〜	〜			
	101		113					13	320000	113	13
								〜			

(0)	(1)	〜	(13)	〜		m	i	n	save1	save2	hz
	30000		30000			1	1	2	30000	101	
						〜	〜	〜			
	101		101					13	320000	113	13
								〜			

save1 → Work(m, i)

審　査　基　準

【1】

1	2	3	4	5
イ	ケ	カ	サ	キ

【2】

1	2	3	4	5
ア	エ	イ	ク	コ

【3】

1	2	3	4	5
イ	ウ	ア	ア	675　　　GB

各2点　| 小計 | 30 |
15問

【4】

(1)	(2)	(3)	(4)	(5)
ウ	イ	カ	エ	ア

【5】

(1)	(2)	(3)	(4)	(5)
オ	カ	ア	コ	ク

【6】

(1)	(2)	(3)	(4)	(5)
イ	ク	カ	ケ	オ

各3点　| 小計 | 45 |
15問

【7】

(1) ❶	(1) ❷	(2)	(3)	(4) ❶	(4) ❷	(5)
ア	シ	オ	イ	ク	ソ	カ

※　**複数解答問題は，問ごとにすべてができて正答とする。**(1)順不同。　　各5点　| 小計 | 25 |
5問

得点合計
100

解説

【1】　解答以外の解答群の語句の説明は以下のとおりである。
　ア. 試作品に対し，ユーザからの評価によって，改良を加えながら開発を行う手法。
　ウ. RASIS の示す指標の一つで，障害や誤操作などによってデータの破壊や不整合が起こりにくいことを表す指標。
　エ. システム開発において，要件定義に基づき，入出力画面や帳票などを設計する工程。
　オ. システムを独立性の高い機能単位に分割し，設計・プログラミング・テストの工程を繰り返す開発手法。
　ク. パケットの経路選択機能やフィルタリング機能を持ち，送信元から受信元へのデータを中継する装置。
　コ. システムに処理の要求を開始してから，すべての結果が出力されるまでの時間。
　シ. RASIS が示す指標の一つで，システムの機密性が高く，情報の流出を防ぐことを表したもの。
【2】　解答以外の B 群の説明文は，以下の語句についての説明である。
　ウ. プライベート IP アドレス　　**オ.** システムテスト　　**カ.** フールプルーフ　　**キ.** NAS　　**ケ.** SMTP

【3】

1. 二つの数値の和を求めるため，

```
    1 0 1 0 1 0 0 1
  + 0 0 1 0 0 1 1 1
  ─────────────────
    1 1 0 1 0 0 0 0   …①
```

となり，次に16進数で表すため，①を4桁ごとに区切って，それぞれ16進数とし，

```
1101      0000
 ↓         ↓
 D         0
```

となる。以上から，D0となる。

2. **ア**．コンピュータシステムの運用時にセキュリティの問題として発生した事故。

　イ．存在するリスクを認識し，リスクの大きさを評価すること。

3. **イ**．コンピュータシステムの障害が復旧してから，次の障害が発生するまでの平均稼働時間。

　ウ．コンピュータシステムが1秒間に処理できる命令数を100万単位で表したもの。

4. **イ**．後に格納されたデータが先に取り出されるデータ構造。

　ウ．先に格納されたデータが先に取り出されるデータ構造。

5. 記憶容量＝1トラックあたりの記憶容量×トラック数×シリンダ数

　1トラックあたりの記憶容量は450,000(450K)B，トラック数は50，シリンダ数は30,000のため，

　記憶容量＝450,000 × 50 × 30,000

　　　　　＝675,000,000,000(B)

となる。1GB ＝ 10^9B(＝ 1,000,000,000)のため，

675,000,000,000 ÷ 1,000,000,000 ＝ 675(GB)

となる。

【4】　問1　インサーションソートの応用……降順，うしろへ小さい値を挿入する

(1)　Ten(j)がHoz(保存)より大きい間

(2)　Ten(j)をTen(j − 1)へ移動する

(3)　比較先の配列の添字jがn + 1(配列Tenの最後の要素番号を超えた)になったら，ループを抜ける(「一番うしろまで比較が終わったなら」の意味)

　　　問2　順位付け昇順……比較元の順位のみを決定する(なお，rnkの初期値を設定していないことに注意，宣言時にrnkは0になる)

(4)　要素番号1番より最後(n番)まで繰り返す

(5)　Time(i)のデータが入力された要素番号のデータ(Time(No))より小さければ

【5】　グループトータル

(1)　一次区分Bunを算出(解答不要は(1)と同じ)

(2)　同じグループかつデータがある間

(3)　総合計Sgouに現在のグループの購入冊数Gouを加算

(4)　MaxSuに1を加算(MaxSuは同じ最大が何件あるかを記憶…例：MaxNosが39のときMaxSuは2になる)

(5)　同じ最大の件数分繰り返す(ループ3のはじめの1つ上でOwaにMaxSuの値が転記されている)

【6】　線形探索・バブルソート

(1)　配列Jukoに入力データの講座番号を記憶

(2)　性別の多分岐(添字は線形探索を行ったjを使用)

(3)　バブルソートでうしろから確定させる(pの値を最後の1つ前(Ken − 1)から1ずつ減らして0以上の間繰り返す)

(4)　配列Jukoを(ふりがなの上下の行)Juko(k, 2)とJuko(k + 1, 2)を基準に昇順に並べ替え

(5)　表示したい講座番号(h)と等しい講座番号(Juko(i, 0))を探して表示する

【7】 線形探索・セレクションソート（顧客分析問題）

処理の概要

> 1　入力データ（売上データ）と同じ顧客 ID が RFMTbl にあるか線形探索を用いて調べる。
> 2　線形探索を用い商品単価を求め，RFMTbl へ入力データを記憶（集計）する（初めての顧客の場合は新規追加，これまで記憶されている顧客の場合は値の更新となる）。
> 3　キーボードより入力された並べ替え基準をもとに降順に並べ替えを行い表示する。
> 4　キーボードより入力された本日の日付により RankTbl の最終購入基準日を上書きし，顧客ランク基準ごとにランクをつけ分析結果を表示する。

空欄の解説

(1)　RFMTbl に今，読まれたデータの顧客 ID（CsID）が存在しないうちは繰り返し探索する。RFMTbl の記憶されているデータのなかに存在しないとき（RFMTbl(i, 0) = 0）は新規追加になる。

(2)　データの購入日が記憶されている最終購入日よりも新しければ更新する。

(3)　新しい最大値がみつかったので max を n で更新する。

(4)　RFMTbl(m, n) ≧ RankTbl(t, n) の時は，顧客のランクが現在確認している顧客ランク基準を満たしているため，来店回数→購入合計金額→最終購入日基準と確認を進める。

(5)　顧客ランク基準が判明した場合，ループ 10 から無理やり抜けるため（t ≧ 2 ならなんでもよい）。

| point! | 最終購入日基準が「本日の日付」の何日前か値がかわります。 |

RankTbl

	(0)	(1)	(2)	(3)	
(0)		10	10000	7	（S）
(1)		5	5000	14	（A）
(2)		2	2000	21	（B）
	（人数）	（来店回数）	（購入合計金額）	（最終購入日基準）	

「本日の日付」が「20220731」なら……

RankTbl

	(0)	(1)	(2)	(3)	
(0)		10	10000	20220724	（S）
(1)		5	5000	20220717	（A）
(2)		2	2000	20220710	（B）
	（人数）	（来店回数）	（購入合計金額）	（最終購入日基準）	※なお，月をまたがないものとしている。

基準を調べて途中で基準以下なら次のランクを探索します。

「来店回数」が 10 で，「購入合計金額」が 7000 で「最終購入日」が 20220720 なら A。

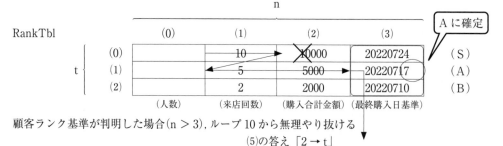

顧客ランク基準が判明した場合（n > 3），ループ 10 から無理やり抜ける

(5)の答え「2 → t」

| 補足 |

> なお，ループ 10 は「t は 0 から 1 ずつ増やして」のため，(5)で「2 → t」を実行するとループ 10 のはじめに戻ったとき，t は 1 増加して，「t = 3」となりループ 10 を抜けます。

審　査　基　準

【1】

	1	2	3	4	5
	キ	サ	シ	エ	ウ

【2】

	1	2	3	4	5
	オ	ク	ケ	ウ	ア

【3】

	1	2	3	4	5
	ウ	ア	イ	ア	9　日間

各2点 15問　小計　30

【4】

	(1)	(2)	(3)	(4)	(5)
	カ	イ	エ	ア	ウ

【5】

	(1)	(2)	(3)	(4)	(5)
	イ	エ	カ	ウ	ケ

【6】

	(1)	(2)	(3)	(4)	(5)
	ウ	ケ	エ	キ	イ

各3点 15問　小計　45

【7】

(1)	(2)❶	(2)❷	(3)❶	(3)❷	(4)❶	(4)❷	(5)
セ	ア	キ	ト	コ	オ	ツ	ス

※　複数解答問題は，問ごとにすべてができて正答とする。

各5点 5問　小計　25

得点合計　100

解説

【1】 解答以外の解答群の語句の説明は以下のとおりである。

ア．RASISが示す指標の一つで，システムの機密性が高く，情報の流出を防ぐことを表したもの。

イ．高品質の部品の使用や故障が生じにくい設計などで，障害の発生を極力抑えようとする考え方。

オ．RASISが示す指標の一つで，障害からの復旧のしやすさや，メンテナンスのしやすさを表すもの。

カ．プログラムの検証方法の一つで，プログラムの最小単位であるモジュールごとに検証を行う方法。

ク．システム障害時，機能を制限してシステムを動かし続けるようにする設計思想。

ケ．異機種間のデータ通信を実現するために，プロトコルを機能別に7階層に分割したネットワーク設計方針に基づいたモデル。

コ．複数のディスクに分散して，データを書き込むこと。

【2】 解答以外のB群の説明文は，以下の語句についての説明である。

イ．MIME　**エ**．認証局（CA）　**カ**．アクセスログ　**キ**．DHCP　**コ**．ルータ

【3】

1. 8ビットの2進数 01110010 の1の補数を求める(0を1, 1を0にする)。

```
0 1 1 1 0 0 1 0
↓ ↓ ↓ ↓ ↓ ↓ ↓ ↓
1 0 0 0 1 1 0 1    (←1の補数)
```

得られた結果に1を加算する。

```
    1 0 0 0 1 1 0 1
+                 1
─────────────────────
    1 0 0 0 1 1 1 0    (←2の補数)
```

以上から, 10001110 となる。

2. **イ**. コンピュータシステムの障害を復旧してから, 次の障害が発生するまでの平均故障間隔。
   ウ. コンピュータシステムに障害が発生してから, 復旧するまでの平均修復時間。

3. **ア**. 人の心理的な弱みにつけ込んで, パスワードなどの秘密情報を不正に取得する方法の総称。
   ウ. アプリケーションに想定外のSQL文を入力し, 意図的に実行させること。

4. **イ**. 論理演算を行う回路。
   ウ. 階層の上位から下位に節点をたどることによって, データを取り出すことができる構造。

5.

$$\begin{cases} \text{Aさん　一人では12日なので} \dfrac{1}{12} \\ \text{Bさん　一人では20日なので} \dfrac{1}{20} \end{cases}$$

AさんBさん二人で5日間なので $\left(\dfrac{1}{12} + \dfrac{1}{20} \right) \times 5$ 日

残り A さん一人で X 日間 $\dfrac{1}{12} \times X$ 日

$\left(\dfrac{1}{12} + \dfrac{1}{20} \right) \times 5$ 日 $+ \dfrac{1}{12} \times X$ 日 $= 1$, $X = 4$ （日）

完成までに要した日数は, 5 + 4 = 9 日間となる。

【4】 問1　二分探索応用……降順のデータ

(1) 上限 Jo の設定
(2) 入力した値より Score(m) が小さければ
(3) 下限 Ka の再設定((2)に注意)

問2　バブルソートの応用……うしろからのバブルソート

(4) 添字 j の動き(n − 2 からであることに注意)
(5) 最後の要素を表示

【5】 順位付け(どちらかに＋1(逓減比較法))

(1) 配列 Tkei の該当要素に ＋1 (一件加算)
(2) ループ6の初期値 k の設定(i の下)
(3) 該当の順位に ＋1 (降順のため順位を落とす) (解答不要の答えはキ)
(4) 該当順位の探索(Rank 位を探す, ループ8は順位の1～5位, 15位から11位の意味)
(5) 次の Last を11位に設定する

【6】 インサーションソート・順位付け(整列済データ)

(1) 比較元は2番目から始めて範囲を広げていく
(2) 比較先は比較元の1つ上から進めて Buf1, Buf2, Buf3 の挿入する適正な位置をみつける
(3) 同順位の場合は, 1つ前の順位をそのまま転記する(解答不要の答えはオ)
(4) 順位が10以内の場合の判定。k を使用すると同順位の場合に処理がうまくいかない
(5) 備考コードを, 配列 Biko を使用して表示

【7】 線形探索・バブルソート

処理の概要

> 1　入力データを配列 Syu に集計する（ループ1）。配列 Syu に集計する際には，入力データの顧客番号をもとに配列 Kjoho の0列目を線形探索する（ループ2）。
> 2　配列 Syu に集計されたデータを，バブルソートを用いて0列目の販売金額計の降順に並べ替える（ループ3）。
> 3　顧客を10グループに分け，グループの人数分の販売金額計を求める（ループ6）。
> 4　グループごとに販売金額計，比率，累計，一人あたりを求めて表示する（ループ8）。
> 5　キーボードから入力されたグループ番号（GpNo）に該当する顧客一覧を，グループ番号に0が入力されるまで表示する（ループ9）。

空欄の解説

(1)　配列 Syu の行方向の添字は，顧客番号（Bango）をもとに，配列 Kjoho の0列目を探索した添字と対応しているため，Syu(h, 0) に販売金額（Kingaku）を加算する。

(2)　バブルソートのループ条件の考え方
　　バブルソートは，隣り合う要素（今回は上下の行）の大小を比較しながら整列するアルゴリズムである。

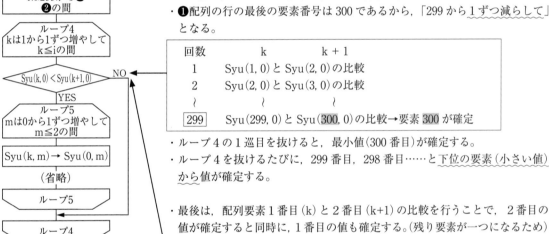

・ループ4の初回（1巡目）の継続条件は，k が 299 以下（k ≦ i）の間となる（ループ3で299を初期値にしている）。
→ i の値は，ループ4を抜け出すために繰り返す回数である。
・❶配列の行の最後の要素番号は300であるから，「299 から 1 ずつ減らして」となる。

回数	k	k + 1
1	Syu(1, 0) と Syu(2, 0) の比較	
2	Syu(2, 0) と Syu(3, 0) の比較	
〳	〳	〳
299	Syu(299, 0) と Syu(300, 0) の比較→要素 300 が確定	

・ループ4の1巡目を抜けると，最小値（300番目）が確定する。
・ループ4を抜けるたびに，299番目，298番目……と下位の要素（小さい値）から値が確定する。

・最後は，配列要素1番目（k）と2番目（k+1）の比較を行うことで，2番目の値が確定すると同時に，1番目の値も確定する。（残り要素が一つになるため）

回数	k	k + 1
1	Syu(1, 0) と Syu(2, 0) の比較→要素 2 と 1 が確定	

・❷ i が2の時には，ループ4で要素3が確定するので，i が1の時も処理しなければならない。「i ≧ 1」の間となる。

(3)　バブルソートの3点交換。配列 Syu，配列 Kjoho ともに0行目を退避領域として利用している。

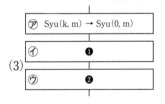

※解答不要の答え
　上：Kjoho(k + 1, m) → Kjoho(k, m)
　下：Kjoho(0, m) → Kjoho(k + 1, m)

配列

Syu	(0)	(1)	(2)
(0)			
(1)	XXXXX	XX	XXXXXXXX
㋒(2)	XXXXX	XX	XXXXXXXX
(3)	XXXXX	XX	XXXXXXXX
(4)	XXXXX	XX	XXXXXXXX
〳	〳	〳	〳
(293)	XXXXX	XX	XXXXXXXX
(294)	XXXXX	XX	XXXXXXXX
(295)	XXXXX	XX	XXXXXXXX
(296)	XXXXX	XX	XXXXXXXX
(297)			
〳	〳	〳	〳
(300)			
	(販売金額計)	(販売回数計)	(最終販売日)

㋐Syu(k, m) を Syu(0, m) に退避
㋑Syu(k + 1, m) を Syu(k, m) に上書き
㋒Syu(0, m) を Syu(k + 1, m) に上書き
　※配列 Kjoho も添字の対応は同様となる。

(4)　処理条件4で比率を求めるための計算式。グループごとの販売金額計は Gro(p) だが，販売金額の総計が Sok ということに気付くためには(1)の下にある計算式を参照しなければならない。

(5)　表示する範囲の初期値（r）を求めるために，キーボードから入力されたグループ番号（GpNo）を用いる。
　　例えば，グループ1のときは「30 × (1 − 1) + 1 → 1」で1人目からになります。

審　査　基　準

【1】

1	2	3	4	5
イ	コ	ケ	エ	ウ

【2】

1	2	3	4	5
コ	ア	キ	エ	カ

【3】

1	2	3	4	5
ウ	イ	ア	ア	18　日間

各2点 15問　小計 **30**

【4】

(1)	(2)	(3)	(4)	(5)
ア	オ	カ	イ	ウ

【5】

(1)	(2)	(3)	(4)	(5)
ケ	ア	イ	オ	キ

【6】

(1)	(2)	(3)	(4)	(5)
ウ	オ	ア	カ	ク

各3点 15問　小計 **45**

【7】

(1) ❶	(1) ❷	(2)	(3)	(4) ❶	(4) ❷	(5)
エ	ケ	セ	ス	ア	コ	カ

※　複数解答問題は，問ごとにすべてができて正答とする。

各5点 5問　小計 **25**

得点合計 **100**

解説

【1】 解答以外の解答群の語句の説明は以下のとおりである。

ア．操作ミスは必ずあると想定し，利用者が誤って操作した際に致命的な障害が起こらないようにする設計思想。

オ．モジュール単位で開発されたプログラムをつなぎ合わせ，モジュール同士で正しくデータ受け渡され，機能するかを調べるテスト。

カ．インターネットにおいて，クライアントが電子メールを受信するために利用するしくみ。

キ．デジタル証明書を発行したり，失効させたりする機関。

ク．データを送受信する際，暗号化と復号に同じ鍵を使用する方式。

サ．システム障害時，機能を制限してシステムを動かし続けるようにする設計思想。

シ．プログラムの検証方法の一つで，プログラムの最小単位であるモジュールごとに検証を行う方法。

【2】 解答以外のB群の説明文は，以下の語句についての説明である。

イ．保守性　　**ウ**．リユーザブル　　**オ**．NAS　　**ク**．ボトムアップテスト　　**ケ**．システムログ

【3】

1. 二つの数値の和を求めるため，

```
   0 1 1 0 1 1 1 1
 + 0 0 1 0 1 0 0 1
 ─────────────────
   1 0 0 1 1 0 0 0  …①
```

となり，次に16進数で表すため，①を4桁ごとに区切って，それぞれ16進数とし，

```
 1001    1000
  ↓       ↓
  9       8
```

となる。以上から，98となる。

2. 解答以外の語句の説明は以下のとおりである。

ア．どのようなシステムなのか，何ができるシステムを作成するのか定義すること。

ウ．プログラムが設計したとおりに正しく動作するかを確認する開発工程。

3. 解答以外の語句の説明は以下のとおりである。

イ．コンピュータにおいて，少ないビット数で広い範囲の数値を表現できる，符号部，指数部，仮数部で構成される実数の形式。

ウ．10進数の各桁を，2進数の4桁ずつにして表したもの。

4. 解答以外の語句の説明は以下のとおりである。

イ．ユーザ側の端末には最低限の機能しか持たせず，サーバ側でアプリケーションソフトウェアなどの資源を一元管理するシステム。

ウ．信頼性の高い部品の採用や，利用者教育の充実など，故障や障害の原因となる要素を極力排除することでシステムの信頼性を高める設計思想。

5. ｜Aさん｜一人で20日間 ＝ 1日で $\frac{1}{20}$ の仕事

Aさんが5日間行い，AさんとBさんの二人で10日間とすると，$\frac{1}{20} \times 5 + \left(\frac{1}{20} + \frac{1}{B}\right) \times 10 = 1$（完成は1となる）なので，B＝40となり｜Bさん｜は1日で $\frac{1}{40}$ の仕事ができる。

これを $\frac{1}{40} \times 6 + \left(\frac{1}{20} + \frac{1}{40}\right) \times X = 1$ にあてはめると X＝11.……なので，完成までに要したAさん，Bさんが共同で行った日数は12日間（11日間では完成できないので切り上げる）。

完成までに要した日数は，6＋12＝18日間となる。

【4】

問1　セレクションソート……昇順

(1) Key(j)が仮の最小値Key(Idx)より小さければIdxをjで更新
（ここでの最小値は文字コードの小さい順であり，Idxは仮の最小値を示す添字）

(2) iとIdxが異なれば（Idxの初期値はiだったため，変更されていれば交換する）

(3) 配列Keyを添字kを用いて繰り返して表示

問2　順位付け……昇順，どちらか大きい値の順位に＋1（逓減比較法）

(4) 配列Rankの該当要素に＋1（Rec(i)が大きいのでRank(i)に＋1）
「解答不要」は配列Rankの該当要素に＋1（Rec(j)が大きいのでRank(j)に＋1）
（解答不要の答えはア）

(5) 配列Rec,Rankを添字kを用いて繰り返して表示（添字の最後の要素番号はn）

【5】　線形探索・バブルソート

(1) 配列Tsyuの0列目に記憶されている都道府県名と入力データの都道府県名が一致しない間繰り返す

(2) 線形探索により見つかった都道府県名の該当行の競技番号の列に得点を集計する

(3) バブルソートの並べ替え範囲の動き

(4) 一時退避した0行目のデータを入れ替え先の場所に転記する（(4)のひとつ上の解答不要の答えはク）

(5) 競技名を表示する（解答不要の答えはエ）

【6】　二分探索・二次元配列

(1) 二分探索の中央値の添字の計算　（下限 ＋ 上限）÷2　を行う
「解答不要」部分も上限，下限を設定後，再度同様の計算を行う（解答不要の答えはウ）

(2) 検索値が中央値の添字が示す値の前半と後半どちらにあるか判定する

(3) 見つかったかどうかの判定。見つからなかった場合は，下限が上限を超えるのでそれを利用する

(4) 区分ごとに集計を行う。添字は入力データの区分コードと対応しているのでKuを使用

(5) 取引一覧を添字の入れ子を用いて表示する。配列Kmeiの添字は配列Syuの3列目の区分コードを使用

処理の概要

1	入力データを読み，宿泊代金を求め，地域番号ごとに宿泊代金を配列 Rekin に集計する。（ループ１）
2	配列 Wk を使用してインサーションソートで宿泊代金計の降順に並べ替えを行う。（ループ２～４）
3	並べ替えた配列 Wk を使用し，地域名と宿泊代金計を表示する。
4	最後に，宿泊代金合計を表示する。

空欄の解説

(1)　❶分類番号をもとに，配列 Fee にある宿泊料金を利用する。❷配列 Rawari の添字は，顧客番号（Kban）をもとに，顧客種別（☆の部分）を見つけ，その値をもとに配列 Cio の顧客種別別割引率を求める。

　　例　Kban が１のとき 0.08

　　Rawari（ Cio（ Kban ，3 ） ）

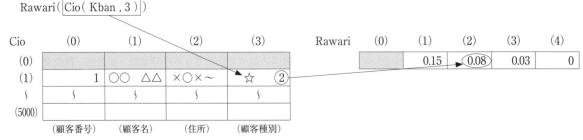

Cio	(0)	(1)	(2)	(3)
(0)				
(1)	1	○○　△△	×○×～	☆　　②
～	～	～	～	～
(5000)				
	（顧客番号）	（顧客名）	（住所）	（顧客種別）

Rawari	(0)	(1)	(2)	(3)	(4)
		0.15	(0.08)	0.03	0

(2)　地域番号ごとに，配列 Rekin に宿泊代金(Kin)を集計する。

(3)　配列 Wk に要素番号に対応した値を代入する(s → Wk(s))。なお，この値が配列 Rekin，Remei の添字となる。

(4)　インサーションソートのループ条件の考え方

　　インサーションソートは，整列されていない配列から，一つずつ値を取り出していき，整列済みの配列の適切な位置に挿入しながら整列するアルゴリズムである。

・ループ２で，配列 Wk に配列 Rekin に対応する要素番号を代入する。s の値は，地域番号に対応している。

ループ２終了時点での配列 Wk

Wk	(0)	(1)	(2)	(3)	(4)	(5)	(6)	(7)	(8)
		1	2	3	4	5	6	7	8

・ループ３で，配列 Wk(s)の値を，work に保存する。

・ループ４の継続条件を満たした場合，Wk(1)～Wk(s)の範囲で整列を行う。

・配列 Rekin と１回目に①の処理を終了した時点での変数の値が下記のとき，１回目のループ４の継続条件は，下記の通りになる。

Rekin	(0)	(1)	(2)	(3)	～
	168,672,110	21,200,340	21,391,915	19,087,140	～

s	work	t
2	2	1

t≧1 かつ Rekin(Wk(t)) < Rekin(work) の間
→　1≧1 かつ Rekin(Wk(1)) < Rekin(2) の間
→　条件が成立しループ４の処理を実行する

・１回目のループ４を抜け出した後の配列 Wk と変数

Wk	(0)	(1)	(2)	(3)	(4)	(5)	(6)	(7)	(8)
		1	1	3	4	5	6	7	8

s	work	t
2	2	0

・１回目の②の判断(t と s−1 の比較)は，YES になるため，(5)の処理を実行する。

フローチャート：

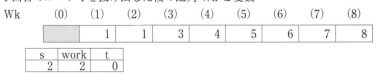

ループ２
sは1から1ずつ増やして
s≦8の間

　(3)

ループ２

ループ３
sは2から1ずつ増やして
s≦8の間

Wk(s) → work

s−1 → t　①

(4)　ループ４
❶かつ❷の間

Wk(t) → Wk(t+1)

t−1 → t

ループ４

t≠s−1　②　── NO
YES

(5)

ループ３

(5)　work にある値を Wk(t+1)に代入をする。(5)で１回目に代入後の配列 Wk

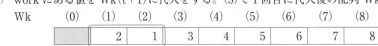

Wk	(0)	(1)	(2)	(3)	(4)	(5)	(6)	(7)	(8)
		2	1	3	4	5	6	7	8

審　査　基　準

【1】

1	2	3	4	5
サ	オ	キ	ウ	ア

【2】

1	2	3	4	5
エ	ウ	ア	カ	ケ

【3】

1	2	3	4	5
ア	イ	ウ	イ	360　秒

各2点　15問　｜小計｜ 30

【4】

(1)	(2)	(3)	(4)	(5)
イ	カ	ア	イ	エ

【5】

(1)	(2)	(3)	(4)	(5)
コ	ウ	イ	カ	ケ

【6】

(1)	(2)	(3)	(4)	(5)
キ	イ	コ	ア	オ

各3点　15問　｜小計｜ 45

【7】

(1) ❶	(1) ❷	(2)	(3)	(4)	(5)
サ	イ	ウ	カ	オ	ス

※　**複数解答問題は，問ごとにすべてができて正答とする。**

各5点　5問　｜小計｜ 25

｜得点合計｜ 100

解説

【1】 解答以外の解答群の語句の説明は以下のとおりである。

イ．サーバなどに接続された日付と時刻，接続元のIPアドレスやドメイン名，ファイル名などコンピュータの接続履歴を時系列で記録したもの。

エ．異なるプロトコルのネットワーク同士を接続するため，プロトコルの変換を行うLAN間接続装置。

カ．上位モジュールから下位モジュールへの結合テストを行う際，下位モジュールの代替として使用するもの。

ク．クライアント側には必要最低限の機能だけを持たせ，サーバ側でソフトウェアなどの資源を集中管理するシステム。

ケ．システム開発において，内部設計に基づき，各プログラムの内部構造を設計する工程。

コ．複数のディスクに同じデータを書き込むこと。

シ．システム開発において，実際にプログラムを作成することで機能を実装する開発工程。

【2】 解答以外のB群の説明文は，以下の語句についての説明である。

イ．プロトタイピングモデル　　**オ**．レスポンスタイム　　**キ**．デジタル署名　　**ク**．情報落ち　　**コ**．DNS

【3】

1. ① 72 を2進数に変換する。

0	1	1	1	0	0	1	0

②①を右に2ビット論理シフトする。なお，空いたビットには0が入る。

0	1	1	1	0	0	1	0

0	0	0	1	1	1	0	0

③②を4桁ごとに区切って，それぞれ16進数とし，

```
0001    1100
 ↓       ↓
 1       C
```

となる。以上から，1C となる。

2. 解答以外の語句の説明は以下のとおりである。

ア．後に入力されたデータが，先に入力されたデータよりも先に取り出されるデータ構造。

ウ．各要素に，データの他に次のデータの参照情報を持たせることで，複数のデータを連結して表現できるデータ構造。

3. 解答以外の語句の説明は以下のとおりである。

ア．ファイルサーバの機能を持ち，直接ネットワークに接続して使用する補助記憶装置。

イ．複数の磁気ディスク装置などを一つの装置として管理し，アクセスの高速化や，信頼性の向上を図る技術。

4. 解答以外の語句の説明は以下のとおりである。

ア．コンピュータシステムに大量のデータを処理させたり，アクセスを集中させたりすることで，耐久能力などを調べるテスト。

ウ．コンピュータシステムの応答時間や処理時間が顧客から要求された基準を満たしているかを検証するテスト。

5. 2.45 GB － 1.75 GB ＝ 0.7 GB

0.7 GB 送るのに80秒かかるので通信速度は 0.7 GB ÷ 80秒 ＝ 0.00875 GB/ 秒（8.75 MB/ 秒）

3.15 GB ÷ 0.00875 GB=360秒　（3,150 MB ÷ 8.75 MB ＝ 360秒）

※　あえてビットや bps にせずに GB や MB で計算するほうが簡単な場合もあります。

【4】 問1　二分探索……Exit Do の利用

（1）Ban(t) と Atai が異なる（見つからない）間

（2）中央値である Ban(t) が Atai より小さければ t＋1 → k として下限を更新
「解答不要」は中央値である Ban(t) が Atai より大きければ t－1 → j として上限を更新（解答不要の答えはウ）

（3）k ＞ j（下限＞上限）なら Do While 文より抜ける（みつからなかった）

問2　セレクションソート……降順

（4）Kei(j) が仮の最大値 Kei(Hoz) より大きければ Hoz を j で更新（Hoz は仮の最大値を示す添字）

（5）i と Hoz が異なれば（Hoz の初期値は i だったため，変更されていれば交換する）
補足：選択肢では Hoz をすべて左辺に記載し，わかりにくくなっています。

【5】 インサーションソート・二次元配列

（1）配列 Ten(Tban, 0)（店舗番号に対応した0列（合計用の列））に評価点数 Hten を加算

（2）評価点数集計済みの配列 Ten を件数集計済みの配列 Ken 用いて平均評価を算出

（3）配列 Tmp に繰り返し用の変数 n を用いて店舗番号を記憶する

（4）降順に並べ替えるために，Tmp(0) のさす店舗番号・対象項目の評価平均より Tmp(j) のさす店舗番号・対象項目の評価平均が小さければ Tmp(j) を Tmp(j＋1) に転記し（うしろにずらすイメージ），（4）で j－1 → j として，次にひとつ前の Tmp(j) のさす店舗番号・対象項目の評価平均と Tmp(0) のさす店舗番号・対象項目の評価平均とループ7の繰り返し条件で比較できるようにする

（5）平均評価である Ten(Tmp(n), Koumoku) を表示

point!　1．ループ7，ループ8の添字の入れ子に注意すること
　　　　2．配列 Tmp を並べ替えしていることに気づくこと（例：0（合計）を Koumoku で入力した場合の表示結果）

【6】 グループトータル・バブルソート

（1）Hiduke をキーにグループトータルするために，Hiduke を Hihoz に保存する（ループ3の繰り返し条件がヒント）

（2）ループ6の中で値引き額 Nebiki を減算するために，（2）で Nebiki を算出する。なお，種別は町民が1，町民外が2のためのため（2－Tsyu）× 50 で種別にあった値引き額（50円か0円）が求められる

（3）配列 Rkei の0列（合計の列）に入力料金を集計する。ウはひっかけです

（4）ループ5から抜けた後なので，Jihoz を用いて ○○時台 を表示できるようにする
（Str の文字列結合の順番は，必ず後ろに付けたすことではないことに注意）

（5）ループ9・10で簡単なバブルソートの後，配列 Kmei を用いて券種を表示する準備をします

point!　グループトータルの基本問題です。ループ9・10で配列 Tmp を用いた添字の入れ子で並べ替えをして，ループ11で表示の準備をしています。

【7】 線形探索・バブルソート・多分岐

処理の概要

1 入力データの商品コード(Sc)より配列 Ntbl の商品コード($Ntbl(n, 0)$)を探索し，単価を見つける。
2 配列 Work に店ごとの売上合計を集計するとともに総売上合計(Ukei)を集計する。
3 売上合計の降順に配列 Work をバブルソートを用いて降順に整列する。
4 割合と割合累計を算出し ABC 分析を行う。
5 割合累計をもとに＊を表示し，最後に売上合計最低の店名を統合予定として表示する。

空欄の解説

(1) 並べ替えのための比較を行う。YES の判定後 $Work(j+1, 0) \rightarrow Work(j, 0)$ により $Work(j, 1) < Work(j+1, 1)$ が正解になる。
(2) (3)で ≦70 など割合累計に応じたの多分岐があることから，(2)で割合累計を計算する。なお，直前の割合累計(配列 $Work(i-1, 3)$)にその店舗の割合(配列 $Work(i, 2)$)を加えるので注意する。
(3) 割合累計による多分岐。
(4) 例えば累計 47 なら＊は４つになる。
(5) 売上合計最下位の店舗は並べ替え済みなので配列 Work の８行目に存在する。ループを抜けたときは i が９のため配列 $Work(i-1, 0)$ で店 No を取り出し，さらに添字の入れ子を用いて配列 Ttbl から店名を取り出す。

> point! バブルソートの基本問題です。割合累計に気を付けてください。(ABC 分析は知らなくても問題はとけます。)

Work のイメージ(割合累計の求め方)

	(店 No)	(売上合計)	(割合)	(割合累計)
(0)				
(1)	2	816200	26	26
(2)	3	647500	21	47
～	～	～	～	～
(8)	4	114600		

 26 + 21 → 47

⬇

Work のイメージ(割合累計計算後)

	(店 No)	(売上合計)	(割合)	(割合累計)
(0)				
(1)	2	816200	26	26
(2)	3	647500	21	47
～	～	～	～	～
(8)	4	114600	3	95

切り捨てなのでこの例では 100% にはなりません。

参考：ABC 分析

商品などを ABC の３区分に分類して総額などに対する累計比率の大きさに応じた優先度をつける分析

ABC 分析のイメージ(本問の例ではありません)

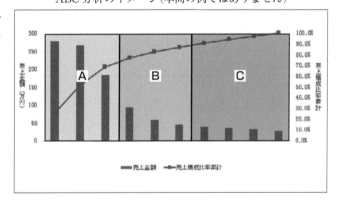

主催　公益財団法人 全国商業高等学校協会

令和5年度（第69回）情報処理検定試験プログラミング部門　第1級
審　査　基　準

【1】

1	2	3	4	5
オ	キ	シ	エ	ウ

【2】

1	2	3	4	5
コ	ア	エ	ク	カ

【3】

1	2	3	4	5
ア	ウ	イ	ウ	100　時間

各2点
15問　小計　**30**

【4】

(1)	(2)	(3)	(4)	(5)
ウ	イ	ア	オ	エ

【5】

(1)	(2)	(3)	(4)	(5)
ケ	エ	キ	カ	イ

【6】

(1)	(2)	(3)	(4)	(5)
イ	オ	コ	ア	ク

各3点
15問　小計　**45**

【7】

(1) ❶	(1) ❷	(2)	(3)	(4)	(5) ❶	(5) ❷
サ	オ	カ	ス	イ	ケ	タ

※　複数解答問題は，問ごとにすべてができて正答とする。

各5点
5問　小計　**25**

得　点　合　計
100

主催　公益財団法人 全国商業高等学校協会

令和5年度（第70回）情報処理検定試験プログラミング部門　第1級

審 査 基 準

【1】

1	2	3	4	5
コ	カ	イ	エ	ク

【2】

1	2	3	4	5
イ	キ	コ	オ	ケ

【3】

1	2	3	4	5
ウ	イ	ア	イ	15　%

各2点
15問　小計 **30**

【4】

(1)	(2)	(3)	(4)	(5)
ア	ウ	カ	ウ	イ

【5】

(1)	(2)	(3)	(4)	(5)
オ	コ	エ	キ	ア

【6】

(1)	(2)	(3)	(4)	(5)
ケ	ク	ウ	カ	エ

各3点
15問　小計 **45**

【7】

(1)	(2)	(3)	(4) ❶	(4) ❷	(5) ❶	(5) ❷
エ	ア	ク	ス	シ	ソ	オ

※　複数解答問題は，問ごとにすべてができて正答とする。順不同。

各5点
5問　小計 **25**

得 点 合 計
100